종신보험 컨설팅을 위한 **통**계 **키**워드
종신왕 통키

종신보험 컨설팅을 위한 통계 키워드
종신왕 통키

초판 1쇄 발행   2022년 1월 2일

지은이   네오머니㈜ 금융컨텐츠팀·최돈호 공저
펴낸곳   네오머니㈜
펴낸이   김문성

주 소   서울시 강남구 선릉로112길 12-2(삼성동)
전 화   02-2088-5480
팩 스   02-2088-5490
등 록   제2006-000122호

ISBN 978-89-93281-69-9   정가 20,000원

이 책은 저작권법에 따라 보호받는 저작물이므로 무단 전재와 무단 복제를 금지하며,
이 책 내용의 전부 또는 일부를 이용하려면 반드시 저작권자와 네오머니(주)의 서면동의를 받아야 합니다.
잘못된 책은 구입하신 서점에서 바꿔 드립니다.

목차

01 종신보험에 대한 오해와 선입견
이런 저런 이야기를 하시지만 종신보험은 결국 죽어야 보상받는 보험 아닌가요? · 16

02 종신보험에 대한 오해와 선입견
종신보험은 다른 보험에 비해 보험료가 비싼 나쁜 보험이라던데요? · 34

03 종신보험에 대한 오해와 선입견
사망보장은 자녀들이 성장하는 시기까지만 준비하면 충분한 것 아닌가요? · 52

04 종신보험에 대한 오해와 선입견
가격이 저렴한 정기보험 가입하고 나머지는 투자하는 것이 더 유리하다 · 70

05 종신보험에 대한 오해와 선입견
종신보험, 할 수만 있다면 가입하는 것이 좋겠지만 반드시 가입해야 하는 필수는 아니잖아요? · 88

06 종신보험에 대한 오해와 선입견
손해보험 회사에 사망보험 가입한 것이 있는데 그걸로도 충분한 것 아닌가요? · 106

07 종신보험에 대한 오해와 선입견
종신보험도 보험이기 때문에 목돈을 만드는 저축상품은 아니다 · 124

08 종신보험에 대한 오해와 선입견
종신보험은 갑작스런 사망위험에 대비한 사망보험이지 노후생활에 대비한 연금은 아니잖아요? · 142

09 종신보험에 대한 오해와 선입견
대부분의 일반인은 상속·증여세 대상에 해당되지 않기 때문에 준비할 필요없다 · 160

10 종신보험에 대한 오해와 선입견
부양할 가족도 없고 아직 젊은데 굳이 종신보험을 가입할 필요가 있나요? · 178

11 종신보험에 대한 오해와 선입견
가장인 저는 그렇다고 하더라도 아내까지 종신보험에 가입할 필요가 있을까요? · 196

12 종신보험에 대한 오해와 선입견
변액종신보험은 손해가 날 수도 있고 위험한 상품이라서 가입하기가 좀 꺼려지는 것 같아요 · 214

머릿말

이 책을 읽는 분께
드리고 싶은 말

얼핏 보면 성의없이 통계를 나열했거나,
종신보험에 대한 반론들에 대응하는 얄팍한 논리의 구성으로 보일 수 있을 듯합니다.

일부 억지스러울 수도 있고, 생각이 다른 부분도 있을 수 있고, 많이 부족합니다.
하지만 생명보험의 근간이며 가족사랑의 가치를 담고 있는 종신보험이
매도되고 폄훼되는 현실이 안타까워 이 책을 썼습니다.

이런 제 마음을 조금이나마 전달하고 싶어서 통계는 아니지만
제 개인적인 에피소드 몇가지를 적습니다.
살아 오면서 겪은 잡동사니 이야기이지만
여러분의 가슴에 작은 두드림이 될 수 있기를 기대합니다.

"호기심에 가입한 종신보험"

제 첫 번째 직장은 삼성화재입니다. 시장에 새로운 바람을 일으키며 혜성처럼 나타난 외국계 보험회사의 종신보험이 알고 싶은 호기심에 종신보험을 들겠노라 전화를 했습니다. 보험회사 사무실로 기꺼이 방문하겠다는 자신감에 첫 번째 놀랐고, 여성 설계사가 대부분이던 시절, 남자 설계사가 오셔서 두 번째 놀랐습니다.

간단한 인사를 하고 그가 던진 첫마디는 "고객님, 혹시 가족을 사랑하십니까?" 입니다. 얼떨결에 그렇다고 대답하고 '이게 뭐지?'하고 당황해 하고 있던 순간, 그가 가방에서 검은색 파일을 꺼냈습니다. 저는 생각했습니다. '저 안에 상품리플렛과 신문스크랩이 꽂혀 있을거야.' 당시 국내 보험회사들은 그 파일을 '세일즈북'이라고 불렀고, 컨테스트를 하기도 했으니까요. 제 예상과 달리 파일의 첫 장은 커다란 가족사진이었고, 그는 "제 가족입니다" 라고 소개했습니다. '어쩌려는 거지?' 얼굴모양으로 오린 포스트잇 한 장을 떼어 사진 속 자신의 얼굴에 붙이고는, 몽블랑펜을 꺼내 물음표를 그리며 물었습니다. "가장이 없는 가족을 생각해 보셨습니까?" 30여분 이야기를 들었는데 가슴이 울렁울렁거리고 집에 있는 아내와 아이들이 보고싶어 졌습니다.

3번째 만난 날 결국 저는 싸인을 했습니다. '보험을 이렇게도 팔 수 있구나. 이렇게 팔면 정말 잘 팔리겠다.' 충격에 휩싸여 있을 때 그가 말했습니다. "고객님 이제 저에게 감사의 인사를 전하시죠", '이건 또 무슨 상황이지?' 하며 쳐다보자, "제가 고객님 가정에 보호막을 씌워 드렸으니 편하게 사회생활만 하시면 됩니다." 라고 덧붙였습니다. 그의 눈을 보고 깜짝 놀랐습니다. 그는 화법이 아니라 진심으로 그렇게 생각하고 있었습니다. 고맙다고 대답하며 소름이 쫙 끼쳤던 그 전율을 지금도 잊을 수 없습니다.

그가 저에게 판매한 것은 종신보험이 아니라 가족사랑이었습니다.
여러분은 지금 고객에게 무엇을 판매하고 계십니까?

"끝까지 보기 힘든 광고"

어느 보험회사의 광고가 있습니다. 5분 남짓 짧은 동영상이지만 볼 때마다 울컥 눈물이 솟아서 끝까지 보기 힘든 광고입니다.

수능을 마친 예고 3학년 학생들에게 '앞으로 살 날이 1년밖에 남지 않았다면 5억원과 꿈을 이루는 것 중에서 무엇을 선택하겠느냐'고 질문합니다. 당연히 학생들은 발랄하게 '꿈을 이루는 것'을 선택하고 그 이유들을 이야기 합니다. 갑자기 불이 꺼지고 화면에 학생들의 아버지가 같은 질문에 대답하는 영상이 보여 집니다. 나이와 직업에 상관없이 모든 아버지는 주저없이 5억원을 선택합니다. 아버지들이 5억원을 선택한 공통적인 이유는 바로 '가족'입니다. '나 라면 어땠을까?' 그다지 고민되지 않았습니다. 저 역시 당연히 5억원입니다. 저도 아버지이니까요.

아버지의 진심을 보면서 울먹이는 아이들, 어색하게 하트를 그리며 사랑한다고 이야기 하는 아이들, 겹쳐지는 가족사진 위로 광고의 마지막 자막이 흐릅니다.
'자신의 꿈 보다 가족을 가장 먼저, 가장 많이 생각하는, 가장이라는 이름의 아버지'
그리고 마지막 멘트 '그 곁에 항상 함께 하겠습니다.'

이 약속을 지키기 위해 많은 분들이 힘들고 어려운 가운데서도 지금도 고군분투하고 있습니다. 화면 뒤에 숨어서 이 분들을 '자신의 수당을 위해 종신보험을 판매하는 이기적인 보험설계사', 심지어 '사기꾼'으로 매도하면서 양심적인 보험설계사 코스프레를 하고 있는 이들을 보며 분노하는 이유입니다. 금리가 낮아져도, 환급금이 적어도, 거절과 방해가 심해져도, 어떠한 경우에도 아버지가 마지막까지 지키고 싶은 꿈, 가족을 지켜주기 위해 최선을 다하는 것이 생명보험 설계사가 절대 포기하지 말아야 할 사명이고 양심은 아닐까요?

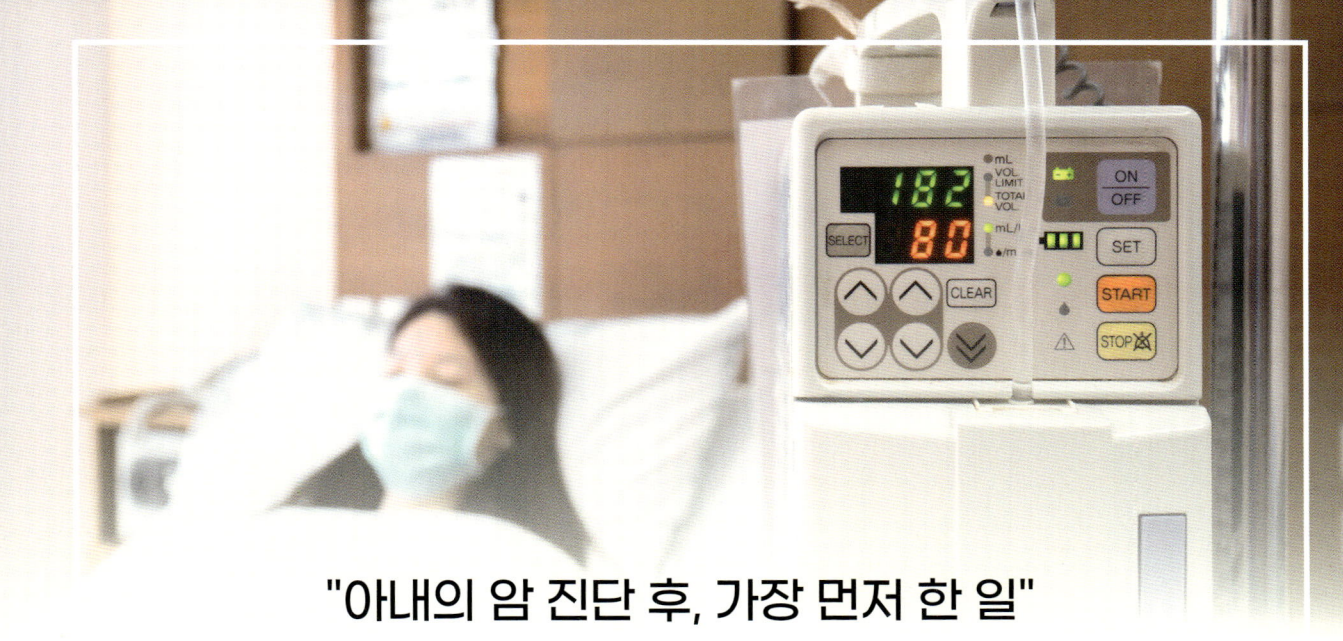

"아내의 암 진단 후, 가장 먼저 한 일"

6년 전 큰 아이 고3, 작은 아이 고1때, 제 아내는 유방암 판정을 받았습니다. 처음 이야기를 들었을 때 어떻게 해야 할 지 몰라 둘이서 부둥켜 안고 엉엉 울었습니다. 가족들과 지인들은 유방암은 암도 아니라며 위로해 주었지만, 저는 하늘이 무너지는 듯한 절망감에 빠졌습니다. 겉으로는 아무 일도 없는 듯 의연한 척 했지만 속으로는 별의 별 생각이 다 들고, 운전하다 이유없이 눈물이 났습니다.

갑작스레 수술을 하게 되고, 입원에, 통원에, 항암까지 아내도 저도 고통스럽고 정신없는 날들이 한동안 계속되었습니다. 수술한 부위가 아물듯 시간이 지나면서 불안과 걱정은 조금씩 무뎌졌고, 언제 그랬냐는 듯 다시 평범한 일상으로 돌아오게 되는 것이 인지상정인가 봅니다. 이제 5년이 지나서 조심스럽지만 거의 완치에 가까운 상태이지만 지금도 주의하고 조심하며 살고 있습니다.

아내의 암 진단 소식을 듣고 그 정신없는 와중에 제가 가장 먼저 한 일이 무엇일까요? 제가 가입한 보험을 다 확인해 보고, 암보험과 종신보험을 한 개씩 추가로 가입했습니다. 아내를 보면서 나에게도 일어날 수 있는 일이라는 두려움과 함께 '만약 나까지 잘못되면 우리 아이들은 어떻게 하지?'하는 생각이 밀려 왔기 때문입니다. '아픈 아내를 보고 가장 먼저 한 일이 고작 자기 보험 챙긴거냐?'고 하실 수도 있습니다. 지금 생각해 보면 왜 그랬나 싶기도 하지만, 그때는 그렇게 절박했던 모양입니다.

사랑하는 아내의 암 진단 소식을 듣고 절망과 슬픔속에서도 아이들을 위해 자신의 보험을 챙기고, 아침마다 무거운 발걸음으로 집을 나서도 웃고 떠들며 강의를 해야 하는 것이 가장의 무게인 것 같습니다. 보험을 가입하고 나서 처음으로 느껴본 안도감은 보험이 덜어 준 제 가장의 무게는 아닐까요?

"팔자좋은 사람들의 건강검진"

나이가 쉰을 넘으니 주변에 아픈 사람들이 늘어나는 것 같습니다. 혈압이 있는 친구, 당뇨로 고생하는 선배, 심지어 암으로 수술받고 항암하는 후배도 몇 있습니다. 그래서인지 모임에서 부쩍 건강에 대한 이야기가 많아졌습니다. 저마다 자신의 경험을 바탕으로 조언도 하고, 알고 있는 건강상식이나 의학지식을 공유하기도 합니다.

한 선배님이 오십줄에 들어서면 국민건강보험에서 하는 일반적인 건강검진이 아니라 종합적인 건강검진을 받아보라고 권하셨습니다. 일반 건강검진에서는 알기 힘든 뇌혈관이나 심혈관의 건강상태도 꼼꼼히 체크하고, 위와 대장 이외에 다양한 부위의 암도 점검하고, 모든 부분에 대한 정밀검사를 받아볼 필요가 있다고 하시더라구요. 검진비용이 100만원이 넘는 비싼 검진이지만 인생의 중간 지점에서 새로 출발하는 마음으로 해 보라고, 모르고 있다가 병을 키우면 나중에 몇 배, 몇 십배 돈이 더 들어가기 때문에 검진비용이 비싼 것이 아니라고 하셨습니다.

처음 이야기를 들을 때는 '그건 돈 많고 팔자좋은 사람이나 받는 건강검진' 이라고 생각했습니다. 하지만 일반 건강검진도 받기 전에는 두려워도 막상 받고 나서 아무 문제 없으면 그렇게 안심이 되는데, 정밀 건강검진은 더 하겠다 싶어 설득이 되더군요. 특히 뇌출혈은 사전에 검진을 통해 막을 수 있는데, 그러지 못하면 치료비에 후유증까지 심각한 상황이 발생할 수 있는 것을 감안하면 해 볼만 하다는 생각이 들었습니다. 그래서 아내와 둘이 예약을 해서 받을 예정입니다.

간혹 종신보험은 비싸니까 여유가 있으면 들으라고 하시는 분들이 있습니다. 하지만 정밀 건강검진이 경제적 위험을 줄이면서 안심하고 생업에 전념할 수 있도록 해주는 것처럼, 종신보험의 종합적인 보장이 주는 안심과 가치를 공감할 수 있다면 기꺼이 보험료를 지불하지 않을까 싶습니다.

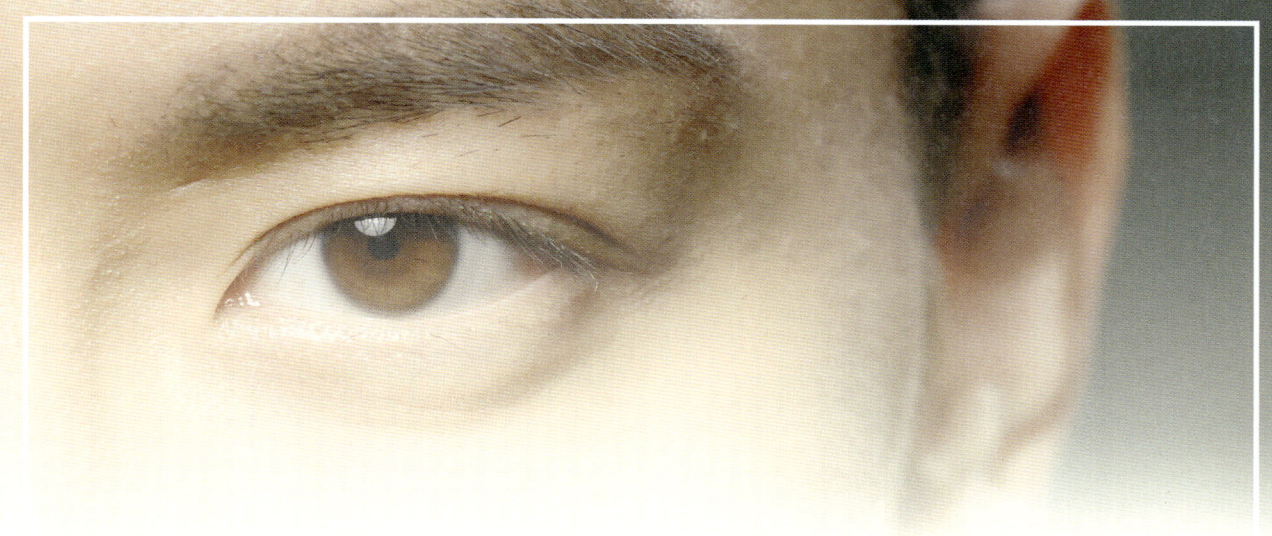

"고칠 수 없는 지병과 양심적인 의사"

저는 속눈썹 사이에 염증이 생기는 '안검염'이라는 안질환을 가지고 있습니다. 컨디션에 따라 눈 밑이 벌겋게 달아올라 자칫 전염되는 다래끼로 오해받을 수 있어서 강의를 하는 저로서는 많이 불편합니다. 별다른 치료방법도 없고 수술도 어려운 질환이라 평생 함께 해야 할 고칠 수 없는 지병이죠. 큰 병원에도 가 보았지만 방법이 없어서 동네 작은 안과에 다니고 있는데, 양심적인 의사라고 소문이 나서 항상 환자로 북적이는 곳입니다. 저도 믿음이 가서 4~5년 정도 꾸준히 다니고 있습니다.

얼마 전 진료를 마치고 의사가 굉장히 미안하고 어색한 표정으로 제안을 하더라구요. 성형 시술을 하는 레이저치료가 도움이 될 것 같다고. 비용이 좀 비싼데 건강보험은 안되지만 실손보험은 된다고 생각 한번 해보라는 것이었습니다. 어찌나 힘들게 이야기를 하는지 '안해도 될 것을 권하는건가?' 라는 생각이 들었지만, 치료가 절실했기에 시술을 받았습니다. 시술을 마치고 의사가 '만약 효과가 나타나지 않더라도 피부는 좋아지실 거예요' 하시는데, 호갱환자가 되었구나 생각했습니다. 하지만 결과는 대만족이었습니다. 다래끼처럼 부풀어 올랐던 부위가 사라지고 다른 증상들도 많이 좋아졌습니다. 그래서 2주 간격으로 4회 시술을 받기로 했습니다.

오랜 기간 겪으면서 상당한 신뢰가 형성되어 있었음에도 불구하고 의사가 자신없게 이야기 하니까 살짝 의심이 생기더라구요. 또 비용부담은 제 몫이니 처음부터 레이저치료를 권했으면 어땠을까 하는 아쉬움과, 의사로서 의학적 소신과 상관없이 환자의 경제적 부담이 적은 처방만 하는 것이 양심적인 의사인가라는 의구심이 들었습니다.

최근 보험에도 사심없는 컨설팅 컨셉이 유행하고 있는데, 무조건 저렴한 보험을 권유하는 것이 양심적인 것이 아닐 수 있고, 컨설턴트로서 맞다고 생각하면 자신있게 이야기 하세요. 선택은 고객의 몫이니까요.

"스타벅스가 '별다방' 이라구요?"

우리는 스타벅스를 '별다방'이라고 부릅니다. '스타'라는 이름 때문일텐데요, 외국인들이 들으면 빙긋이 웃음을 짓지 않을까 싶습니다. 스타벅스는 바이킹이었던 '스타벅', 민족에서 유래되었습니다. 스타벅 민족은 훗날 포경산업에서 이름을 떨쳤고, 허먼 멜빌의 소설 '모비딕'의 모티브가 되기도 하였습니다. 이들이 전 세계 바다를 누비며 고래잡이를 한것 처럼 전 세계 커피시장을 누비겠다는 의미로, 스타벅에 복수 's'를 붙여 스타벅스라는 이름이 탄생한 것이죠. 로고 역시 그리스 신화에 나오는 아름다운 미모와 치명적인 노래소리로 선원들을 유혹해 난파시키는 여신 '사이렌'을 형상화한 것입니다. 유래를 알고 나니 스타벅스가 조금 다르게 보이시지 않나요?

종신보험은 부자를 위한 보험이고 서민에게는 필요없는 보험이라고 이야기하는 분들이 있습니다. 이들에게 종신보험의 유래를 이야기해 주고 싶습니다. 사망보험의 유래는 중세시대 길드까지 거슬러 올라가지만, 근대적 개념의 종신보험은 1900년대 초 미국으로 건너간 유태인에 의해 만들어졌다는 설이 가장 유력합니다. 먼저 진출한 유럽인들이 시장과 상권을 장악하고 있어서 가난을 면하기 어렵다고 판단한 유태인들이 필라델피아에 있는 보험회사를 찾아가, 자신이 사망할 때 자녀에게 큰 돈을 남겨줄 수 있는 보험을 만들어 달라고 한 것이죠. 결국 자신의 가난을 자녀에게 물려주지 않기 위한 목적으로 탄생한 것입니다. 이렇게 사망보험금을 대물림하면서 부를 축적한 것이 오늘날 세계경제를 좌우지하는 유태인의 원동력이 된 것입니다.

종신보험은 부자를 위한 보험이 아니라, 자산이 많지 않은 서민이 자녀에게 목돈을 남겨줄 수 있는 유일한 방법일 수 있습니다. 때문에 서민들은 오히려 종신보험을 반드시 가입해야 하고, 완납하고, 유지해서 사망보험금으로 남겨주는 것이 가장 이득이고 목적에 부합하는 것입니다.

"진심을 담은 무례한 질문"

저는 결혼식이나 돌잔치는 못가더라도 장례식에는 가급적 참석하려고 합니다. 슬픔 속에 사랑하는 사람을 떠나보내는 이에게, 작지만 저의 위로가 그 어느 때보다 필요할 것이라고 생각하기 때문입니다. 이제까지 주로 지인들의 부모님이나 조부모님의 상가에 갔었는데, 얼마 전부터는 아주 가끔이긴 하지만 선배나 친구의 안타까운 장례식에 가는 경우도 있습니다. 당연하지만 씁쓸하네요.

몇 해 전 대학 동기의 부고를 듣고 다소 먼 길이었지만 달려 갔습니다. 지방 발령으로 주말부부를 하고 있었는데, 회사에 출근을 하지 않아 숙소에 갔더니 사망해 있었다고 합니다. 친구의 아내는 넋이 나가 있었고, 결혼을 늦게 한 탓에 5~6살 밖에 되어 보이지 않는 아들은 상복을 입고 뛰어 놀고 있었습니다. 아마도 그 자리가 아빠의 장례식이라는 것을 알지 못하는 듯 했습니다. 왜 그랬을까요…. 저와 제 친구들은 마치 약속이라도 한 듯 친구의 아들에게 적지 않은 용돈을 주었고, 아이는 '고맙습니다'를 연발하며 마냥 신나 했습니다.

저는 장례식장에 갈때 마다 조금 무례할 수 있지만 진심을 담아 '종신보험은 들었어요?' 하고 묻곤 합니다. '그래도 산 사람은 살아야 하지 않겠냐'고 틀에 박힌 위로를 할 수도 있지만 마음이 편하지 않아서 입니다. 질문을 하는 그 짧은 순간에 제발 그렇다고 대답해 주기를 간절히 바랍니다. 그날도 저는 친구의 아내에게 무례한 질문을 했고 '얼마 전에 집 사느라 해지했는데 다시 들었는지는 모르겠다'는 대답이 돌아왔습니다. 경황이 없겠지만 정신 좀 차리면 꼼꼼히 챙겨보라고 일러 두고, 돌아오는 차 안에서 친구의 아들이 생각나 가슴이 먹먹했습니다.

변변치 않은 이 책을 읽어 주시는 감사한 분들께 진심을 담아 여쭈어 봅니다.
'여러분이 사랑하는 사람들은 종신보험 들고 계신가요?'

종신보험에 대한 오해와 선입견 **01**

교육동영상

이런 저런
이야기를 하시지만
종신보험은 결국
죽어야 보상받는 보험
아닌가요?

스마트폰 어떤 용도로 사용하세요?

스마트폰은 틀림없는 전화기입니다.
하루 중에 스마트폰을
전화기로 사용하는 시간이 얼마나 되시나요?

혹시 SNS나 문자를 보내고,
뉴스를 보거나 인터넷 검색을 하고,
음악을 듣거나 동영상을 보거나 게임을 하고,
결제를 하거나 모바일뱅킹을 하고
대중교통을 이용하거나 네비게이션을 보는 시간이
훨씬 더 많지는 않으신가요?

이제 스마트폰이 더 이상 전화기가 아니 듯
종신보험은 죽어야만 보상받는 보험이 아닙니다.
시대와 니즈가 변화함에 따라
질병 보장, 목적자금 마련, 노후 생활자금 등
다양한 기능들이 탑재되었습니다.

종신보험은 사망도 보장하는 보험입니다.

스마트폰이 휴대전화기라구요?

스마트폰으로 가장 많이 하는 활동(복수응답)

자료 : 스마트폰으로 주로 이용하는 활동 설문조사, 엠브레인 트렌드 모니터, 2020 / 단위 : %

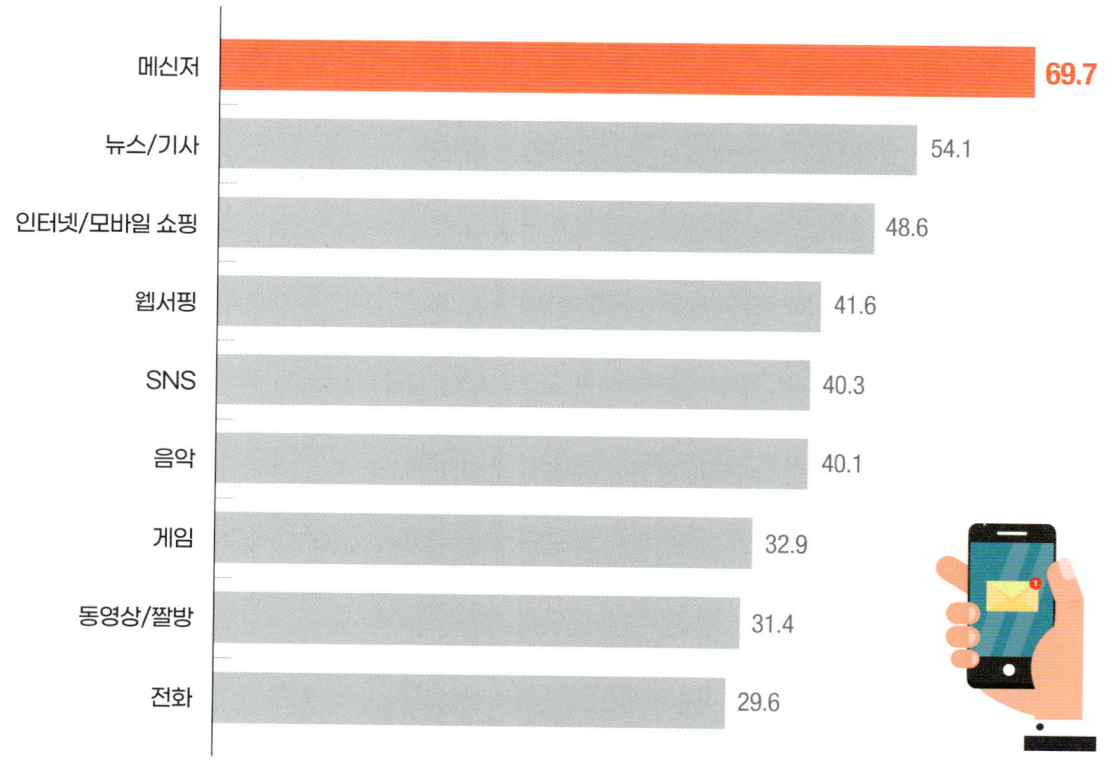

활동	%
메신저	69.7
뉴스/기사	54.1
인터넷/모바일 쇼핑	48.6
웹서핑	41.6
SNS	40.3
음악	40.1
게임	32.9
동영상/짤방	31.4
전화	29.6

스마트폰 중독이라는 말이 생겨날 정도로 일상생활에서 뗄레야 뗄 수 없는 필수품이 되어 버린 스마트폰. 이름에서 알 수 있듯 전화기이지만 설문조사 결과 전화로 사용하는 시간이 가장 짧았습니다. 카카오톡 같은 메신저를 보내고, 뉴스를 보고, 모바일 뱅킹, 모바일 쇼핑을 하고, 음악 듣고, 게임하고, 스마트폰은 더 이상 전화기가 아닙니다.

우리 일상의 모든 것을 손 안에 담다

스마트폰으로 대체할 수 있는 것들

- 디지털 카메라, 필름, 앨범
- 책, 신문, 잡지
- 수첩, 다이어리, 달력, 전화번호부
- 컴퓨터, 게임기, 어학기, 스캐너
- 지갑, 신용카드, 통장
- 지도, 네비게이션, 나침반
- 시계, 랜턴, 전자계산기, 손거울
- 녹음기, CD플레이어, MP3 플레이어
- TV, 라디오
- 사전, 전자사전, 번역기
- 악기, 튜닝기, 박자기

스마트폰의 등장으로 우리 주변에서 사라진 것들은 무엇이 있을까요? 디지털 카메라, 신문, 지갑, 다이어리, 네비게이션, MP3, 사전 등등 나열하기도 힘든 많은 것들이 지금은 스마트폰 하나로 해결됩니다. 가지고 다녀야 할 것들이 줄어 들어 편하기도 하지만, 그것들을 다 사지 않아도 되니 경제적으로도 큰 이득이라 할 수 있습니다.

종신보험이 죽어야 보상받는 보험이라구요?

다양한 기능들을 탑재하며 진화한 종신보험

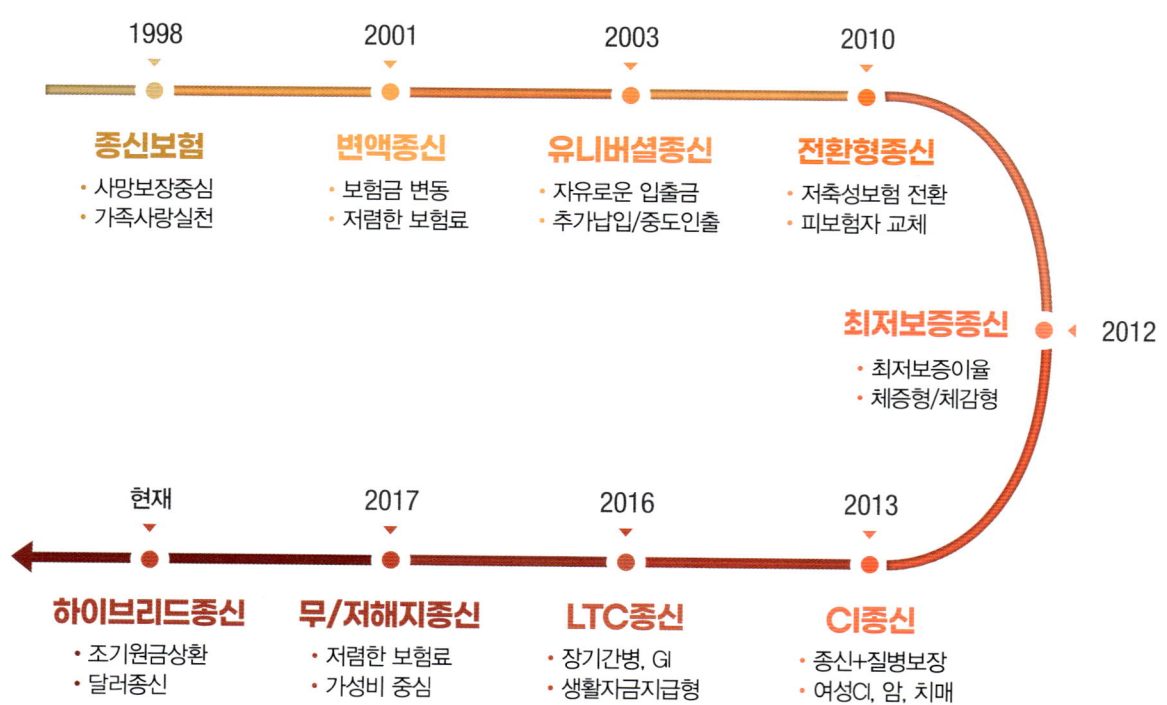

가족사랑의 실천이라는 신선한 접근으로 선풍적인 인기를 끌었던 종신보험은 고객의 니즈와 환경 변화에 따라 다양한 기능들을 탑재하며 진화했습니다. 수익성을 높이기 위해 펀드에 투자하고, 유동성을 높이기 위해 유니버셜기능을 부가하고, 다양한 특약과 선택옵션을 통해 고객의 니즈에 최적화된 맞춤형 상품을 제공할 수 있습니다.

우리 일상의 모든 위험을 하나의 보험 안에 담다

종신보험으로 보완할 수 있는 것들

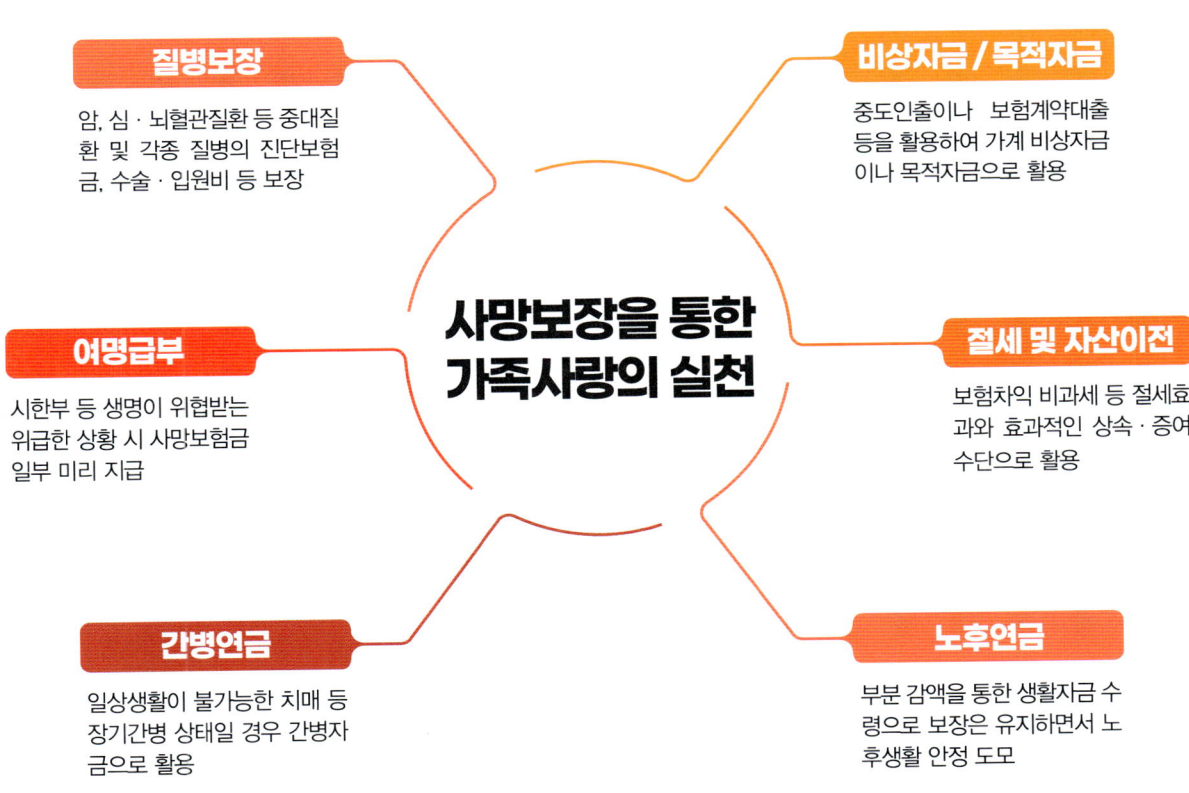

사망보장을 통한 가족사랑의 실천

질병보장
암, 심 · 뇌혈관질환 등 중대질환 및 각종 질병의 진단보험금, 수술 · 입원비 등 보장

비상자금 / 목적자금
중도인출이나 보험계약대출 등을 활용하여 가계 비상자금이나 목적자금으로 활용

여명급부
시한부 등 생명이 위협받는 위급한 상황 시 사망보험금 일부 미리 지급

절세 및 자산이전
보험차익 비과세 등 절세효과와 효과적인 상속 · 증여 수단으로 활용

간병연금
일상생활이 불가능한 치매 등 장기간병 상태일 경우 간병자금으로 활용

노후연금
부분 감액을 통한 생활자금 수령으로 보장은 유지하면서 노후생활 안정 도모

만약에 일어날 지 모르는 위험에 대비하기 위해 여러가지 보험에 가입합니다. 스마트폰처럼 이런 보험들을 하나의 보험에 결합한 것이 종신보험입니다. 예전 스마트폰 카메라의 성능은 디지털 카메라에 비할 수 없었지만 지금은 충분히 대체 가능하듯, 종신보험에 부가된 기능들도 예전과 달리 일반 보험상품을 대체할 수 있을 정도로 보완되었습니다.

비상자금 기능 : 위기에 대비하기에는 턱없이 부족한 비상금

보유하고 있는 비상금 액수와 보관 방법

자료 : '금융 트렌드 리포트 2020', 모바일 리서치 오픈서베이, 2020. 11. 28, 전국 20~59세 1,000명 대상 조사 / 단위 : %

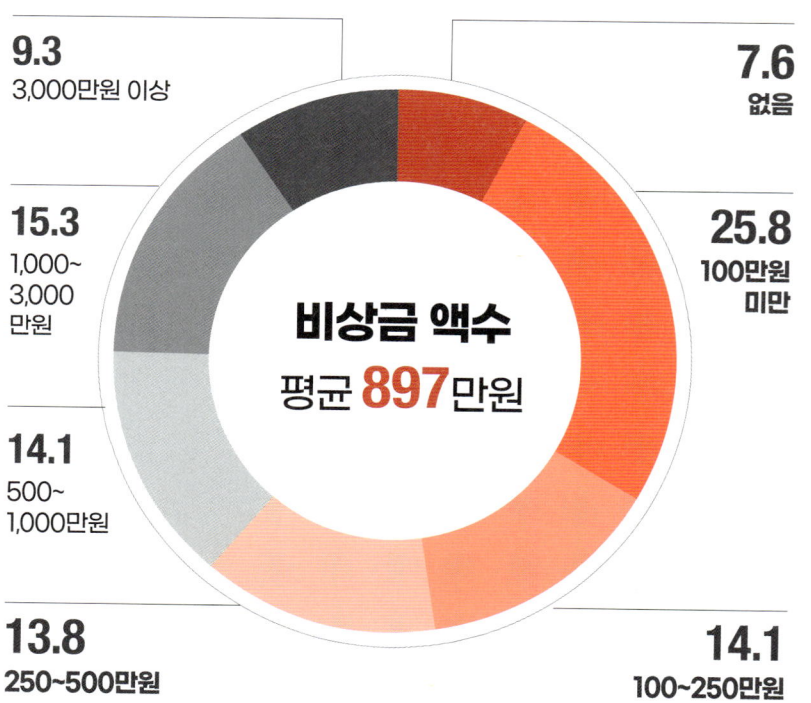

비상금 보관 방법 (복수응답)	
보통예금	74.3
CMA	24.8
현금	13.8
MMF	5.2
기타	2.2

재무설계 이론에서는 월 급여의 3~6배 정도를 비상시에 대비해 유동성 자산으로 보유하기를 권합니다. 할 수만 있다면 가장 바람직하겠으나 실제 61.3%가 500만원 미만을 보유하고 있어 위기 상황에 대응하기 곤란해 보입니다. 종신보험의 중도인출이나 특별한 절차없이 신속한 보험계약대출은 비상시에 큰 힘이 될 수 있습니다.

위기가 닥치면 늘어나는 가계대출

금융권 종목별 가계대출 및 가계대출 증가율

자료 : 통화신용정책보고서(2021년 9월), 한국은행, 2020. 09. 09, 한국주택금융공사 / 단위 : 전기 대비 조 원, 전년동기 대비 %

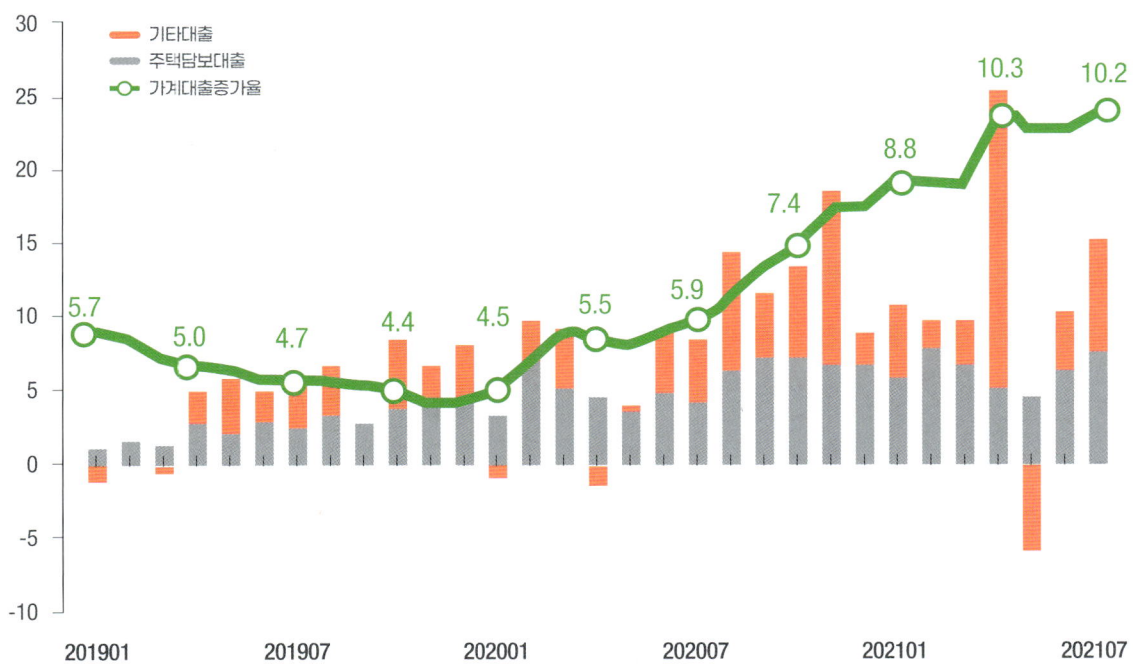

우리나라 가계대출의 증가가 경제의 뇌관으로 주목받고 있고, 최근 부동산, 주식, 가상화폐 등 '영끌 투자'의 부작용으로 보는 시각이 많습니다. 하지만 2020년 이후 부동산담보대출 외에 기타대출이 급증한 것은 비단 '빚투' 뿐만 아니라 코로나19 등 위기 속에서 소상공인을 포함한 가계의 어려움이 반영된 것으로 볼 수 있습니다.

질병보장 기능 : 질병 보다 무서운 '경제적 고통'

암 환자의 주요 고민과 가족들의 치료 중단 고민

자료 : 약제비를 지원받고 있는 암환자와 가족 대상 온라인 설문조사, 한국혈액암협회, 2020. 09. 01 / 단위 : %
'SNS 빅데이터로 본 암 환우와 가족들의 관심사', 한화생명, 2019. 05. 02, 국내 주요 암 관련 카페 글 등 230만건 분석 / 단위 : %

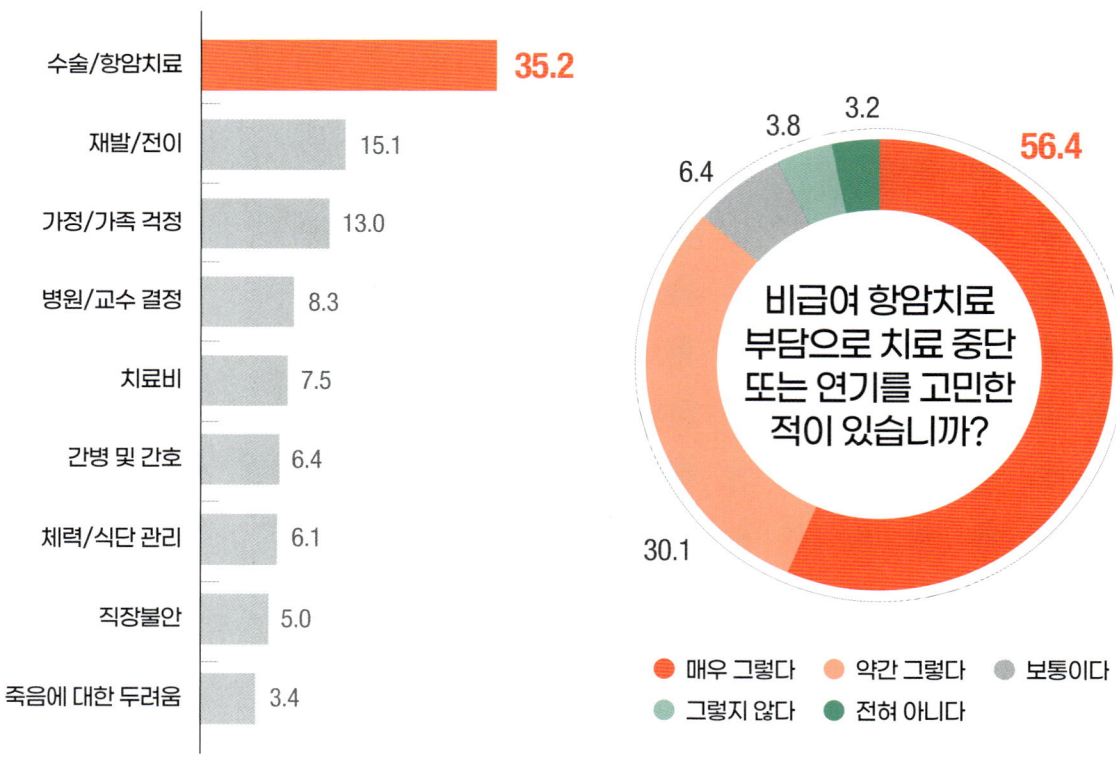

2020년 12월에 발표된 '2018 국가암등록통계'에 따르면 기대수명까지 생존할 경우 암에 걸릴 확률이 남자 39.8%, 여자 34.2%라고 합니다. 5년 생존율이 77.1%일 정도로 의학이 발달했지만 비급여 항암치료 비용은 큰 부담이 되기 때문에 치료를 중단하는 경우도 적지 않습니다. 종신보험은 질병보장을 더욱 두텁게 하는 역할을 합니다.

사망자 4명 중 1명은 비용이 많이 드는 심·뇌혈관 질환

주요 사망원인 및 심혈관·뇌혈관 질환 환자 수 추이

자료 : 2020년 사망원인통계 결과, 통계청, 2021. 09. 28, 10만명 당 인원수로 발표된 통계를 합계 인원 대비 비율로 환산 / 단위 : %
보건의료빅데이터개방시스템, 의료통계정보, 국민관심질병통계, 2021. 09 조회, 건강보험심사평가원 / 단위 : 천명

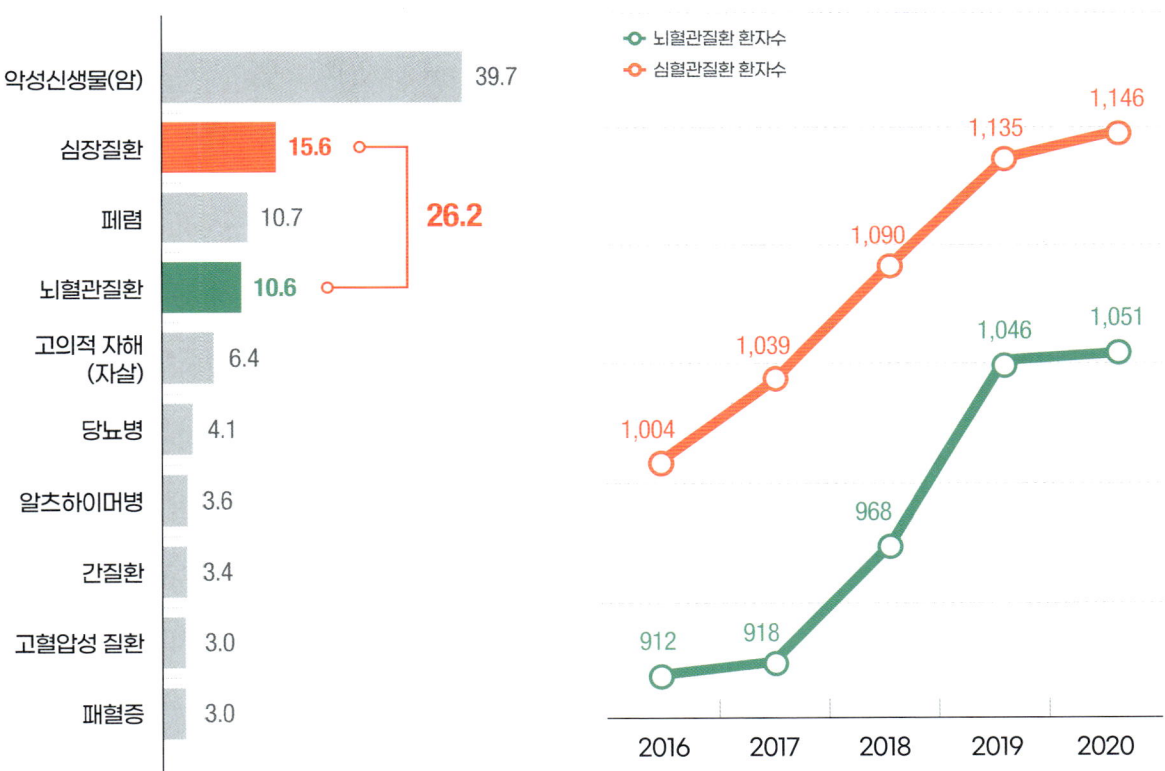

여명급부나 간병연금 등이 필요한 치명적인 질병에 대해 언급하면 많은 분들이 본인과는 상관없는 아주 드문 일로 생각하십니다. 하지만 우리나라 사망자 4명 중 1명은 심혈관·뇌혈관질환으로 사망합니다. 또한 두 질병 모두 환자 수가 지속적인 증가세를 나타내고 있습니다. 누구에게나 발생할 수 있고 준비가 필요합니다.

절세 기능 : 쌓이면 무서운 이자소득 비과세

금융소득종합과세 신고 인원(2019년 귀속)과 종합소득세 최고 세율
자료 : 금융소득종합과세 신고 현황, 국세통계포털, '2020 국세 통계연보', 통계청, 2020. 12. 29 / 단위 : 명, %

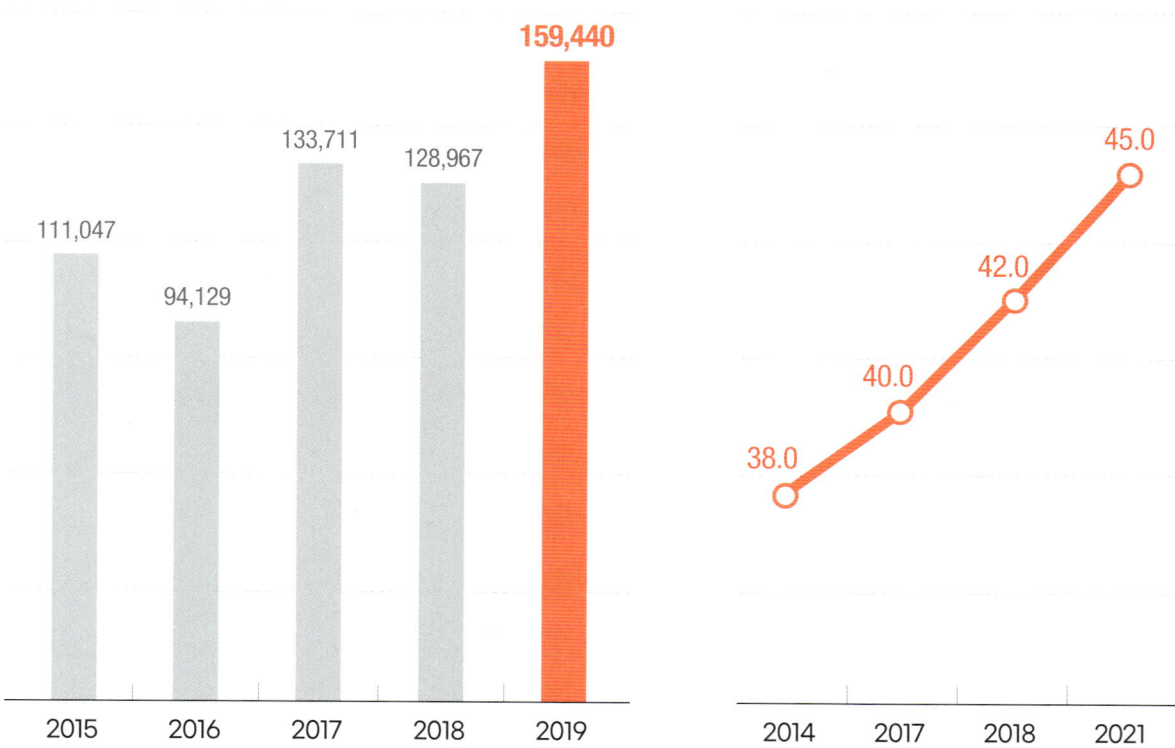

2020년 국세통계연보에 따르면 2019년 귀속 금융소득종합과세 신고자는 159,440명으로 전년 대비 무려 3만 명이나 늘어난 것으로 나타났습니다. 종신보험은 보험차익에 대해 비과세될 뿐만 아니라, 금융소득종합과세 대상에서도 제외되기 때문에 절세효과가 뛰어 납니다.

노후보장 기능 : 사망보장에 기본적인 생활자금까지

종신보험의 연금전환 시 총수령금액 및 납입원금 대비 지급률

자료 : ○○생명보험 무바당☆☆종신보험 / 남자 40세, 가입금액 1억원, 보험료 274,000원 / 단위 : 백만원, %

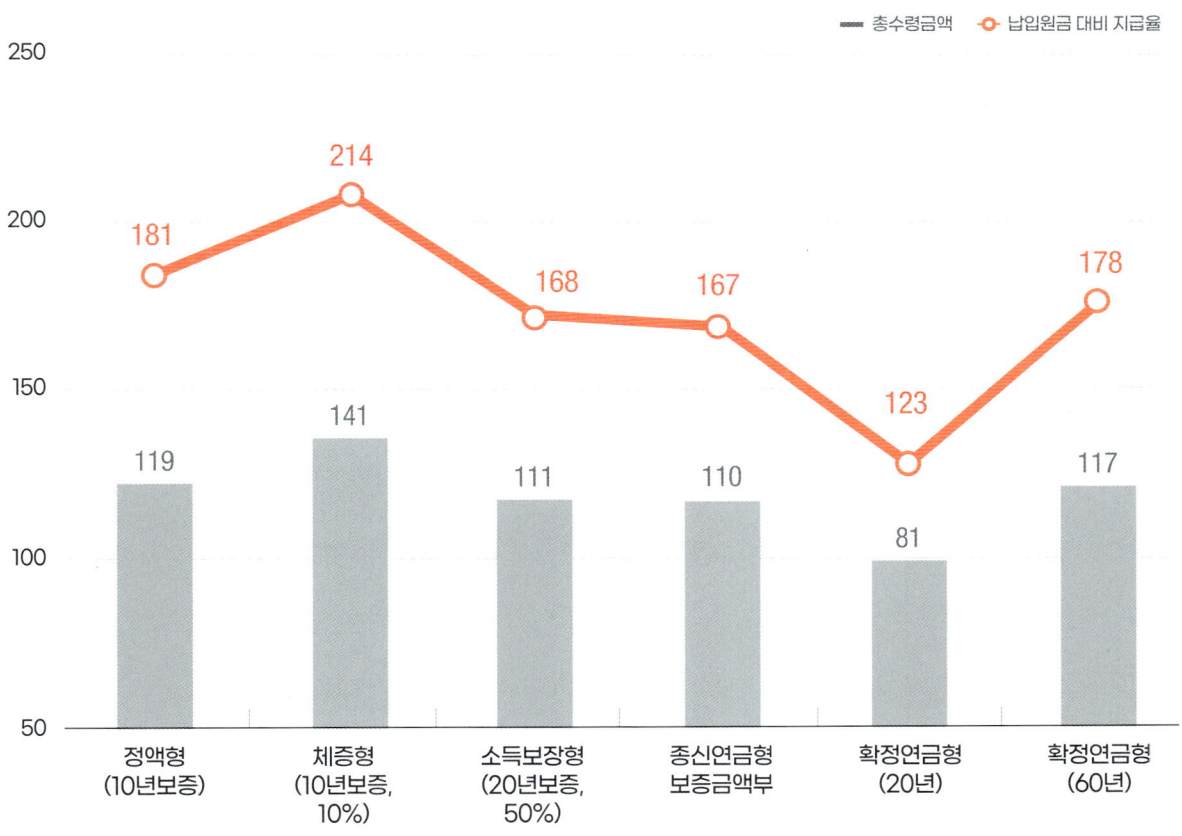

동일한 금액의 연금을 가입했을 경우에 비해서 지급액은 작지만, 노후 생활자금을 수령하면서도 사망보장을 동시에 할 수 있다는 점을 감안하면 지급률이 낮지 않습니다. 노후준비를 위한 연금보험과 함께 가입한다면 가장 좋고, 여유가 없다면 종신보험만으로 기본적인 생활자금은 준비할 수 있는 안전판을 만들 수 있습니다.

Sales talk talk

스마트폰 어떤 용도로 사용하세요?
스마트폰은 전화기 이지만 메신저, SNS, 뉴스, 검색, 모바일뱅킹, 음악, 게임, 사진 등 다른 용도로 더 많이 활용되어 더 이상 전화기라고 말할 수 없습니다.

우리 일상의 모든 것을 손 안에 담다
스마트폰의 등장으로 우리 주변에 많은 것들이 사라지고 스마트폰 하나로 해결되기 때문에, 간편하고 편리해짐과 동시에 경제적으로도 유리하고 일상의 패러다임이 달라졌습니다.

종신보험이 죽어야 보상받는 보험이라구요?
스마트폰이 환경과 니즈에 맞게 변화하듯 종신보험도 다양한 형태로 진화하고 있고, 다양한 특약과 선택옵션을 탑재해 고객의 니즈에 따라 맞춤형 상품으로 제공됩니다.

우리 일상의 모든 위험을 하나의 보험 안에 담다
스마트폰이 전화기인 것처럼 종신보험은 사망을 보장하는 보험이지만, 비상자금, 목적자금, 질병보장, 여명급부, 간병연금, 절세, 노후연금까지 다양한 리스크를 한 상품으로 대비할 수 있습니다.

비상자금 기능 : 위기에 대비하기에는 턱없이 부족한 비상금
우리나라 사람의 61.3%는 보유하고 있는 비상자금이 500만원 미만으로 매우 부족한 수준이며, 중도인출이나 보험계약대출 등을 활용할 수 있는 종신보험은 비상시에 큰 힘이 될 수 있습니다.

Sales talk talk

STEP 06 · 위기가 닥치면 늘어나는 가계대출

우리나라 경제의 뇌관으로 불리우며 우려를 낳고 있는 가계대출의 증가는 빚투도 문제이지만, 코로나와 같은 위기가 닥쳤을 때 대응할 수 있는 준비가 매우 부족한 것도 중요한 원인입니다.

STEP 07 · 질병보장 기능 : 질병 보다 무서운 '경제적 고통'

우리나라 사망원인 1위인 암 환자와 가족의 35.2%는 수술 및 항암치료를 가장 걱정하고, 86.5%는 항암치료 비용의 부담때문에 치료 중단 또는 연기를 고려할 만큼 큰 경제적 고통을 겪고 있습니다.

STEP 08 · 사망자 4명 중 1명은 비용이 많이 드는 심·뇌혈관 질환

전체 사망자 중 치명적인 질병으로 분류되는 암 39.7%, 심혈관·뇌혈관질환 26.2%로 소수의 누군가에게 일어나는 일이 아니라 누구에게나 발생할 수 있고 준비가 필요합니다.

STEP 09 · 절세 기능 : 쌓이면 무서운 이자소득 비과세

종신보험의 보험차익 비과세, 금융소득종합과세 제외 등 뛰어난 절세효과와, 종신보험을 활용한 증여 및 상속, 상속세 재원 마련 등 효율적인 자산이전 수단으로 활용할 수 있습니다.

STEP 10 · 노후보장 기능 : 사망보장에 기본적인 생활자금까지

종신보험과 연금보험을 모두 준비하는 것이 가장 좋지만, 여력이 없을 경우 종신보험 하나로 보장과 기본적인 노후생활자금을 동시에 준비할 수 있는 안전판을 마련할 수 있습니다.

통계 키워드 _ 이것만은 반드시 기억하세요

26.2%

사망자 중 심·뇌혈관 질환 사망자 비율

여명급부나 간병연금이 필요한 치명적인 질병이 나와 상관없는 특이한 경우가 아니라, 누구에게나 일어날 수 있고 준비가 필요하며 종신보험으로 보완 가능

29.6%

스마트폰으로 전화를 가장 많이 하는 사람의 비율

하루 중 스마트폰으로 가장 많이 하는 활동을 전화라고 대답한 사람은 29.6%로 가장 적었으며, 메신저 69.7%, 뉴스 54.1% 등 전화 이외의 용도로 훨씬 더 많이 사용

61.3%

보유하고 있는 비상금이 500만원 미만인 비율

가계의 비상 시에 대비한 비상금을 500만원 미만으로 보유하고 있는 비율이 61.3%로 위기상황에 대응하기 곤란한 수준이며, 중도인출, 계약대출 등 종신보험을 통한 비상자금 마련 가능

159,440명

2019년 귀속 금융소득종합과세 신고 인원 수

2019년 귀속 금융소득종합과세 신고 인원은 전년에 비해 3만명이나 증가하였고, 종합소득세 최고세율은 계속 인상되어, 보험차익 비과세, 금융소득종합과세 제외 등 종신보험의 절세효과 활용

181%

정액형(10년보증) 종신보험의 연금지급 비율

정액형(10년 보증) 종신보험의 연금지급 비율은 납입원금의 181%로 동일한 보험료의 연금보험 보다 낮지만 보장과 노후보장을 동시에 할 수 있음을 감안하면 기본적인 안전판의 역할 가능

우연히 발견한 비아그라

비아그라는 원래 미국의 제약회사 화이자에서
고혈압과 협심증 치료제로 개발되었습니다.
하지만 임상시험 결과
고혈압 치료제로는 부적격이었습니다.

엉뚱하게도 임상시험 과정에서 중년 남성들의
발기력 향상에 도움이 되는 부작용이 발견되어
현재까지 약 20억정이 판매된
대박난 발기부전 치료제로 각광받고 있습니다.

사시와 눈꺼풀 경련 치료를 위해 개발된
보톡스가 주름살 제거 약물로 사용되거나,
진통 해열제로 개발된 아스피린이
콜레스테롤이나 혈압을 낮추는 약으로
사용되고 있는 것이 비슷한 예입니다.

이처럼 원래 목적했던 용도와
다르게 사용되는 것들이 의외로 많습니다.
원래 용도가 무엇인가에 집착하기 보다는
어떻게 사용하고, 효과를 극대화시키는지가
훨씬 더 중요할 수 있습니다.

종신보험에 대한 오해와 선입견 **02**

교육동영상

종신보험은
다른 보험에 비해
보험료가 비싼
나쁜보험
이라던데요?

UFO의 존재를
믿으시나요?

UFO(Unidentified Flying Object)는
아직 그 존재가 밝혀지지 않아
전 세계적인 미스터리로 남아있는
미확인 비행물체입니다.

몇몇 창의적인 사람들의 상상력 속에서
UFO는 지구를 침공하기도 하고,
외계인에게 납치되기도 하며
소설, 영화, 만화 등 다양한 방법으로
사람들의 흥미와 호기심을 자극합니다.

만약 여러분이 UFO에 납치될 경우
거액의 보상을 받는 보험이 있다면
보험료로 얼마를 내시겠습니까?

보험료는 그 사고가 일어날 수 있다는 믿음과
실제 그런 사고가 발생할 가능성,
즉 확률에 비례하여 결정되는 것입니다.

보험료 연 2만원, UFO 납치보험

Alien Abduction Insurance
자료 : weirdhistorian.com, 'Afraid of Being Abducted by Aliens? There's Insurance for That'

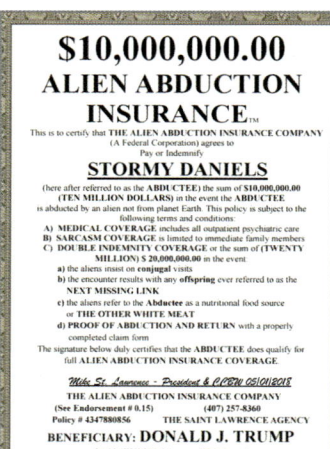

판매처
St. Lawrence Agency, Florida

상품내용
- 연간 보험료 19.95 $ / 종신납
- 보험금액 10,000,000 $

보장내용
- UFO나 외계인에게 납치될 경우 모든 치료비 보상
- 피해자 및 그 가족에 대한 조롱 보상
- 보험금액의 2배(2천만 달러)를 보상받는 경우
  – 외계인이 동침을 요구하거나 외계인의 아이를 임신한 경우
  – 외계인이 피해자를 음식으로 간주할 경우

미국 플로리다 알타몬트 스프링스에 있는 세인트 로렌스 사무소가 판매하는 '외계인 납치보험'은 약 3만여명이 가입하였고 현재도 판매되고 있습니다. 만약 외계인에게 납치될 경우 1,000만 달러(약 100억원)의 거액을 보상하는 이 보험의 연간보험료는 19.95달러(약 2만원)에 불과합니다. 이 보험의 보험료는 싼 것일까요?

보험료 연 8억 4천만원, 리오넬 메시의 다리보험

유명인을 위한 키퍼슨(Key Person) 보험

키퍼슨(Key Person)보험

스포츠 선수, 연예인 등 유명인을 위한 신체보험으로 특정 신체 부위에 손상이 발생할 경우를 대비해 가입하는 보험

국내 가입사례	• 목소리 보험 가수 바다(10억원) • 성대보험 가수 보아(20억원), 가수 비(100억원) • 다리보험 걸스데이 유라(5억원) • 얼굴보험 강수연(2억원)
해외 가입사례	• 다리보험 호날두(1,400억원), 메시(1조 500억원), 머라이어캐리(1조 1,200억원) • 손가락보험 카레이서 페르난도 알론소(140억원) • 엉덩이보험 제니퍼 로페즈(1조 2,000억원) • 미소보험 줄리아 로버츠(330억원)

아르헨티나 출신 축구 천재 리오넬 메시의 연봉은 약 1,400억원으로 알려져 있습니다. 메시는 자신의 최고 자산인 다리에 최대 7억 5,000만 유로(약 1조 500억원)를 받을 수 있는 보험에 가입하고 있는데, 두 회사에 납부하는 연간 보험료는 무려 8억 4천만원이나 됩니다. 이 보험의 보험료는 비싼 것일까요?

보험료는 어떻게 결정될까

보험료의 구조 및 결정요인

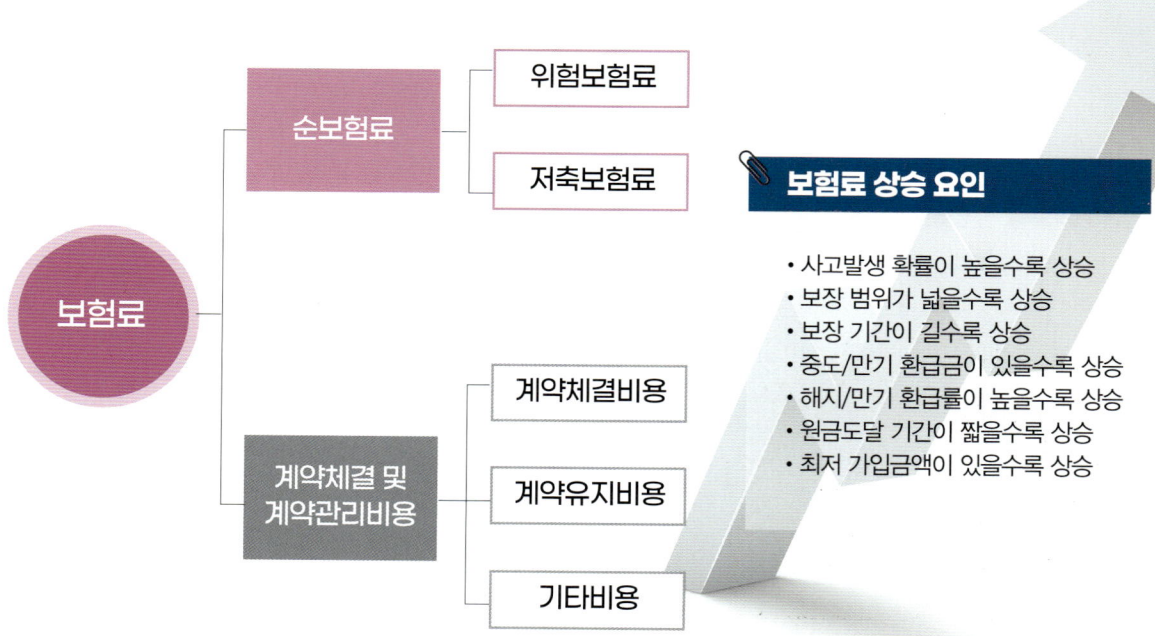

사고에 대비한 위험보험료는 사고확률이 높고 보장범위가 넓을수록, 그리고 보장기간이 길수록 상승합니다. 환급에 대비한 저축보험료는 중도 또는 만기 환급금이 있고 환급률이 높을수록 상승합니다. 사업비에 해당하는 계약체결 및 계약관리비용은 순보험료가 높을수록 더 오래, 더 어렵게, 더 정교한 관리를 위해 상승합니다.

위험을 평생 보장하니 비싼 것은 당연해

종신보험과 저축성보험, 은행저축의 운용 구조

자료 : 금융감독원

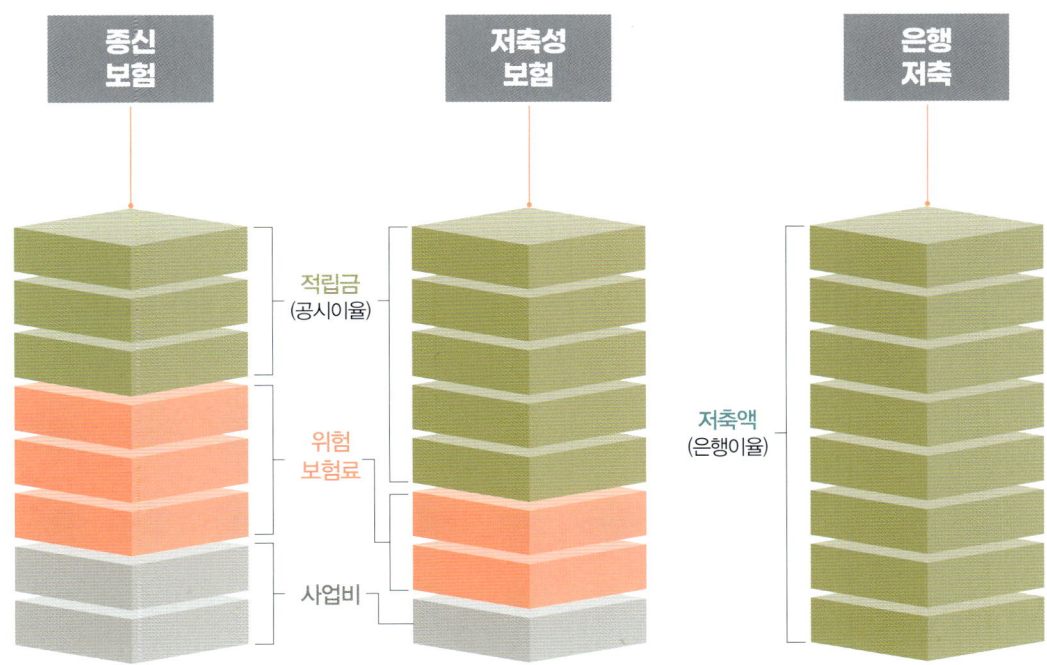

수수료 외에 사업비가 거의 없는 은행저축은 이자 이외에 아무 혜택이 없습니다. 저축성보험은 보장이 작고 보장 기간이 짧습니다. 누구도 피할 수 없는 확률 100%인 사망위험을 보장하고, 납입기간이 종료되면 기납입보험료 수준의 환급금을 지급하며, 종신토록 보장하는 종신보험은 사업비도 위험보험료도 상대적으로 많아야 합니다.

갑상선암은 '거북이암', 10명 중 9명은 초기에 진단

갑상선암의 종류 및 초기 진단 병기

자료 : 대한갑상선학회, 삼성서울병원 갑상선센터, 국가암등록사업 연례 보고서(2017년 암등록통계), 중앙암등록본부, 2019. 12

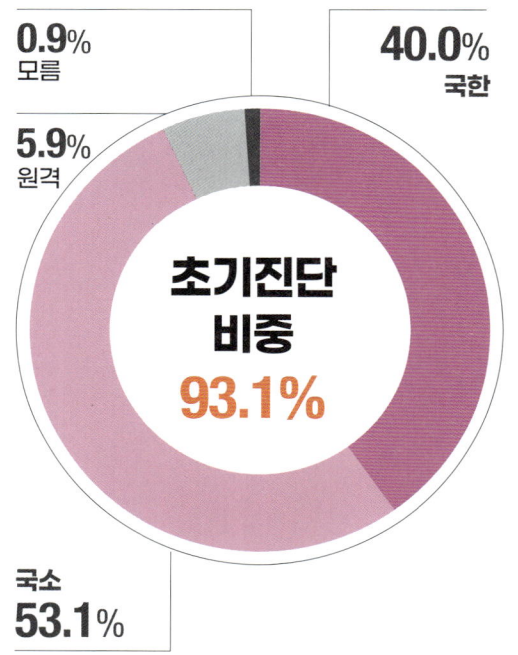

- 0.9% 모름
- 5.9% 원격
- 40.0% 국한
- 53.1% 국소

초기진단 비중 93.1%

유두암
- 전체 갑상선암의 90~95% 차지
- 상대적으로 암의 진행이 느림
- 경부 림프절을 침범하는 국소전이가 흔함
- 원격전이가 상대적으로 적고 예후 좋음

여포암
- 전체 갑상선암의 2~3% 차지
- 성장이 비교적 느려 예후는 좋은 편
- 혈관을 통해 다른 부위로 전이 가능

수질암
- 전체 갑상선암의 1% 내외
- C세포에서 발생하며 칼시토닌을 분비
- 예후가 좋지 않으며 20~30%는 유전적 요인

역형성암
- 전체 갑상선암의 1% 미만
- 진행속도가 가장 빠르고 치명적인 암
- 초기부터 뼈 등으로 원격전이 흔하게 발견
- 수술 시도할 수 있는 확률이 10% 내외

갑상선암의 90~95%를 차지하는 유두암은 진행속도가 느린 암으로 알려져 있습니다. 때문에 최초로 진단을 받을 때 초기인 경우가 93.1%로 대부분이고, 림프절 전이 이외의 원격 전이가 적어 예후가 좋습니다. 하지만 수질암이나 역형성암의 경우 진행속도도 빠르고 치명도도 높기 때문에 결코 '거북이 암'도 '착한 암'도 아닙니다.

발생 확률이 낮으면 보험료도 낮아

갑상선암을 보장하는 특약

자료 : ○○손해보험상품 특약 가입시 보험료 예시, 20년납 20년 만기

특약명	가입금액 (만원)	보험료(원)					
		남자			여자		
		35세	40세	45세	35세	40세	45세
갑상선암 진단비 (초기 제외)	3,000	303	312	336	2,049	2,253	2,403
유사암 진단비	1,000	300	380	520	1,870	2,000	2,150
갑상선암의 전이암 진단비 (림프절 전이 제외)	2,000	14	18	20	22	29	35

보험약관 규정 [원발부위(최초 발생한 부위) 기준 예시]

C73(갑상선의 악성신생물)이 림프절로 전이되어 C77(림프절의 이차성 및 상세불명의 악성신생물)로 진단된 경우에도 C73(갑상선의 악성신생물)에 해당하는 질병으로 봅니다.

갑상선암의 90% 이상인 유두암은 초기에 진단되는데 진단비에서 제외되고, 림프절 전이가 많은데 전이암 진단비에서 제외됩니다. 따라서 발생확률이 낮은 만큼 위험보험료도 저렴합니다. 하지만 유두암 이외의 갑상선암 환자의 경우 작은 보험료로 큰 보장을 받을 수 있기 때문에 나쁜 보험이라고 할 수 없습니다.

한국인의 사망률 91.3%는 질병 사망

주요 사망원인별 사망률 추이

자료 : 2020년 사망원인통계 결과, 통계청, 2021. 09. 28 / 단위 : 인구 10만 명당 명
외부요인 사망 : 운수사고, 추락사고, 익수사고, 화재사고, 중독사고, 자살, 타살 등 (질병 이외의 상해 또는 일반 사망)

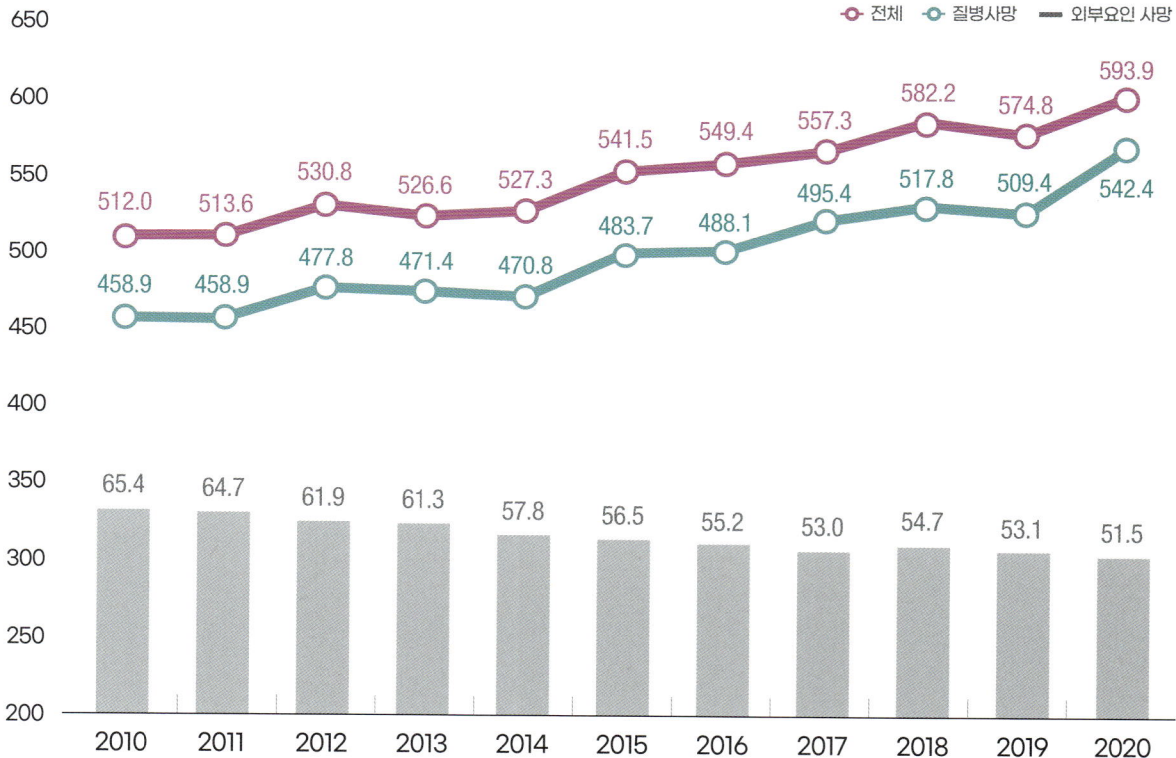

2020년 주요 사망원인별 사망률은 인구 10만 명당 593.9명으로 2010년 512.0명에 비해 15.9% 증가하였고, 그 중 질병사망이 542.4명으로 91.3%를 차지하고 있습니다. 사망률은 보험료를 결정하는 가장 중요한 요소이기 때문에, 사망률이 증가할수록, 질병사망을 담보할수록 보험료는 더 비싸야 합니다.

발생확률 높고 보장범위 넓을수록 보험료 높아져

주요 사망원인별 사망률(2020년 기준)

자료 : 2020년 사망원인통계 결과, 통계청, 2021. 09. 28 / 단위 : 인구 10만 명당 명

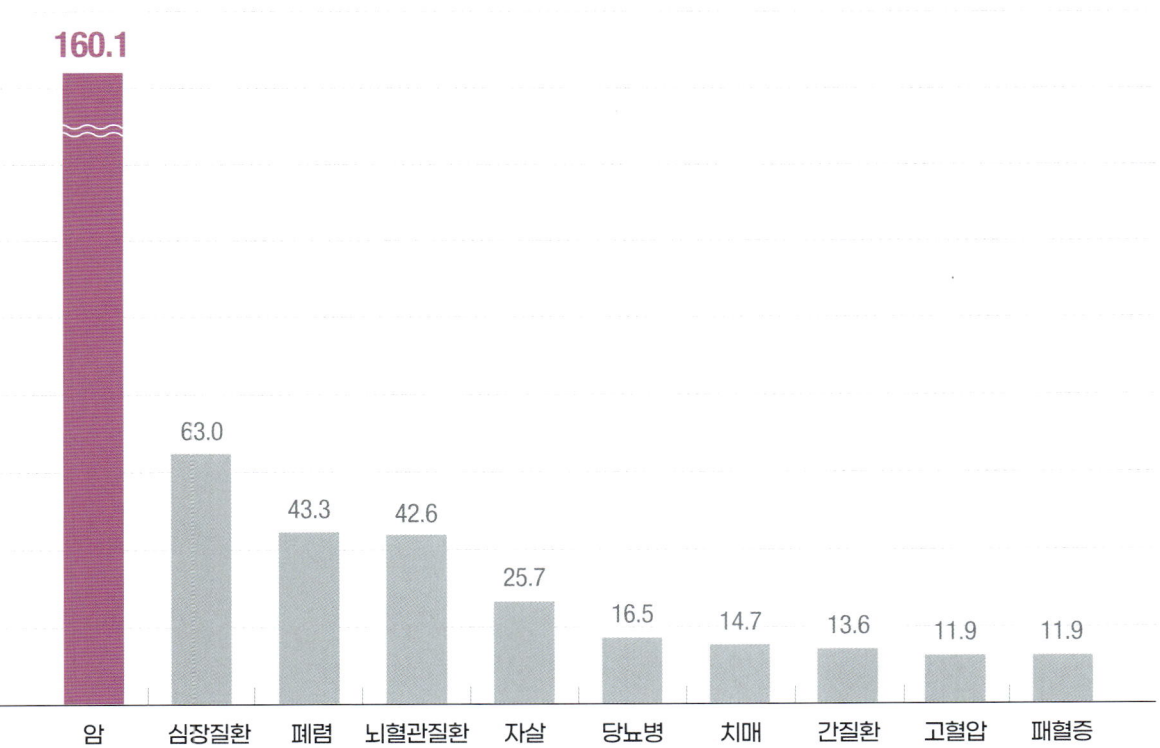

사망보험의 보험료는 위험발생률인 사망률이 높을수록 상승하고, 보장범위가 넓을수록 상승합니다. 종신보험은 사망의 원인을 따지지 않고 심지어 자살의 경우까지도 보상하기 때문에, 위험률이 가장 높고 보장범위가 가장 넓습니다. 종신보험의 보험료가 다른 보험에 비해 비싼 것은 당연한 것입니다.

동일한 보장이라도 보장기간 길수록 보험료 높아져

보장기간별 월 보험료

자료 : ○○생명보험, (무)◇플러스정기보험, (무)☆☆실속있는종신보험(보증비용부과형) / 남자 30세, 보험가입금액 1억원 / 단위 : 원

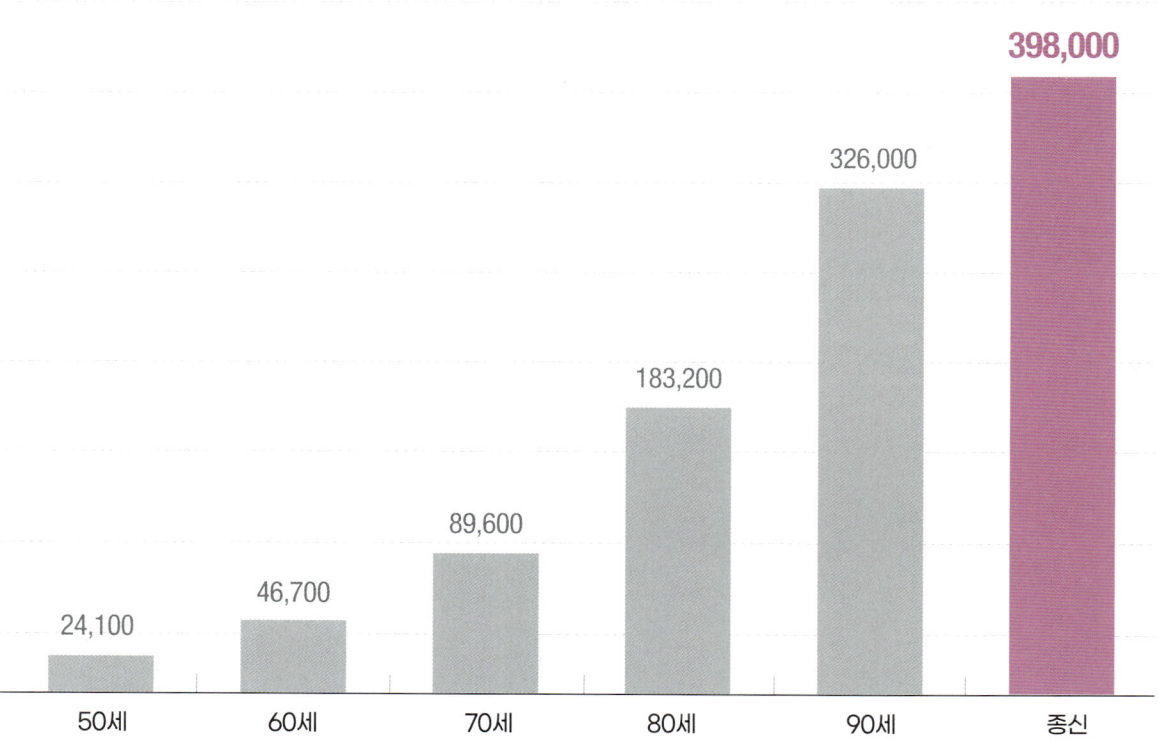

50세	60세	70세	80세	90세	종신
24,100	46,700	89,600	183,200	326,000	398,000

연령이 증가할수록 질병발생률이나 사망률 등 위험율이 높아집니다. 따라서 보장기간이 길수록 더 높은 위험을 보장해야 하기 때문에 보험료는 상승합니다. 정기보험이 종신보험 보다 더 싸다는 선입견이 있는데, 정기보험도 보장기간이 길어질수록 보험료가 상승하며, 만약 종신까지 보장한다면 보험료는 동일해질 것입니다.

중도/만기 환급률이 높을수록 보험료 높아져

일반 상품과 저해지·무해지 환급형 상품의 비교

자료 : 금융감독원 '해지환급금이 없거나 적은 보험상품 가입시 유의사항', 2019. 07. 11 / 단위 : 원

특약명		일반 보험상품	저해지환급형 상품	무해지환급형 상품
보험료 납입중 해지환급금		기간별 일정금액	일반상품의 50%	없음
월 보험료		265,000	239,000	207,000
일반상품 대비 할인율		-	▼9.8%	▼21.9%
해지환급금	5년	11,159,000	5,579,500	0
	10년	25,622,000	12,811,000	0
	20년	57,707,000	57,707,000	57,707,000

※ 금융감독원의 권고에 따라 2021.08.15일 이후 보험료 납입 후 해지환급금 50% 미만형 저해지·무해지 환급형 보험상품의 판매는 중단되어 신규 가입할 수 없습니다.

중도 해지나 만기에 환급금을 지급해야 하는 경우라면 적립을 위해 더 많은 보험료가 필요하고, 환급률이 높을수록 보험료는 상승합니다. 무해지환급형 또는 저해지환급형의 보험료가 더 저렴한 것도, 아예 환급금이 없는 정기보험이나 일부 손해보험 상품의 보험료가 저렴한 것도 모두 이런 이유입니다.

Sales talk talk

UFO의 존재를 믿으시나요?
UFO납치보험이 있다면 가입하시겠어요? 실제 연 2만원의 보험료를 내면 UFO에 납치되었을 때 100억원을 받는 보험이 있지만 이 보험의 보험료가 싸다고 이야기하기는 어렵습니다.

보험료 연 8억 4천만원, 리오넬 메시의 다리보험
많은 유명인들이 키퍼슨보험을 가입하고 있습니다. 리오넬 메시의 다리보험은 보험금이 무려 1조 4천억원, 연간 보험료가 8억 4천만원입니다. 이 보험의 보험료가 비싸다고 하기도 어렵습니다.

보험료는 어떻게 결정될까?
보험료는 사고발생확률이 높을수록, 보장범위가 넓을수록, 보장기간이 길수록, 중도/만기환급금이 있고 환급률이 높을수록, 최저 의무가입금액이 있을수록 더 비싸지는 구조입니다.

위험을 평생 보장하니 비싼 것은 당연해
종신보험과 저축성보험, 은행저축의 사업비를 비교하기도 하는데, 더 오랜 기간동안 사망위험에 대한 보장도 해주고 중도/만기 환급금을 지급하는 종신보험의 보험료가 더 많아야 합니다.

갑상선암은 '거북이암', 10명 중 9명은 초기에 진단
갑상선암의 90% 이상을 차지하는 유두암은 진행속도가 느리고 예후가 좋아 93.1%가 초기에 발견되며 주로 림프절로 전이됩니다. 하지만 다른 갑상선암은 '착한 거북이암'만은 아닙니다.

Sales talk talk

발생 확률이 낮으면 보험료도 낮아

손해보험 상품 중 갑상선암 진단비 중 초기는 제외하고, 전이암 진단비 중 림프절전이를 제외해 실효성의 논란이 있지만, 확률이 낮은 만큼 위험보험료도 매우 저렴합니다.

한국인의 사망률 91.3%는 질병 사망

보험료는 사고발생 확률에 비례합니다. 종신보험의 보험료를 결정짓는 사고발생확률은 사망률이며 질병사망률은 인구 10만 명당 542.4명, 상해사망률은 51.5명 수준입니다.

발생확률 높고 보장범위 넓을수록 보험료 높아져

종신보험은 각종 질병사망과 운수사고 등 상해사망, 심지어 자살까지 사망원인을 따지지 않고 보장하며, 누구나 언젠가는 사망하는 100% 위험이기 때문에 보험료가 가장 비쌉니다.

동일한 보장이라도 보장기간 길수록 보험료 높아져

보장기간이 길수록 증가하는 위험률에 비례하여 보험료는 증가하고, 정기보험도 보험기간이 길어지면 보험료는 높아지며, 만약 종신까지 보장한다면 종신보험의 보험료와 같아질 것입니다.

중도/만기 환급률이 높을수록 보험료 높아져

저해지환급형이나 무해지환급형의 경우 종신보험 보다 보험료가 저렴하고, 아예 환급금이 없는 정기보험이나 손해보험상품의 보험료는 당연히 이보다 더 저렴해야 합니다.

통계 키워드 _ 이것만은 반드시 기억하세요

19.95 달러
UFO 납치보험의 연간 보험료

미국 플로리다에서 판매하는 UFO납치보험의 연간보험료는 19.95달러, 보험금은 1,000만달러. 아무리 보험료가 싸고 보험금이 크더라도 발생가능성이 희박해 실효성이 떨어진다면 좋은 보험이라 하기 곤란

8억 4천만원
리오넬 메시 다리보험의 연간 보험료

메시의 다리보험금은 1조 500억원이며, 연간 보험료는 8억 4천만원. 보험료만 보면 비싸다고 할 수 있으나 메시의 가치와 1,400억원에 이르는 연봉을 감안하면 섣부른 평가는 금물

93.1%
갑상선암의 최초진단시 초기진단 비중

갑상선암의 90% 이상을 차지하는 유두암은 진행속도 느리고 예후가 좋아 93.1%가 초기에 진단. 보험료는 위험률에 비례하기 때문에 초기를 제외한 진단비는 상대적으로 저렴

7.7명
2020년 인구 10만 명당 운수사고 사망률

인구 10만 명당 질병사망 542.4명, 상해사망 51.5명임을 감안한다면 교통상해사망보험, 상해사망보험, 질병사망보험, 종신보험의 순서대로 보험료가 많아지는 것이 합리적

21.9%
무해지환급형 상품의 일반 상품 대비 보험료 할인율

중도/만기 환급금을 지급하는 경우, 또 환급률이 높을수록 보험료는 높아지기 때문에 무해지환급형 상품은 보험료가 21.9% 저렴해지고 아예 환급금이 없는 상품은 더 큰 폭으로 할인될 것

햄버거 가게 메뉴판

햄버거 가게에 가면
메뉴판에 똑같은 햄버거 사진 밑에
항상 두 개의 가격이 적혀 있습니다.
바로 단품가격과 세트메뉴의 가격입니다.

만약 어떤 고객이
왜 세트메뉴의 가격이
단품보다 비싸냐고 항의한다면
어떤 취급을 받게 될까요?

프렌치프라이와 음료가
함께 제공되는 세트메뉴가
햄버거만 제공되는 단품보다 비싼 것은
당연한 것이기 때문입니다.

절대적인 금액이 비싸다고 하기 보다는
왜 가격의 차이가 있는지,
그 가격이 타당한지에 대한
객관적인 평가가 우선되어야 할 것입니다.

종신보험은 비싼 보험이 아니라
가장 비쌀 만큼 가치가 있는 보험입니다.

종신보험에 대한 오해와 선입견 **03**

교육동영상

사망보장은
자녀들이 성장하는
시기까지만 준비하면
충분한 것 아닌가요?

자동차 바꾸신 지 얼마나 되셨어요?

자동차 살 때 차종을 결정해 놓고도
성능과 옵션 사양에 따라 다양한 트림이 있고
가격 차이도 있어서 어떤 것을 할까 고민하게 됩니다.

처음에는 필요없을 것 같았던 스마트키, 후방카메라,
자동와이퍼, 자동헤드라이트, 크루즈컨트롤 등은
이제는 없으면 안되는 필수 옵션이 되었습니다.

이런 옵션들이 없더라도 운전은 가능합니다.
다만, 모든 것을 수동으로 조작해야 하니 불편하고
궁극적으로 안전운전에 지장이 있을수도 있습니다.
특히 장거리 운행을 하는 경우에는
이런 옵션들이 더욱 빛을 발하게 됩니다.

사망보장은 자녀 독립시점까지만 준비하면 된다는
이야기도 무조건 틀렸다고 할 수는 없습니다.
하지만 인생이라는 긴 여정을 준비하면서
조금 비싸더라도 다양한 옵션이 탑재되어 있는
종신보험이 편안하고 현명한 선택일 수 있습니다.

기본 보다 편리하고 안전한 중간 트림을 더 많이 선택

2021년 상반기 그랜저 선택 비율
자료 : 현대자동차 공식 블로그 Brunch, 2021. 07. 21 / 단위 : %

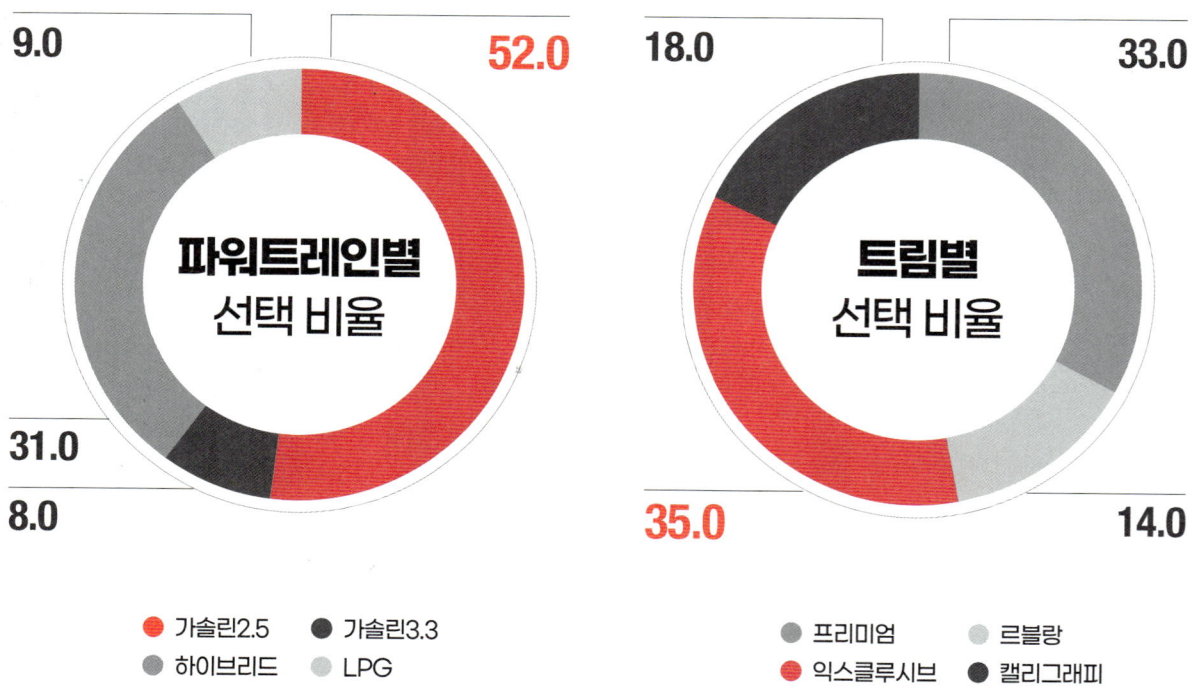

90년대 성공의 상징이었던 고급 세단 그랜저가 2021년 상반기 현대자동차 판매 1위를 기록했습니다. 파워트레인은 가솔린 2.5가, 트림은 중간 트림인 익스클루시브가 가장 많이 팔렸습니다. 많은 사람들이 가격만이 아니라 기능성이나 편의성 등을 고려하여 상품을 선택한다는 것을 잘 보여주는 통계입니다.

자녀의 경제적 독립시점은 언제일까?

성별 평균 초혼연령 및 대졸 신입사원 평균 연령

자료 : 2020년 혼인·이혼 통계, 통계청, 2021. 03. 18, 대졸 신입사원 입사 연령 분석, 인크루트, 2020. 04. 22 / 단위 : 세

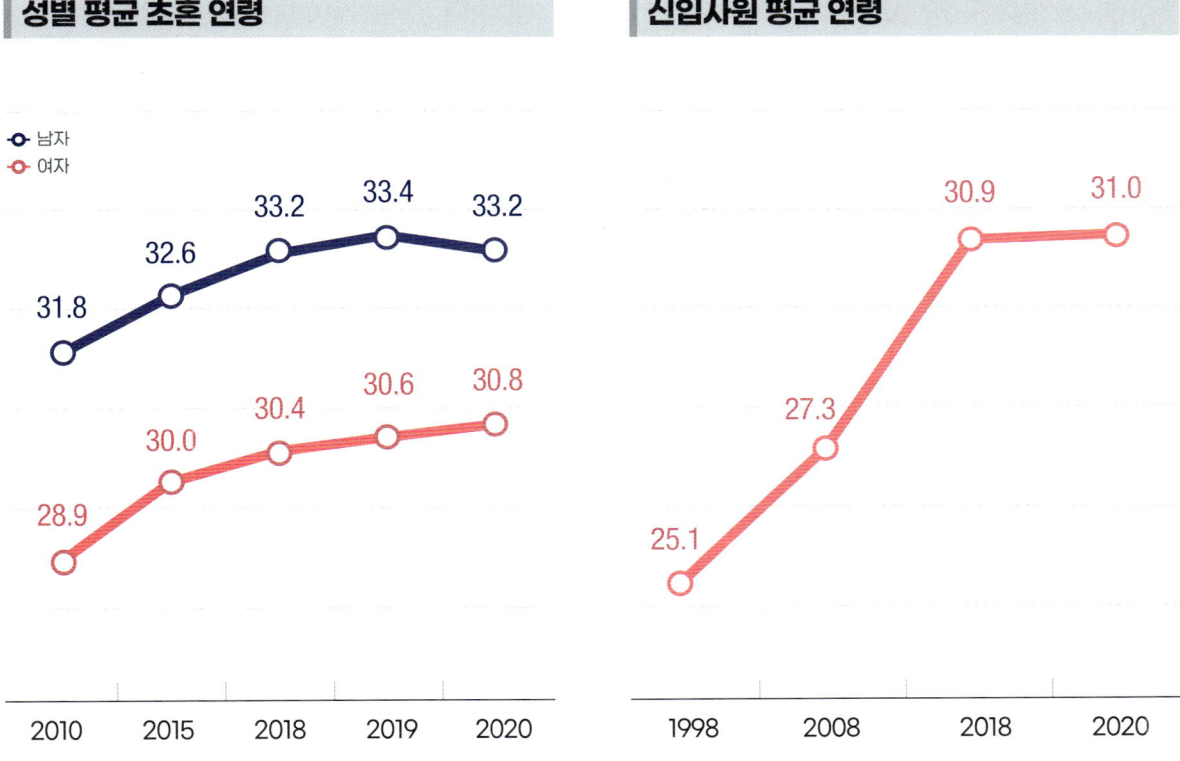

우리나라 남성의 평균 초혼 연령은 33.2세, 대졸 신입사원의 평균 연령은 31.0세입니다. 취직해서 결혼하는 즈음을 자녀의 경제적 독립시점으로 가정한다면, 첫째 자녀 출산시점 부터 대략 31년 후가 됩니다. 일반적으로 30대 초·중반에 첫째 자녀를 출산한다는 점을 감안하면 60대 중반으로 잡는 것이 적절합니다.

자녀가 독립하기 위해 필요한 결혼자금

2021 결혼비용 실태 보고서

자료 : 결혼정보회사 듀오웨드가 최근 2년 이내 결혼한 신혼부부 1,000쌍을 대상으로 설문조사, 2021. 02. 23 / 단위 : %, 만원

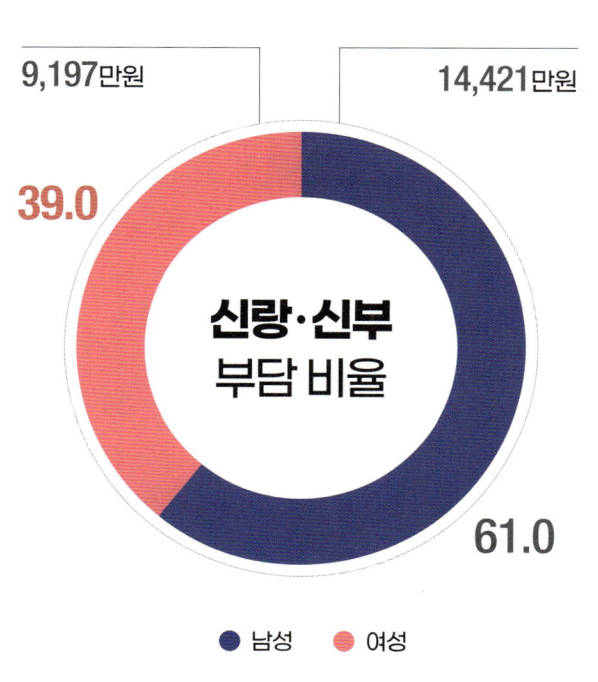

자녀 독립 이후 첫번째 재무적 이벤트는 결혼입니다. 2021년 신혼부부 한 쌍의 결혼비용은 2억 3,618만원 입니다. 가장 많은 비용을 지출한 신혼집이 1억 9,271만원 것을 감안한다면 지나치게 과장된 통계는 아님을 알 수 있습니다. 이제 '우리 아이는 자기가 벌어서 결혼할거야'라는 말은 옛말이 되어 버렸습니다.

독립 이후 나이가 들어도 갚을 빚 많은 자녀

연령별 가계부채 현황

자료 : 2020년 가계금융복지조사 결과, 2020. 12. 17 / 단위 : 만원, %

연령대별 가구당 부채 보유액

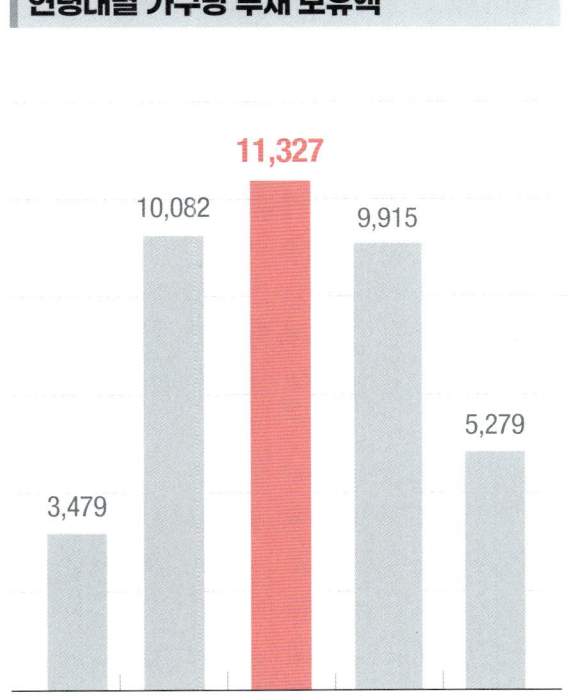

연령대별 부채유형별 구성비

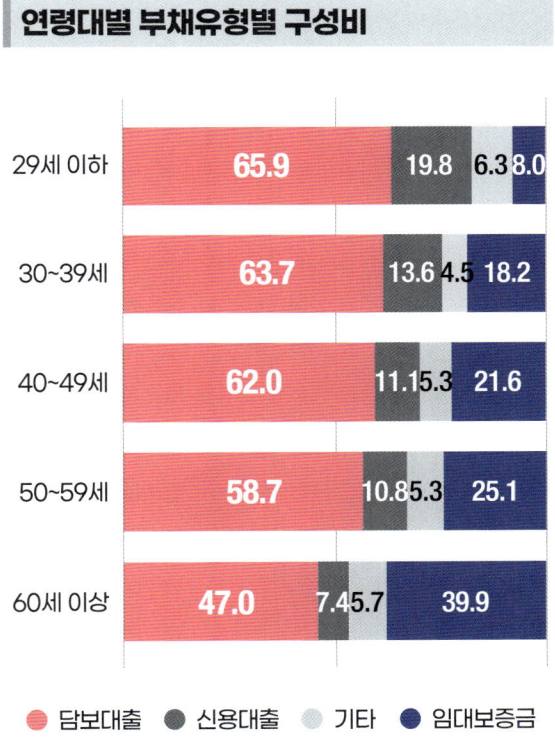

● 담보대출   ● 신용대출   ● 기타   ● 임대보증금

연령대별 가구 부채는 40대가 1억 1,327만원으로 가장 많고, 30대, 50대는 1억원 수준입니다. 연령이 증가할수록 임대보증금의 비중이 높아지며 거의 모든 연령대에서 담보대출이 절반 이상을 차지하고 있습니다. 최근 부동산 가격이 치솟고 있음을 감안하면 자녀 대부분이 독립 이후에도 상당한 금액의 부채를 보유할 가능성이 높습니다.

'짐이 되지 않는 노후', 스스로 준비해야

부모 부양에 대한 견해와 생활비 마련 방법
자료 : 2020년 사회조사 결과, 통계청, 2020. 11. 18, 2021 고령자 통계, 통계청, 2021. 09. 29 / 단위 : %

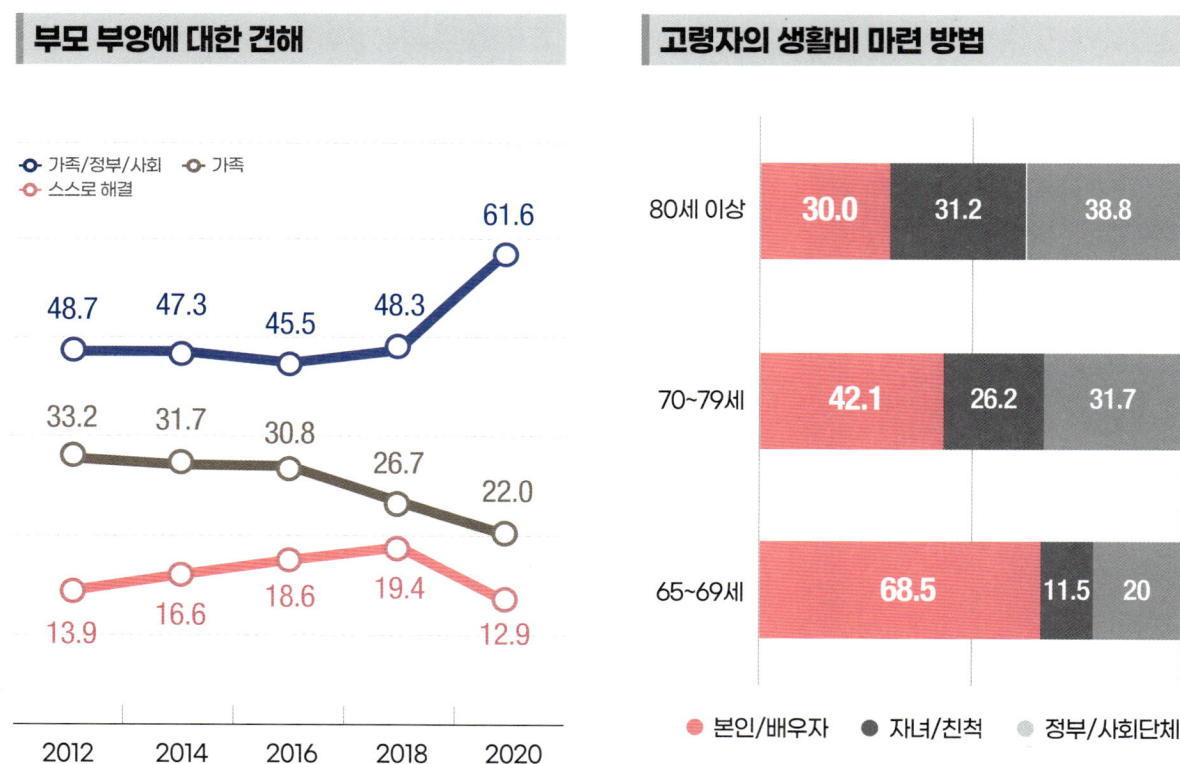

부모 부양에 대한 인식은 '가족이 부양해야 한다'가 3분의 2로 줄어든 반면 '가족과 사회, 정부가 함께 부양해야 한다'는 크게 늘었고, '부모가 스스로 해결해야 한다'는 최근 들어 줄었지만 12.9%나 됩니다. 실제 연령이 증가할수록 생활비를 자녀나 친적, 정부와 사회단체에 의존하는 비중이 높아지고 있습니다.

노년기 사망으로 인한 소득중단은 노인가구에 치명적

65세 이상 노인가구의 소득과 지출

자료 : 2020년도 노인실태보고서, 보건복지부 공공데이터포털, 2020. 11 / 단위 : 만원, %

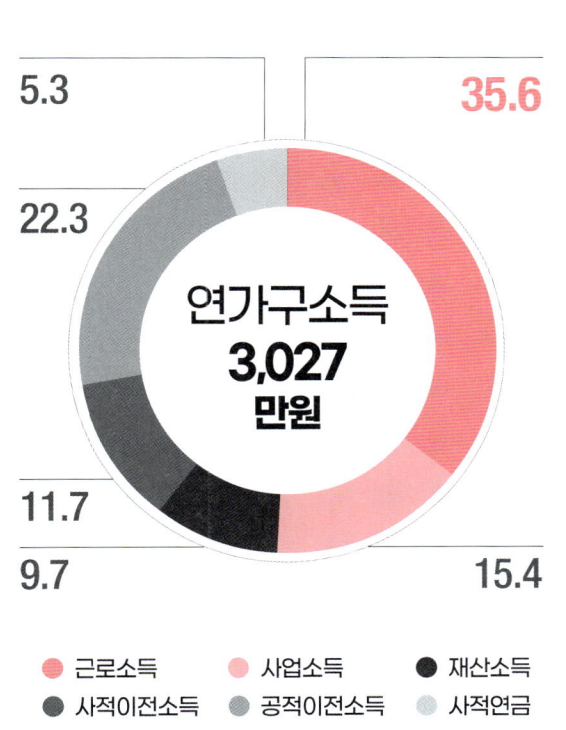

65세 이상 노인가구의 연 소득은 3,027만원, 월평균 252만원이고, 그 중 51%가 근로소득과 사업소득으로 일을 해서 벌고 있습니다. 월평균 소비지출과 주거비는 171만원입니다. 만약 주소득원이 사망하여 소득이 중단될 경우 노인가구에 미치는 타격은 자녀성장기와 크게 다르지 않습니다.

매년 증가하고 있는 노인 진료비

65세 이상의 1인당 진료비 및 본인부담 의료비

자료 : 2021 고령자 통계, 통계청, 2021. 09. 29 / 단위 : 천원

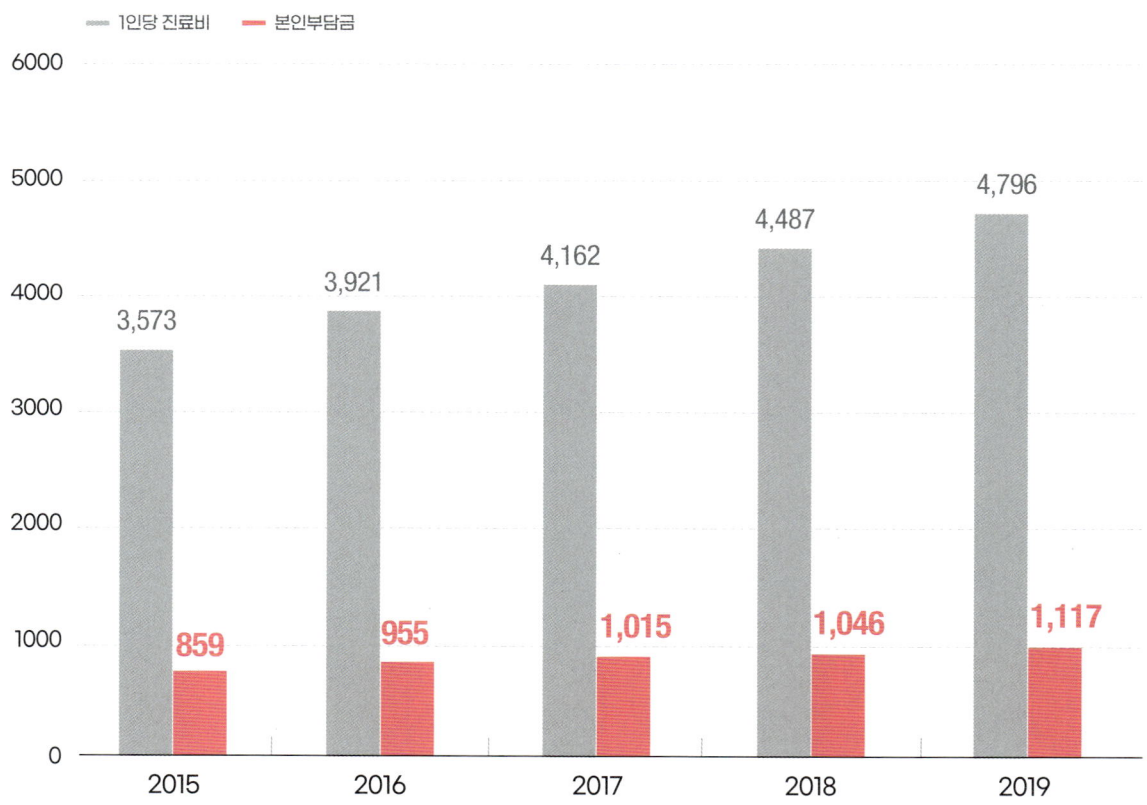

65세 이상 노인의 1인당 진료비는 2015년 357만 3천원이던 것이 2019년 479만 6천원으로 34.2%나 증가했습니다. 이 중 본인부담 금액은 111만 7천원으로 진료비의 4분의 1을 차지하고 있습니다. 이는 전체 1인당 본인부담 의료비 41만 3천원에 비해 2.7배 수준으로 노후생활에 부담이 되고 있습니다.

사망 전 1년 의료비 2,595만원, 고스란히 가족 부담

월평균 사망 전 의료비(2018년)

자료 : 노인의료비 중장기 재정전망 및 요인분석, 국민건강보험 건강보험연구원, 2021. 02.09 / 단위 : 천원, %

구분	전체 금액	전체 누적비중	남성 금액	여성 금액
-1개월	4,499	17%	5,047	3,889
-2개월	3,992	33%	4,396	3,550
-3개월	2,862	44%	3,067	2,637
-4개월	2,230	52%	2,406	2,182
-5개월	2,002	60%	2,096	1,900
-6개월	1,797	67%	1,868	1,720
-7개월	1,649	73%	1,695	1,598
-8개월	1,545	79%	1,580	1,508
-9개월	1,448	85%	1,469	1,425
-10개월	1,370	90%	1,374	1,365
-11개월	1,310	95%	1,313	1,307
-12개월	1,249	100%	1,252	1,248

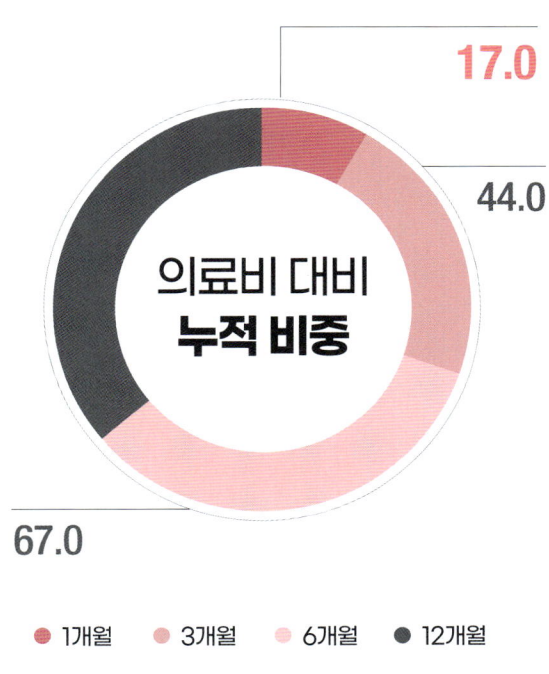

의료비 대비 누적 비중

● 1개월 ● 3개월 ● 6개월 ● 12개월

2018년 사망자의 사망 전 1년 의료비는 2,595만원으로 같은 연령 생존자의 10배 입니다. 사망 전 1개월 동안 1년 의료비의 17%, 사망 전 3개월 동안 절반에 가까운 44%가 소요됩니다. 이처럼 사망 직전에 발생하는 의료비에 대한 준비가 없을 경우, 슬픔 속에서 가족이 부담해야 합니다.

더 오래사는 배우자의 노후를 위한 선물

65세 이상 고령자 1인 가구

자료 : 2021 고령자 통계, 통계청, 2021. 09. 29 / 단위 : 천가구, %

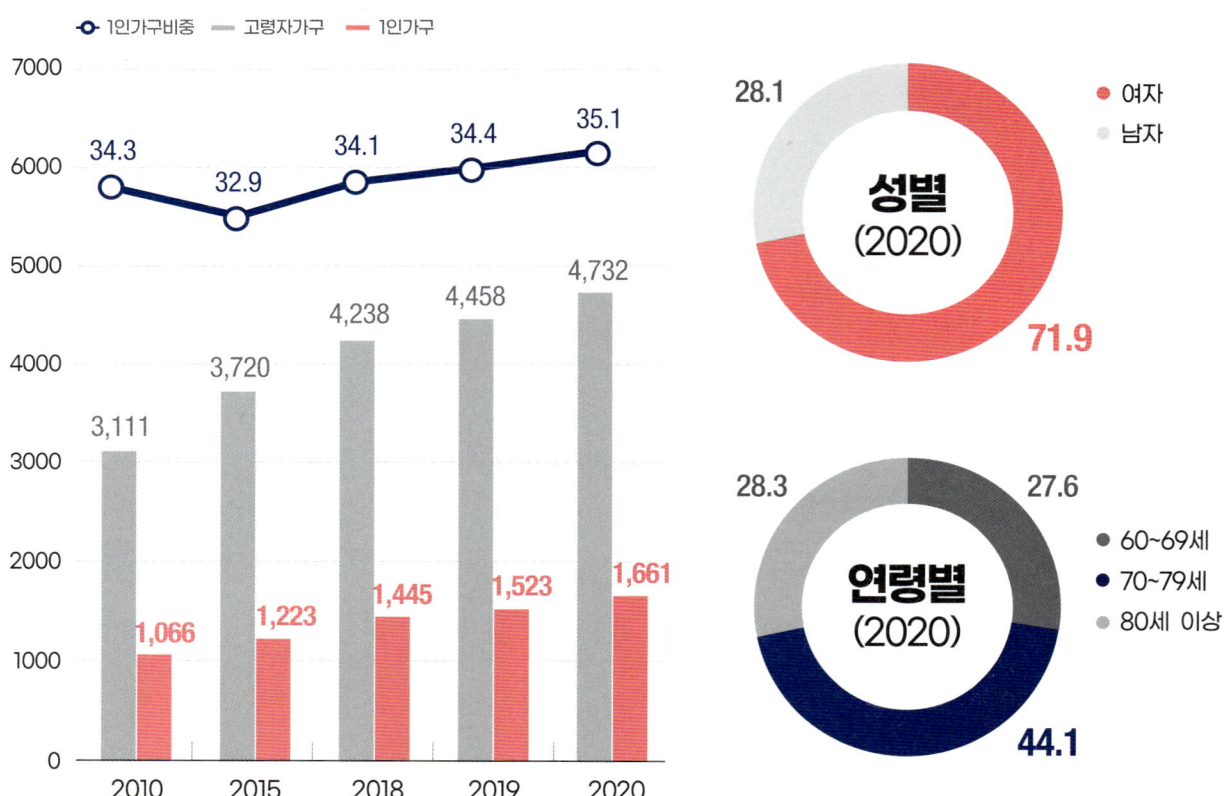

2020년 고령자 1인 가구는 166만 1천 가구로 전체 고령자 가구의 35.1%를 차지하고 있습니다. 그 중 71.9%가 여성 1인 가구이고, 70대가 44.1%로 가장 많습니다. 남성의 사망보험금은 남성보다 평균수명이 길어 더 오래 살 가능성이 높은 여성 배우자의 노후에 큰 힘이 될 것입니다.

치매 확률 높은 여성 배우자를 지켜주는 사랑

기간별 치매 생존기간 및 치료 예상비용과 치매환자 1인당 연간 관리비용

자료 : 치매대백과 '치매 어떤게 있나요?', 중앙치매센터, '대한민국 치매현황 2021'. 중앙치매센터 / 만원, 년, %

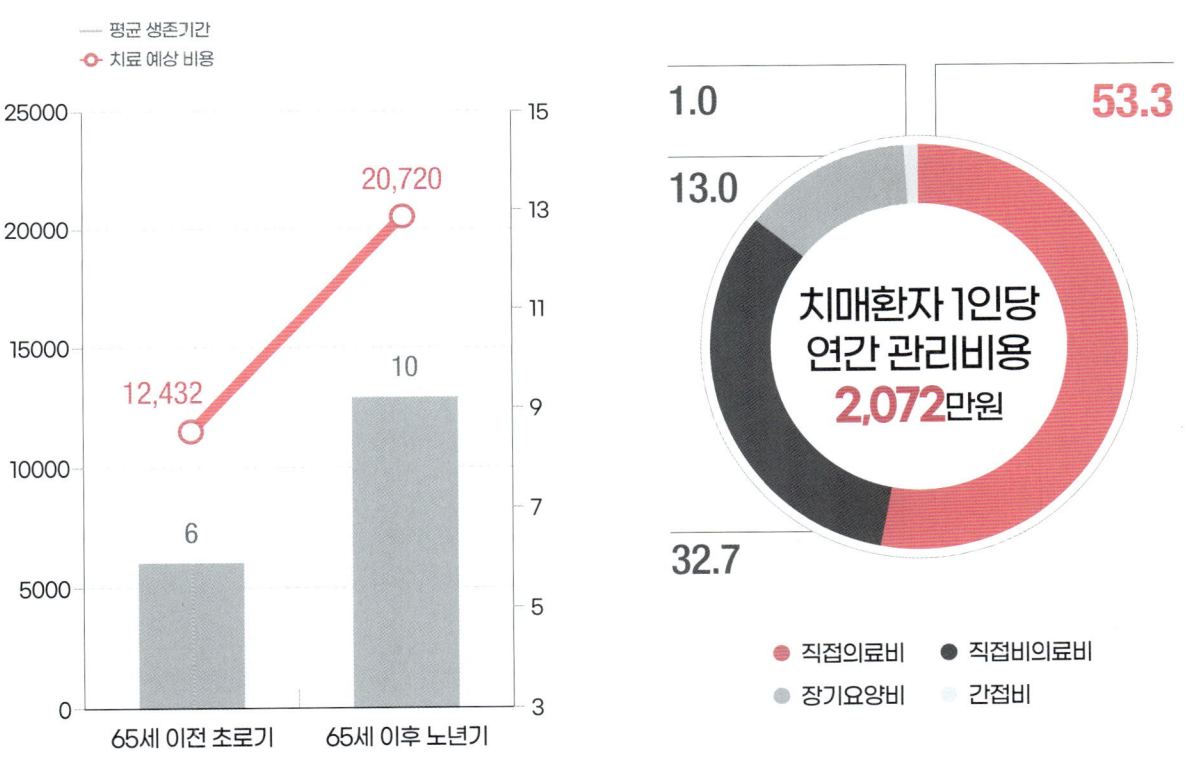

치매 환자의 평균 생존기간은 65세 이전 초로기에 6년, 65세 이후 노년기에 10년입니다. 치매환자 1인당 연간 관리비용이 2,072만원 임을 감안하면, 초로기에 총 치료 및 관리 예상 비용은 1억 2,432만원, 노년기에 2억 720만원이 필요합니다. 준비가 되지 않을 경우 환자와 가족의 경제적 부담과 고통은 더욱 커지게 됩니다.

Sales talk talk

자동차 바꾸신 지 얼마나 되셨어요?
자동차의 다양한 옵션을 단지 비용으로 인식하여 선택하지 않더라도 운전은 가능합니다. 하지만 모든 것을 수동으로 조작해 불편하고, 안전운전에 지장을 초래할 수 있습니다.

자녀의 경제적 독립시점은 언제일까?
2020년 우리나라 남성의 평균 초혼연령은 33.2세, 여성은 30.8세 이고, 신입사원의 평균 연령은 31.0세로 가장이 60대 중·후반이 되는 시점으로 설정하는 것이 적절합니다.

자녀가 독립하기 위해 필요한 결혼자금
남성이 1억 4,421만원, 여성이 9,197만원이고, 서울과 수도권은 상대적으로 더 많이 필요할 것임을 감안하면 자기가 벌어서 시집·장가 가는 시대는 끝났다고 할 수 있습니다.

독립 이후 나이가 들어도 갚을 빚 많은 자녀
30대와 40대는 1억이 넘는 부채를 보유하고 있고, 연령대와 상관없이 부채의 절반 이상을 담보부채로 가지고 있어서, 자녀가 독립한 이후에도 상당한 부채가 있을 가능성이 높습니다.

'짐이 되지 않는 노후' 스스로 준비해야
부모를 가족이 부양해야 한다고 인식하는 경우는 22%에 불과한 반면, 부모 스스로 책임져야 한다는 인식은 12.9%로 급격히 줄어든 것을 감안하더라도 매우 높고, 자기책임이 강조되고 있습니다.

Sales talk talk

노년기 사망으로 인한 소득중단은 노인가구에 치명적

노인가구의 소득 중 51%가 근로소득, 사업소득으로 일해서 벌기 때문에 주소득원의 사망으로 인한 소득중단은 노인가구에 치명적일 수 있습니다.

매년 증가하고 있는 노인 진료비

2019년 65세 이상의 1인당 진료비는 479만원, 본인 부담 의료비는 111만원으로 전체 1인당 본인 부담 의료비의 2.7배 수준이기 때문에 노후생활에 부담이 될 수 있습니다.

사망 전 1년 의료비 2,595만원, 고스란히 가족 부담

사망 전 의료비의 절반 이상이 사망 전 3개월 동안 사용되기 때문에 가장이 사망한 후 남아 있는 가족들의 감당해야 할 경제적 부담이 매우 클 수 있습니다.

더 오래사는 배우자의 노후를 위한 선물

특히 평균수명이 상대적 으로 긴 여성 1인 가구가 전체의 71.9%로, 가장이 사망한 이후 여성 배우자가 혼자 생활할 가능성이 높은데 사망보험금은 큰 힘이 될 수 있습니다.

치매 확률 높은 여성 배우자를 지켜주는 사랑

만약 여성 배우자가 치매에 걸리는 경우 연간 2,072만원의 관리비용이 필요하고, 사망보험금은 환자와 가족의 경제적 부담을 덜어 줄 수 있는 든든한 버팀목이 될 것입니다.

통계 키워드 _ 이것만은 반드시 기억하세요

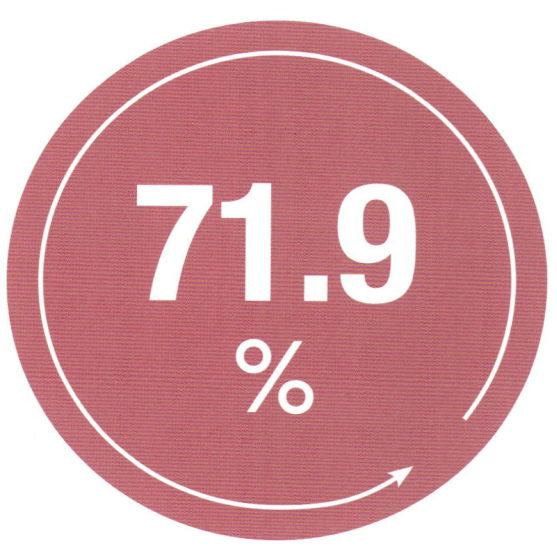

65세 이상 고령자 1인 가구 중 여성의 비율

고령자 가구 중 1인 가구는 35.1%로 3명 중 1명은 1인 가구이고, 여성 1인 가구의 비중이 71.9%로 상대적으로 평균수명이 긴 여성 배우자가 홀로 남겨질 가능성 높아

33.2세

2020년 우리나라 남자의 평균 초혼 연령

자녀의 경제적 독립시점은 초혼 연령으로 설정하는 것이 적절하며, 일반적으로 둘째 자녀가 결혼하는 시점인 가장의 60대 중·후반으로 잡는것이 적절

8,256만원

2020년 가구 평균 부채금액

가구 평균 부채 금액은 8,256만원이고, 30대는 1억 82만원, 40대는 1억 1,327만원으로, 자녀가 독립한 이후 대출을 보유하고 있을 가능성이 크며, 사망보험금을 대출상환에 활용 가능

252만원

65세 이상 노인가구의 월 평균 가구소득

2020년 노인가구의 연 소득은 3,027만원으로 월 평균 252만원이며, 그 중 51%는 일을 해서 벌고 있어서, 소득중단 시 치명적인 영향을 미칠 수 있기 때문에 종신보험으로 이에 대비

44.0%

사망 전 1년 의료비 중 사망 전 3개월 동안의 비중

사망 전 1년 의료비 중 17%는 사망 전 1개월에, 44%는 사망 전 3개월에, 67%는 사망 전 6개월에 소요되어, 사망 후 유가족에게 상당히 많은 경제적 부담을 남길 수 있음을 고려

비교체험
극과 극

예전에 동일한 여행지에서
가장 저렴한 것과 가장 고급스러운 것을
비교해 체험하는 예능프로그램이 있었습니다.

어차피 배부른 것은 똑같으니
실속있게 길거리 음식을 먹자는 쪽도,
이왕 여행을 왔으니 조금 비싸더라도
제대로 된 음식을 먹어야 한다는 쪽도
틀렸다고 할 수는 없습니다.

경제적 여건이나 개인의 철학에 따라
선택이 다른 것 뿐입니다.

가장의 사망보장은 자녀의 성장기까지만
보장하면 충분하다는 의견도
무조건 합리적이고 맞다고 할 수는 없습니다.

독립한 자녀의 대출상환금이 될 수도 있고
손자, 손녀의 대학 학자금이 될 수도 있고
홀로 남겨진 배우자의
든든한 노후자금이 될 수도 있기 때문입니다.

선택할 수 있는 방법 중 하나일 뿐입니다.

종신보험에 대한 오해와 선입견 **04**

교육동영상

가격이 저렴한
정기보험 가입하고
나머지는
투자하는 것이
더 유리하다

물 위를 걸으려면
어떻게 해야 할까요?

물 위를 걸을 수 있을까요?

먼저 조심스럽게 왼발을 내딛습니다.
왼발이 빠지기 직전에 빨리 오른발을 내딛습니다.
다시 오른발이 빠지기 직전에 왼발을 내딛으면
물 위를 걸을 수 있습니다.

논리적으로 모순이나 문제는 없습니다.
하지만 실제 걸어보면 모두 물에 빠집니다.

종신보험을 가입하는 것 보다
저렴하게 정기보험으로 사망보장을 하고
나머지 금액으로 투자하는 것이 유리하다는 말은
논리적인 모순이나 문제는 없습니다.

하지만 주식투자로 높은 수익을 내고 싶다면
쌀 때 사서 비쌀 때 팔면 된다는 말 만큼이나
현실적으로 쉽지 않은 일 입니다.

'물 위를 걷는 방법' 만큼 황당한 논리들

이과생들이 보면 화가 날 수 있는 논리의 패러독스

자석으로 달리는 자동차

차 앞에 자석을 붙이고 일정한 거리를 유지하며 다른 자석을 매달면 인력에 의해 자동차가 달릴 수 있다.

선풍기로 가는 돛단배

돛단배 뒤에 선풍기를 달고 강한 바람을 불어 주면 바람의 힘에 의해 돛단배가 앞으로 움직인다.

엘리베이터 추락시 대처법

엘리베이터가 추락하는 경우 침착하게 엘리베이터가 지면에 닿기 직전에 점프하면 무사할 수 있다.

얼핏 보면 그럴듯하고 과학적으로 가능할 것 같은 논리들입니다. 하지만 결론적으로 세가지 모두 현실에서는 일어날 수 없는 논리의 오류입니다. 자동차는 움직이지 않고 돛단배는 뒤로 가며, 엘리베이터가 추락할 때 점프하면 무중력상태에서 천정에 머리를 부딪혀 크게 다칠 수 있습니다.

얻는 기쁨보다 잃는 슬픔이 더 크다

프로스펙트 이론(Prospect theory)

자료 : 대니얼 카너먼(Daniel Kahneman), 행동경제학의 창시자, 프린스턴대 명예교수, 2002년 노벨경제학상 수상

Q 다음 중 어느 것을 선택하시겠습니까?

A. 50%의 확률로 당첨되면 1,000만원을 받고 그렇지 않으면 꽝인 복권
B. 100%의 확률로 무조건 500만원을 받는 복권

Q 다음 중 어느 것을 선택하시겠습니까?

A. 50%의 확률로 1,000만원을 내거나 벌금이 면제되는 고지서
B. 100%의 확률로 무조건 500만원의 벌금을 내야하는 고지서

Q 연봉이 4,800만원인 A씨와 4,000만원인 B씨 중 누가 더 좋을까요?

Q 위 질문 A씨의 전년도 연봉은 5,800만원, B씨의 전년도 연봉은 3,000만원 이었다는 것을 알게 되었습니다. 그렇다면 현재 누가 더 좋을까요?

사람들은 기대효용이 작음에도 확실한 수익을 얻을 수 있는 것을 선택하고, 리스크가 훨씬 더 큼에도 불확실한 손실을 선택하는 손실회피성향을 가지고 있습니다. 또 준거점이 무엇인가에 따라 동일한 대상에 대한 평가가 달라지게 됩니다. 종신보험을 비용으로 정의하기 때문에 정기보험이 유리하다는 논리가 솔깃하게 들리는 것입니다.

연령 높을수록 보험료가 비싼 것이 아니라 위험이 커지는 것

연령별 사망률(남녀 전체)

자료 : 2020년 사망원인통계 결과, 통계청, 2021. 09. 28 / 단위 : 인구 10만 명당 명

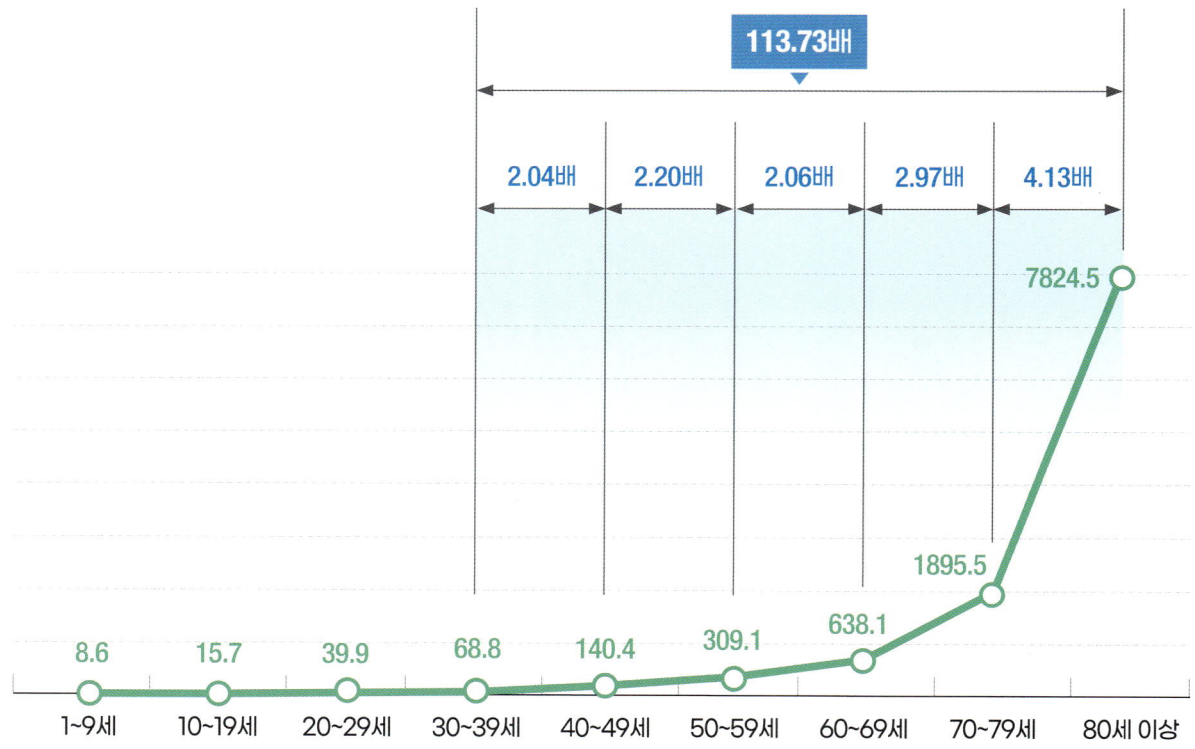

30세부터 연령별 사망률을 살펴보면 60대까지는 매 10년 마다 약 2배씩 증가하다 70대에 3배, 80세 이상 4배로 급격히 증가합니다. 80세 이상의 사망률은 30세에 비해 113.73배나 높습니다. 어떤 분은 연령이 높아질수록 보험료가 비싸진다고 하는데, 보험료가 비싸지는 것이 아니라 위험률이 커지는 것입니다.

위험률이 비슷하면 보험료도 비슷하다

종신보험과 정기보험의 보험료 비교

자료 : 2021. 10월 기준 ○○생명보험, ☆☆종신보험, ◇◇정기보험 보험료설계 / 회사 또는 상품에 따라 상이할 수 있습니다.
종신보험 : 남자, 만 30세, 월납, 보험기간 종신, 20년납, 가입금액 1억원
정기보험 : 남자, 만 30세, 월납, 보험기간 80세 만기/90세 만기, 20년납, 가입금액 1억원

| 종신보험 월 222,000원 | VS | 정기보험(80세 만기) 월 103,600원 | 정기보험(90세 만기) 월 182,500원 |

1. **정기보험 만기 이후 위험보험료** 80세/90세 이후 높은 사망위험률을 보장하기 위한 보험료
2. **환급금 지급을 위한 적립보험료** 정기보험과 달리 중도해지 또는 만기환급금을 지급하기 위한 보험료

정기보험을 10년 단위로 갱신하는 경우

✓ 70세 이후 가입 불가로 69세에 10년납 또는 90세 만기 가입 가정

| 30세 | 40세 | 50세 | 60세 | 69세 | 80세/90세 |
| 20,700원 | 33,200원 | 68,200원 | 163,900원 | 481,300원 / 699,100원(90세 만기) | |

정기보험도 종신보험과 동일하게 보험기간을 80세 또는 90세 만기까지 늘리면 종신보험의 보험료와 큰 차이가 없습니다. 다만 만기 이후의 위험에 대한 대비와 정기보험과 달리 원금을 초과하는 환급금이 지급되기 때문에 종신보험의 보험료가 더 비쌀 것입니다. 보험료는 위험률과 비례하여 결정됩니다.

보장이 동일하면 정기보험이 정말 유리할까?

종신보험과 정기보험의 실제 보험료 부담률 비교

자료 : 2021.10월 기준, ○○생명보험, ☆☆종신보험, ◇◇정기보험 보험료설계 / 회사 또는 상품에 따라 상이할 수 있습니다.
종신보험 : 남자, 만 30세, 월납, 보험기간 종신, 20년납, 일반형/기본형, 가입금액 1억원
정기보험 : 남자, 만 30세, 월납, 보험기간 60세 만기, 20년납, 가입금액 1억원

		종신보험	정기보험
보험가입	월 납입보험료 (보험가입시점에 결정)	월 **222,000** 원	월 **28,200** 원
납입완료	총납입보험료 (월보험료×12개월×20년)	**53,280,000** 원	**6,768,000** 원
보험만기	해지환급금 (보험만기 시점의 환급금)	**63,424,303** 원	**0** 원
	보험차익 (해지환급금-총납입보험료)	**10,144,303** 원	**-6,768,000** 원

환급금 차액 16,912,303원

종신보험의 60세 시점 해지환급금은 6,342만원으로 원금손실없이 1,014만원의 수익이 발생하는 반면, 정기보험은 소멸성이므로 환급금이 없어 납입한 보험료 677만원의 손실을 보게 됩니다. 따라서 보장이 동일한 종신보험과 정기보험의 60세 시점 환급금은 1,691만원이 차이납니다.

동일한 조건에서 종신보험이 정말 더 비쌀까?

종신보험의 정기특약과 정기보험의 보험료 비교

자료 : ○○ 생명보험, ☆☆종신보험, ◇◇정기보험 보험료설계, 2021.10월 기준 / 회사 또는 상품에 따라 상이할 수 있습니다.
종신보험 : 남자, 만 30세, 월납, 보험기간 종신, 20년납, 가입금액 1억원, 정기특약 60세만기 가입금액 1억원
정기보험 : 남자, 만 30세, 월납, 보험기간 60세 만기, 20년납, 가입금액 1억원

종신보험 정기특약 월 27,000원 VS **정기보험 월 28,200원**

종신보험의 정기특약을 활용한 다양한 PLAN

구분	주계약				정기특약				월납보험료
	보험기간	납입기간	가입금액	보험료	보험기간	납입기간	가입금액	보험료	
Plan A	종신	20년납	1천만원	22,200원	60세	20년	1억원	27,000원	49,200원
Plan B	종신	20년납	3천만원	66,600원	60세	20년	1억원	27,000원	93,600원
Plan C	종신	20년납	5천만원	111,000원	60세	20년	1억원	27,000원	138,000원

반대로 정기보험과 동일한 보장과 동일한 기간으로 종신보험의 정기특약을 가입하면 어떨까요? 종신보험의 정기특약이 정기보험보다 1,200원 더 저렴합니다. 종신보험의 정기특약을 활용할 경우 다양한 플랜설계가 가능하기 때문에 무조건 종신보험이 더 비싸다고 하기는 어렵습니다.

보험료 차액을 금리로 운용하면 더 유리할까?

보험료 차액을 금리로 운용할 경우 성과 시뮬레이션

자료 : 5대 주요 은행(KB국민은행, 우리은행, 하나은행, 신한은행, NH농협은행) 예·적금 금리 평균, 은행연합회 소비자포털, 2021.10월 기준
종신보험 보험료와의 차액을 20년 간 정기적금으로 운용하고, 세후 적립금을 정기예금으로 다시 10년 간 거치식으로 운용

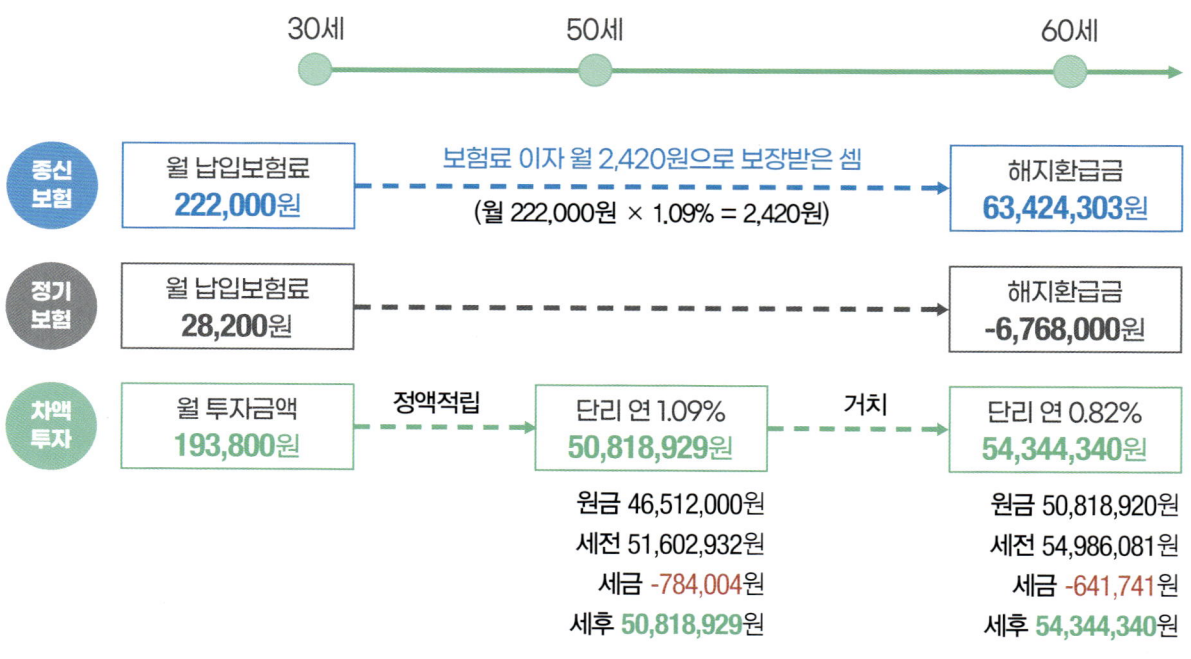

종신보험은 대부분 납입 완료 시점 적립금이 원금에 도달하므로 보험료의 이자상당액으로 보장받은 셈이며, 60세 시점에 수익이 발생합니다. 반면 정기보험을 가입하고 보험료 차액인 193,800원을 20년간 적금, 10년간 예금으로 운용할 경우, 소멸된 보험료를 감안하면 오히려 손해가 발생합니다.

보험료 차액을 펀드로 운용하면 무조건 성공할까?

2015년 수익률 TOP10 펀드의 이후 상대 성과

자료 : 펀드 사용설명서 '이기는 투자', 삼성자산운용, 제로인, 2021.10월 기준 / 상대 성과 = 펀드성과 순위 ÷ 전체 펀드 수(작을수록 높은 성과)
연도별 펀드 수 : 2016년 573개, 2017년 546개, 2018년 570개, 2019년 616개, 2020년 623개

2015년 TOP10	2016	2017	2018	2019	2020
펀드 A	98%	7%	7%	96%	5%
펀드 B	100%	1%	4%	99%	1%
펀드 C	67%	45%	75%	86%	20%
펀드 D	85%	66%	71%	93%	31%
펀드 E	79%	84%	87%	63%	19%
펀드 F	91%	90%	81%	95%	10%
펀드 G	92%	90%	84%	96%	11%
펀드 H	38%	80%	35%	67%	38%
펀드 I	93%	92%	86%	96%	12%
펀드 J	65%	32%	75%	6%	11%
평균	90%	38%	56%	92%	11%

금리형 상품 보다 높은 수익을 얻기 위해 펀드에 투자할 경우 좋은 펀드를 찾았다 하더라도 그 펀드가 지속적으로 우수한 성과를 내기는 어렵습니다. 2015년 상위 1% 안에 들었던 수익률 TOP10 펀드들이 5년간 90%대에서 11%까지 크게 변동한 것에서 볼 수 있듯이 항상 잘 할 수 없습니다.

종신보험의 질병특약, 건강보험 가입해야 대체할 수 있어

연령별 업계 평균 4세대 실손의료보험 보험료

자료 : 상품비교공시 실손보험 보험료 세부내용, 생명보험협회, 2021. 10월 기준
업계평균 : 생명보험협회 등록 기준, 한화생명, 삼성생명, 교보생명, NH농협생명, 메리츠화재, 한화손보, 롯데손보, MG손보, 흥국화재, 삼성화재, 현대해상, KB손보, DB손보, 농협손보 연령별 실손보험료 평균

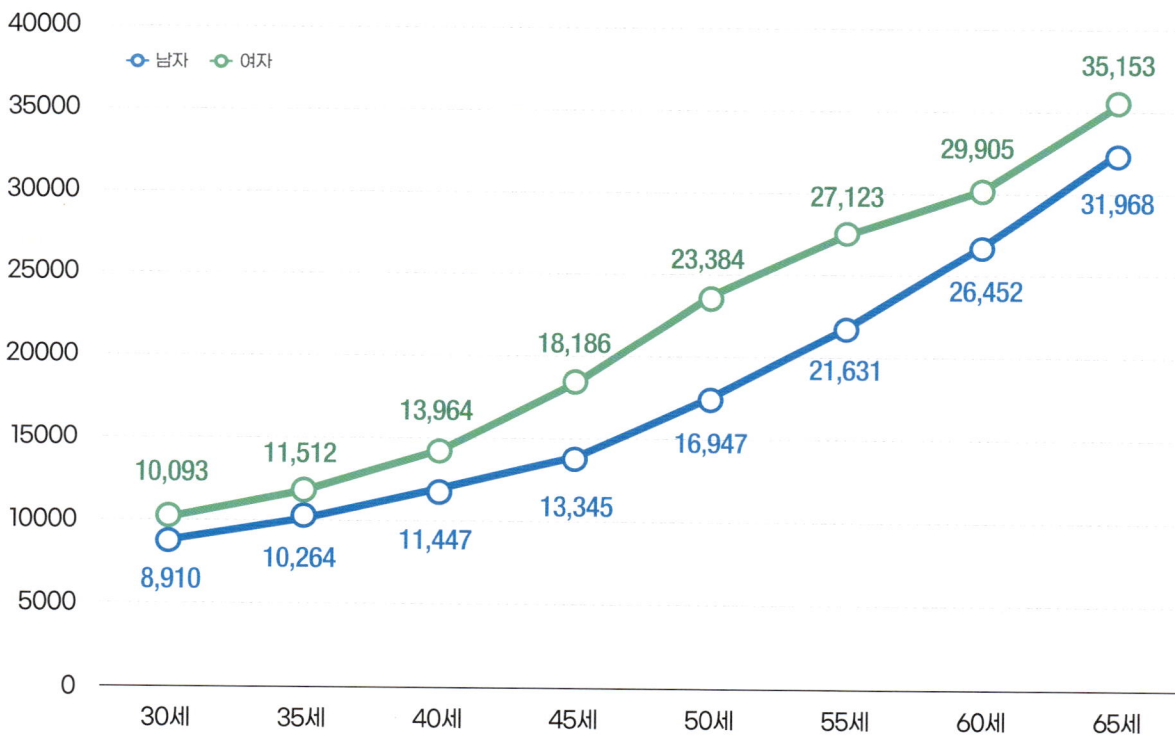

연령이 높아질수록 질별 발생위험률도 증가합니다. 질병 치료비를 보장하는 실손의료비 역시 연령이 높아질수록 보험료 부담이 커지고 경우에 따라 신규 가입이 어려울 수도 있기 때문에 종신보험의 질병특약을 대체하기 위해서는 별도의 건강보험을 가입해야 합니다.

종신보험의 생활자금, 연금보험 가입해야 대체할 수 있어

질병 관련 특약과 노후생활자금

자료 : ○○생명보험, ☆☆종신보험, □□건강보험, △△연금보험 보험료설계, 2021. 10월 기준 / 회사 또는 상품에 따라 상이할 수 있습니다.
종신보험 : 남자, 만 40세, 보험기간 종신, 20년납, 가입금액 1억원, 저해지환급금형(50%)기본형, 월납 255,520원

특약명	보험기간	납입기간	가입금액	종신보험	건강보험
암진단특약	20년	20년	1천만원	3,700원	5,400원
급성심근경색증진단특약	20년	20년	1천만원	1,700원	2,600원
뇌출혈및뇌경색증진단특약	20년	20년	1천만원	3,360원	5,480원
소액암진단특약	5년*	5년	1천만원	350원	600원
허혈성심장질환및뇌혈관질환진단특약	20년	20년	5백만원	7,410원	2,335원**

* 소액암진단특약은 갱신형으로 보험설계시 5년 단위 설계만 가능
** 허혈성심장질환 및 뇌혈관질환진단특약은 종신보험은 20년, 건강보험은 5년(갱신형)만 설계 가능하여 건강보험은 5년/전기납 보험료임

노후연금수령액(예시)
연 **3,760,000**원
(확정기간연금 20년, 평균공시이율 2.25%)

- 종신보험 월납보험료 **255,520**원
- 연금보험 월납보험료 **201,308**원

✓ 연금보험은 보장이 없고, 주계약은 만원 단위 이상 가입할 수 있는 상품이 많아 절대 비교는 불가

보장이 동일할 경우 종신보험의 질병특약 보험료가 건강보험의 보험료에 비해 저렴한 경우도 많습니다. 또 종신보험의 생활자금은 연금보험을 추가로 가입해야 대체할 수 있고, 비슷한 수준의 연금을 지급받기 위한 보험료가 작지 않습니다. 정기보험만으로 종신보험을 대체하는 것은 실제로는 쉽지 않습니다.

Sales talk talk

물 위를 걸으려면 어떻게 해야 할까요?

왼발이 빠지기 전에 오른발을 디디고, 오른발이 빠지기 전에 왼발을 디디면 물 위를 걸을 수 있습니다. 하지만 실제 걸어보면 모두 물에 빠집니다. 이런 논리의 패러독스가 많습니다.

얻는 기쁨보다 잃는 슬픔이 더 크다

이익 보다 손실에 더 민감한 손실회피성향, 준거점에 따라 동일한 대상에 대한 평가가 달라지는 준거의존 성향 등이 자칫 모순된 논리를 솔깃하게 들리도록 하기도 합니다.

연령이 높을수록 보험료가 비싼 것이 아니라 위험이 커지는 것

어떤 분들은 연령이 높아질수록 보험료가 비싸기 때문에 정기보험이 유리하다고 하지만, 보험료가 비싸지는 것이 아니라 위험률이 높아지는 것입니다.

위험률이 비슷하면 보험료도 비슷하다

정기보험의 보험료가 종신보험의 10분의 1수준이라도 하는 경우도 있는데, 젊을 때 10년 기준으로 설명한 것이고, 실제 정기보험도 연령이 높고 보험기간이 길어지면 보험료는 높아집니다.

보장이 동일하면 정기보험이 정말 유리할까?

얼핏보면 60세 만기로 했을 때 보험료가 저렴해 보이지만, 종신보험은 납입보험료 이상의 해지환급금을 받을 수 있고 정기보험은 소멸성이기 때문에 유리하다고만 할 수는 없습니다.

Sales talk talk

동일한 조건에서 종신보험이 정말 더 비쌀까?

보험료는 위험률에 비례하기 때문에 동일한 조건이라면 보험료도 비슷합니다. 실제 동일한 조건으로 종신보험의 정기특약을 설계하면 정기보험 보험료보다 저렴한 경우도 많습니다.

보험료 차액을 금리로 운용하면 더 유리할까?

종신보험과 정기보험의 차액을 금리로 운용할 경우 최근의 저금리 상황에서 종신보험의 해지환급금을 상회하는 수준의 수익을 얻기는 매우 곤란합니다.

보험료 차액을 펀드로 운용하면 무조건 성공할까?

많은 분들이 실제 경험하고 느끼시는 것처럼, 주식이나 펀드 투자 역시 쉽지 않습니다. 개인투자자의 순매수 상위 종목 중 지수수익률을 초과하는 경우가 극히 드문 것이 현실입니다.

종신보험의 질병특약, 건강보험 가입해야 대체할 수 있어

연령이 높아질수록 사망위험 뿐 아니라 질병 발생 위험률도 높아집니다. 따라서 실손의료보험의 보험료도 급격히 증가하고 정작 필요한 65세 이후 가입률이 매우 낮습니다.

종신보험의 생활자금, 연금보험 가입해야 대체할 수 있어

종신보험은 정기보험의 사망보장만으로 대체할 수 없으며, 질병보장에 대비한 건강보험, 생활자금 마련을 위한 연금보험에 가입해야 하는 것을 감안하면 보험료 부담도 꼭 유리하지만은 않습니다.

통계 키워드 _ 이것만은 반드시 기억하세요

2,420원

실질적인 종신보험의 사망보장 보험료

대부분의 종신보험이 납입 완료 시점 적립금이 100%에 도달하는 점을 감안하면, 종신보험은 월보험료 222,000원의 이자 상당액인 2,420원으로 보장받는 셈

113.73배

30대와 80세 이상의 사망률 차이

2020년 사망원인통계 결과에 의하면 80세 이상의 사망률은 30대의 113.73배로, 연령이 높아질수록 보험료가 비싸지는 것이 아니라 위험률이 높아지는 것

481,300원

69세에 가입하는 보험기간 10년 정기보험 보험료

50대 이전에는 10년 단위로 가입하는 정기보험 보험료가 종신보험의 10분의 1 수준이지만, 60대 이후로 급격히 증가하여 70대에는 종신보험의 약 2배 수준

27,000원

가입금액 1억원, 60세 만기 정기특약 보험료

가입금액 1억원, 60세 만기 정기보험료가 28,200원인데 반해, 종신보험의 정기특약을 동일한 조건으로 설계하면 27,000원으로 더 저렴한 이유는 보험료는 위험률에 비례하기 때문

1.09%

2021. 10월 기준 주요 5대 은행 정기적금 평균 금리

2021. 10월 기준 주요 5대 은행의 정기적금 평균 금리는 1.09%, 정기예금 평균 금리는 0.82%로, 종신보험과 정기보험의 보험료차액을 투자할 경우 종신보험 해지환급금 이상의 수익 획득 곤란

정기주차권

주차장의 일일 최대 요금은 12,000원,
1개월 정기주차권은 20만원입니다.

출근했다 외근하는 날에는
주차한 시간 만큼만 주차비를 내고
매일 차로 출근하고 일일 최대요금을 내더라도
한달에 24만원이니까
시간제로 주차하는 것이 유리할까요?

얼핏보면 맞는 이야기처럼 보이지만
매일 아침 차를 가지고 갈지 고민해야 하고
들고 날때 마다 주차비 신경써야 하고
정산시간과 번거로움을 감수해야 합니다.

비록 목돈이 들더라도 정기주차를 하면
아무 때나 마음대로 드나들 수 있고
차와 주차에 대해 신경쓰지 않고
잊어 버리고 살 수 있다는 점에서
훨씬 더 유리할 수도 있습니다.

종신보험은
사망보장에 대한 정기주차권입니다.

종신보험에 대한 오해와 선입견 **05**

교육동영상

종신보험,
할 수만 있다면
가입하는 것이 좋겠지만
반드시 가입해야 하는
필수는 아니잖아요?

자동차보험은
가입하고 계시죠?

자동차가 많지 않았던 시절에는
교통사고가 났는데 형사합의를 볼 여력이 없어서
징역을 사는 경우가 종종 있었습니다.

가해자는 죄값을 치렀지만 피해자와 그 가족들의 불행은
누구도 보상해주지 못했습니다.
이에 선량한 다수의 피해자를 보호하기 위하여
1963년 4월 4일 '자동차 손해배상 보장법'을 제정하여
자동차보험의 가입을 의무화하게 된 것입니다.

만약 가장이 준비없이 사망하게 된다면
가족들의 불행은 누가 보상해 줄까요?

종신보험은 법적으로 강제하고 있지 않지만
가장이라면 그 무엇보다 우선 가입해야 하는
도덕적 의무보험 입니다.

종신보험은 법적 의무보험은 아니지만 도덕적 의무보험

기타 법률적 의무보험

- 특수건물의 신체손해배상책임보험
- 가스사고배상책임보험
- 유도선사업자배상책임보험
- 수상레저배상책임보험
- 학원배상책임보험
- 맹견배상책임보험

- 다중이용시설의 화재보험
- 체육시설업자배상책임보험
- 시설소유배상책임보험
- 사회복지시설배상책임보험
- 옥외광고물배상책임보험
- 드론영업배상책임보험

법률적 의무보험의 공통점은 무엇일까요?

보험의 대상이 되는 사고가 발생할 경우 자신 또는 자신의 가족을 보장하는 것이 아니라, 누구인지 알 수 없는 선량한 피해자를 보장하는 **'남을 위한 보험'**이라는 점입니다.

> "사람들이 집이나 배, 물건에 대해서는 보험에 들면서
> 자신의 생명에 대한 보험에는 소홀한 것이 이상한 일이다.
> 그 생명이란 것은 가족에게 가장 소중한 것이자 손실 가능성이 더 높은데도 말이다."
>
> — 벤자민 프랭클린

법적 의무보험은 누구인지 알 수 없는 피해자를 보장하는 '남을 위한 보험'인 반면, 종신보험은 가장이 불의의 사고로 사망할 경우 남아있는 가족을 보장하는 '나와 가족을 위한 보험'으로, 법적으로는 강제하지 않지만 가장이라면 최우선적으로 가입해야 하는 도덕적 의무보험입니다.

생각보다 높은 가장의 사망률

남성의 연령대별 사망자 수 및 사망원인

자료 : 2020년 사망원인통계 결과, 통계청, 2021. 09. 28 / 단위 : 명

30~59세 사망자 **29,876**명
하루 사망자 **81.85**명
하루 사망자 **3.41**명
매 **18**분당 **1**명씩 사망

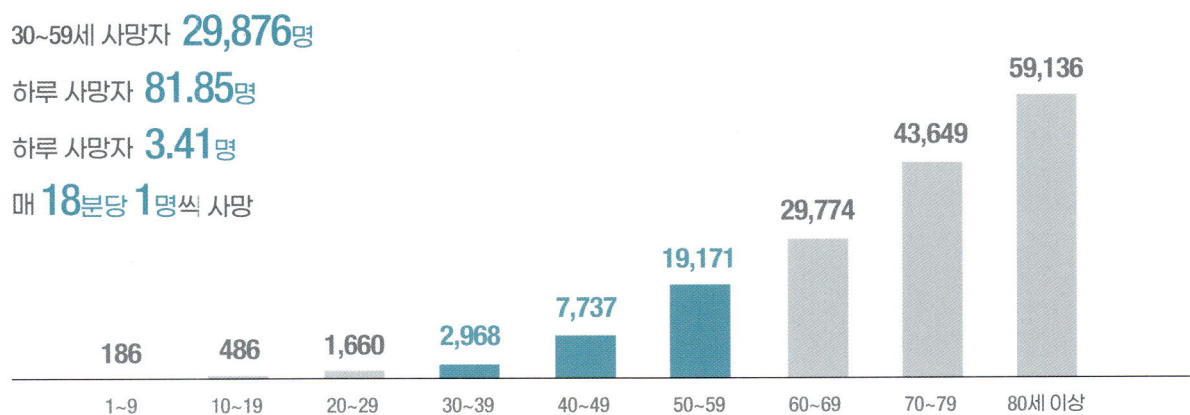

순위	1~9	10~19	20~29	30~39	40~49	50~59	60~69	70~79	80세 이상
1위	암	자살	자살	자살	자살	암	암	암	암
2위	운수사고	운수사고	운수사고	암	암	자살	심장질환	심장질환	폐렴
3위	추락	암	암	심장질환	심장질환	심장질환	뇌혈관질환	폐렴	심장질환
4위	선천기형	심장질환	심장질환	운수사고	간질환	간질환	자살	뇌혈관질환	뇌혈관질환
5위	가해(타살)	익사	익사	간질환	뇌혈관질환	뇌혈관질환	간질환	당뇨병	만성하기도

2020년 가족을 부양해야 할 책임이 있는 30~59세 가장인 남성 중 사망자는 29,876명 입니다. 이는 하루에 약 82명이 사망하는 것이고, 매 18분당 1명씩 사망하는 것을 의미합니다. 자살과 운수사고를 제외하면 대부분 질병으로 사망하며, 생각보다 가장의 사망률은 매우 높습니다.

가장 7명 중 1명만 사망보험 가입

연령대별 사망보험 가입률 변화

자료 : 2017년 보험소비자 설문조사(2017. 10), 2019년 보험소비자 설문조사(2019. 10), 보험연구원 / 단위 : %

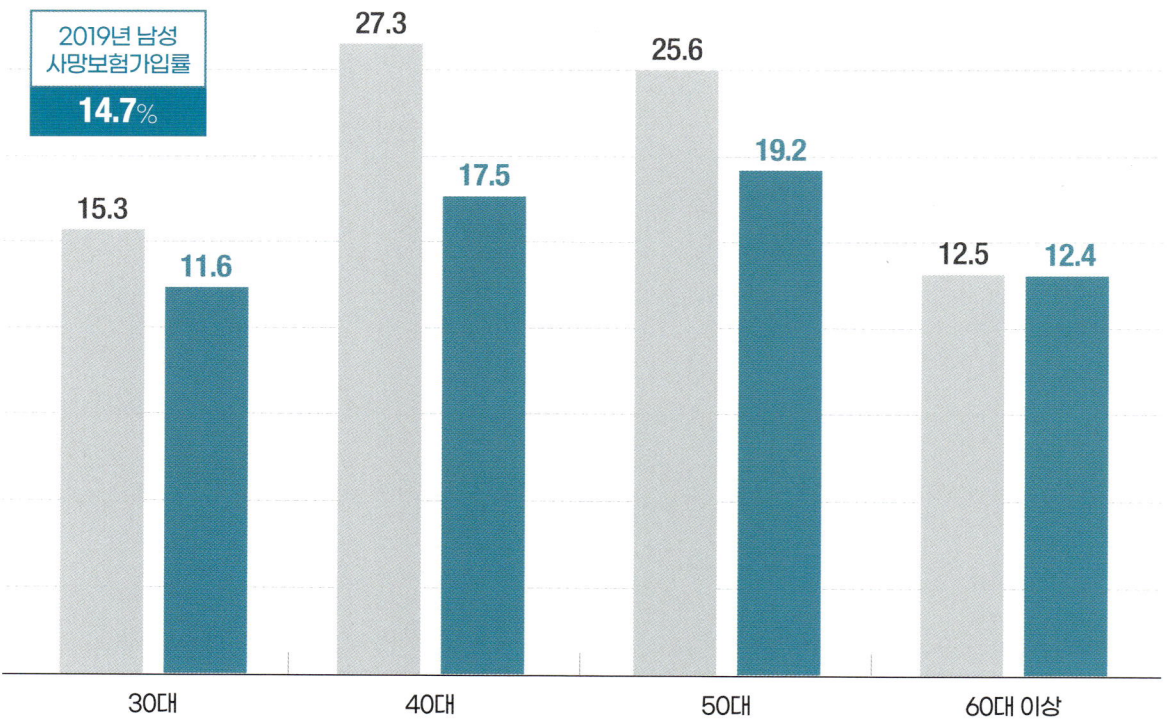

● 2017년
● 2019년

연령	2017년	2019년
30대	15.3	11.6
40대	27.3	17.5
50대	25.6	19.2
60대 이상	12.5	12.4

2019년 남성 사망보험가입률 **14.7%**

2019년 우리나라 남성의 사망보험 가입률은 14.7%이고, 30대 11.6%, 40대 17.5%, 50대 19.2%로 가족 부양의 책임이 큰 30~50대 남성 중 불과 16.1%만 사망보장을 준비하고 있습니다. 결국 우리나라 가정 10가구 중 8가구 이상이 가장의 사망위험에 대한 준비가 없다는 것을 의미하는 것입니다.

사망보험금 평균 지급금액, 2,995만원에 불과

2009~2018년 평균 보험금 지급금액

자료 : 삼성생명 인생금융연구소, 2019 / 2009~2018년 10년간 사망으로 인해 지급된 보험금 18만 5,877건 분석 결과 / 단위 : 만원

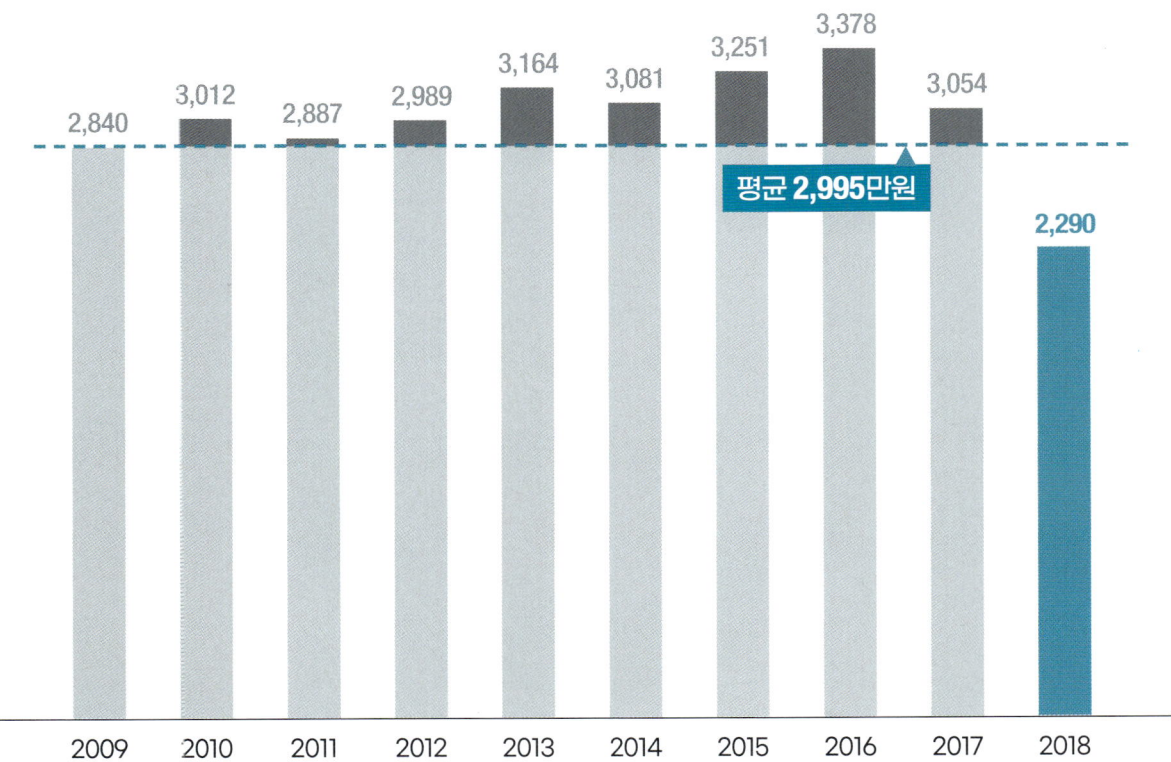

2009	2010	2011	2012	2013	2014	2015	2016	2017	2018
2,840	3,012	2,887	2,989	3,164	3,081	3,251	3,378	3,054	2,290

평균 2,995만원

2009년부터 2018년까지 10년 간 사망으로 인해 지급된 보험금 18만 5,877건의 평균 지급금액은 2,995만원입니다. 사망보장금의 준비도 부족하지만 고액 가입자의 비중이 크기 때문에 평균금액이 높아진 점을 고려하면 대다수의 가입자는 남아있는 가족의 경제적 부담을 해소하기에는 턱없이 부족한 수준입니다.

가장을 잃은 슬픔 속에 소득 중단 위기 닥쳐

가구당 월평균 소득

자료 : 2021년 ¼분기 가계동향조사, 통계청, 2021. 05 / 단위 : %

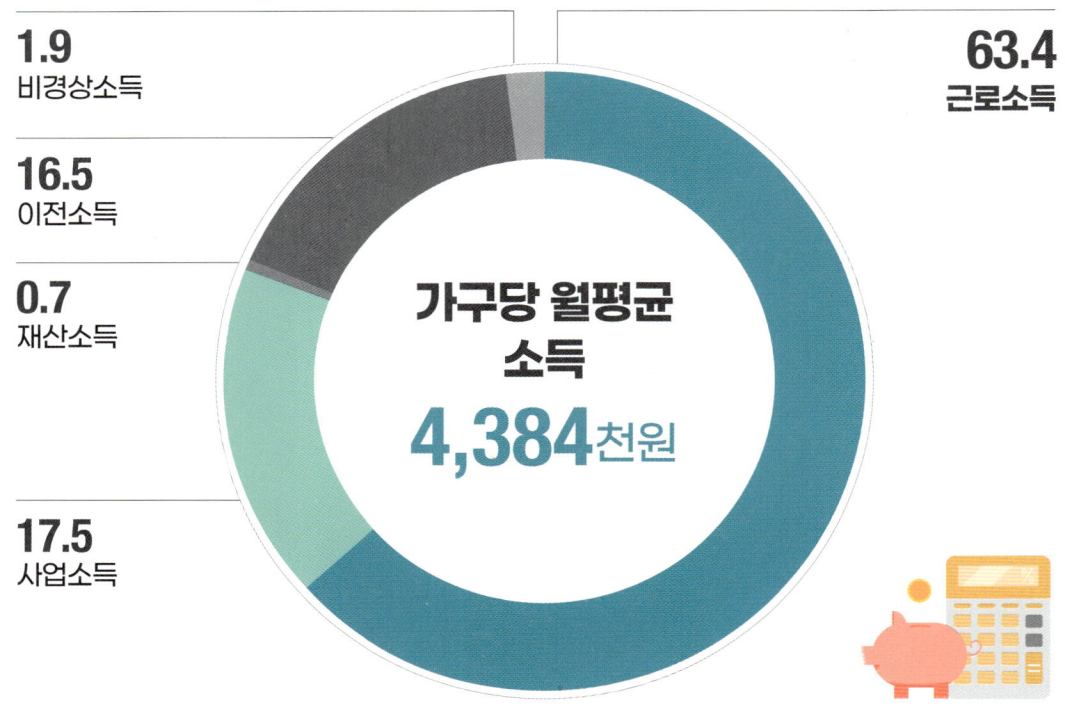

2021년 ¼분기 우리나라 가구당 월평균 소득은 438만 4천원입니다. 일반적인 가정의 주소득원이 가장임을 감안하면 가장의 유고시 소득감소에 따른 경제적 위험은 남아 있는 가족이 부담해야 합니다. 만약 남성이 외벌이이고 가구당 평균소득 보다 많은 소득이 있었다면 가족의 경제적 부담은 더 커질 것입니다.

소득이 중단되더라도 멈출 수 없는 지출과 대출상환

가구당 월평균 지출과 평균 부채

자료 : 2021년 ¼분기 가계동향조사, 통계청, 2021. 05, 2020년 가계금융복지조사, 통계청, 2020. 12 / 단위 : %

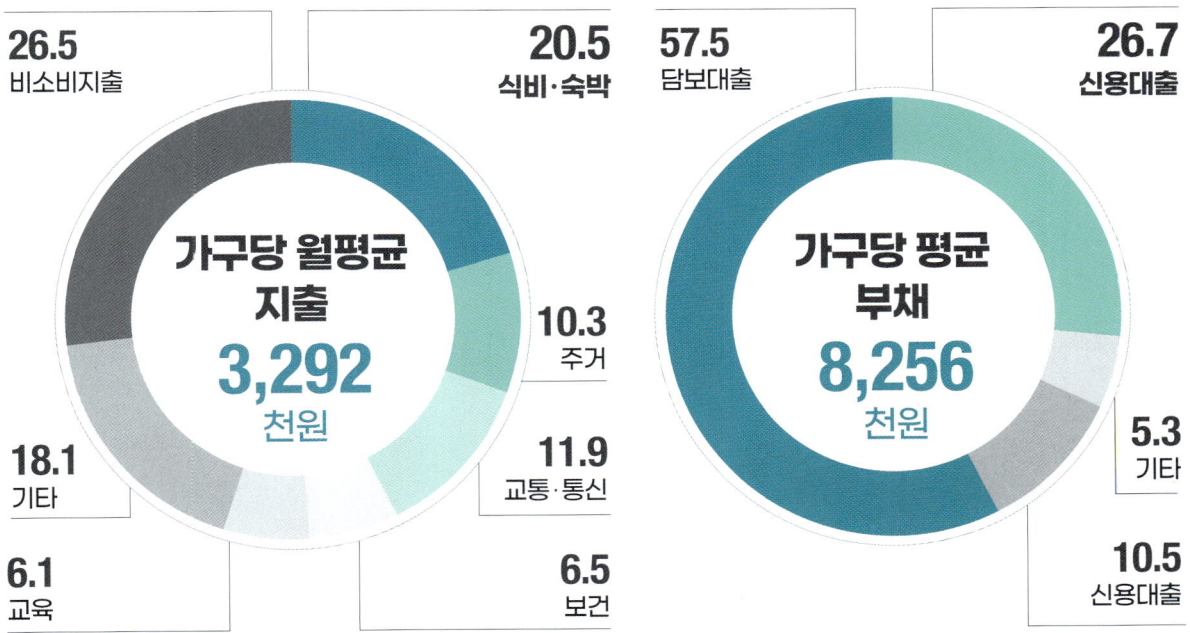

2021년 ¼분기 가구당 월평균 지출은 329만 2천원입니다. 소득이 중단되더라도 일정금액의 지출은 멈출 수 없고 불가피하게 발생합니다. 또 2020년 3월말 기준 가구당 평균부채는 8,256만원입니다. 가장이 사망할 경우 배우자로 대출자 변경이 어려울 수 있고, 즉시 상환을 요구받을 수 있어 경제적 압박은 더욱 커질 수 있습니다.

가장의 빈자리를 메꾸기에 턱없이 부족한 순자산

가구당 순자산 보유액 구간별 가구 분포(2020년 기준)

자료 : 2020년 가계금융복지조사, 통계청, 2020.12 / 단위 : %

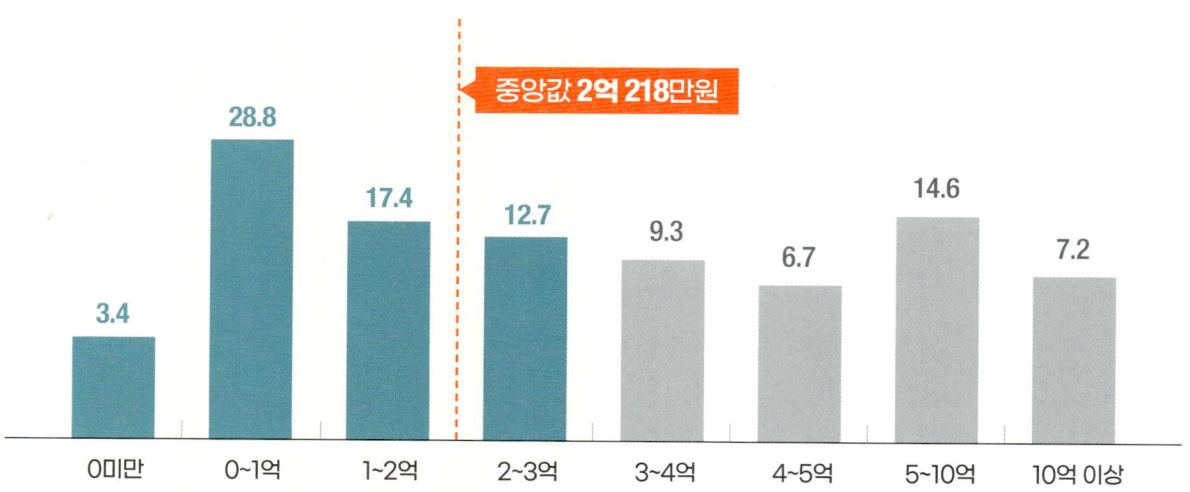

2020년 기준 가구 평균 순자산은 3억 6,287만원입니다. 순자산 구간별 가구 분포를 살펴보면 62.3%는 순자산 3억원 미만으로 가구 평균에 미치지 못하고, 중앙값은 2억 218만원으로 상위 구간의 가구들에 순자산이 집중되어 있음을 알 수 있습니다. 결국 대부분의 가정은 부족한 자금을 보유 자산으로 충당하는 것도 곤란합니다.

경제적 어려움에 빠질 가능성이 높은 한부모 가정

한부모 가정의 월소득과 순자산, 종사상 지위 현황

자료 : 2018년 한부모가족실태조사, 여성가족부, 2019. 04 / 단위 : 만원, %

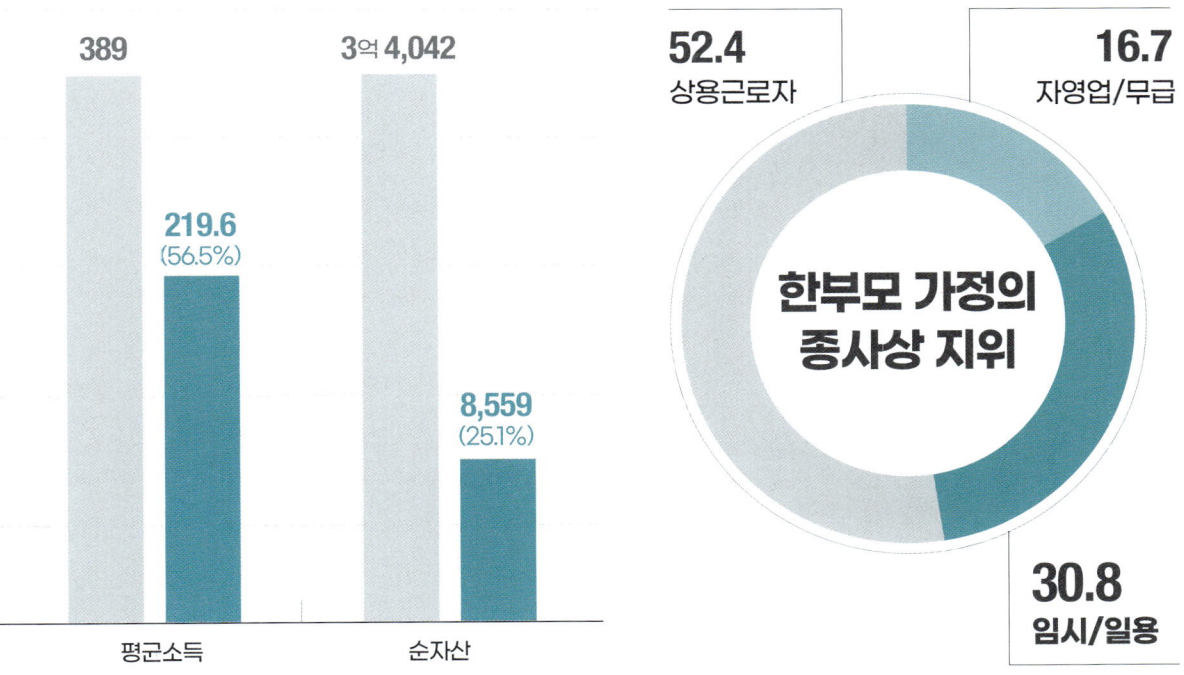

● 전체가구
● 한부모가구

한부모 가정의 월소득은 219.6만원으로 전체가구 389만원 보다 169.4만원이 적어 절반 수준입니다. 순자산 역시 8,559만원으로 전체 가구 3억 4,042만원 보다 2억 5,483만원 적어 ¼ 수준이며, 52.4%만 상용근로자로 근무하고, 30.8%는 임시 또는 일용근로자, 16.7%는 자영업이나 무급으로 경제적 어려움이 더 큰 것으로 나타나고 있습니다.

4명 중 1명은 근로소득자 보다 위험 큰 자영업자

종사상 지위별 취업자(2021. 07월 기준)

자료 : 통계청 경제활동인구조사, 종사상 지위별 취업자, 자료갱신일 2021. 08. 11 / 단위 : %

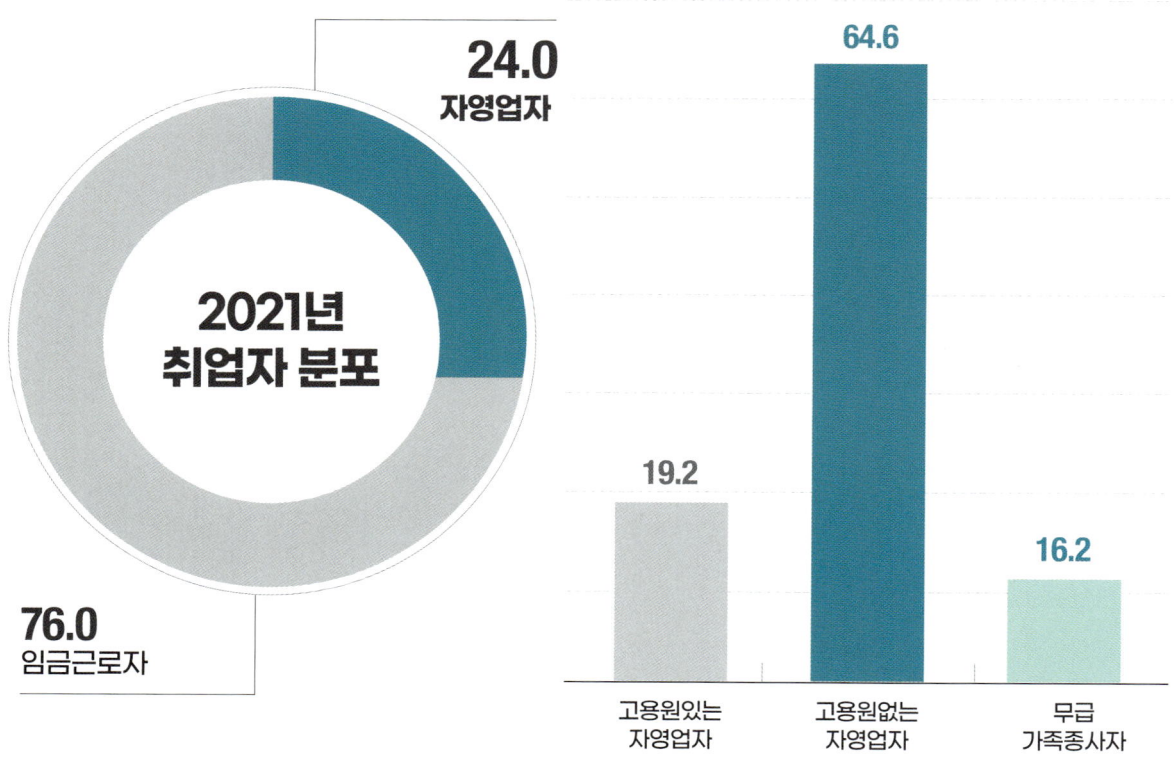

2021년 7월 기준 전체 취업자 2,764만여 명 중 자영업자는 663만 6천명으로 24.0%를 차지하고 있습니다. 그 중 고용원이 있는 경우는 19.2%에 불과해 자영업자의 80%는 영세사업자로 볼 수 있습니다. 소득이 불안정한 자영업자와 그 가족들은 임금근로자에 비해 더 높은 위험에 노출되어 있다고 할 수 있습니다.

죽음 뒤 가족이 짊어져야 하는 경제적 부담

가구주 종사상지위별 자산 및 부채 증감율

자료 : 2020년 가계금융복지조사, 통계청, 2020.12 / 단위 : %

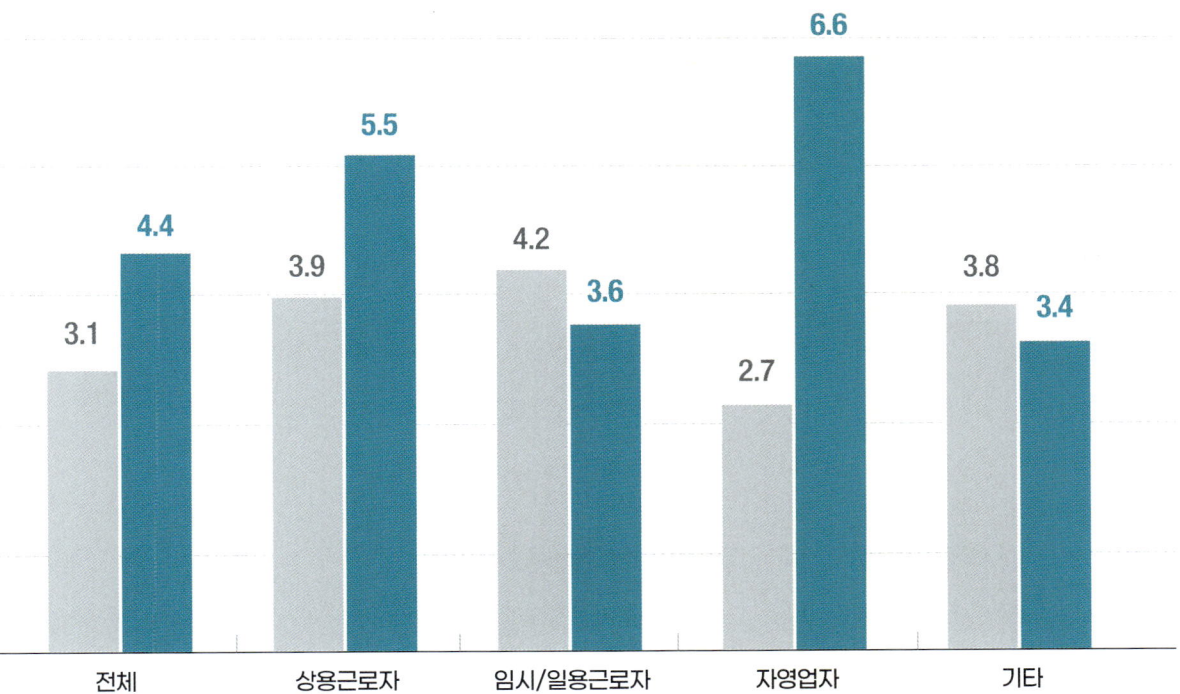

● 자산증감률
● 부채증감률

구분	전체	상용근로자	임시/일용근로자	자영업자	기타
자산증감률	3.1	3.9	4.2	2.7	3.8
부채증감률	4.4	5.5	3.6	6.6	3.4

2020년 자영업자의 자산증감률은 2.7%로 전체 자산증감률 3.1%보다 0.4%p 낮아 가장 적게 증가하였습니다. 반면 부채증감률은 6.6%로 전체 부채증감률 4.4% 보다 2.2%p 높아 가장 높게 증가했습니다. 이는 자영업자인 가장이 사망할 경우 다른 직종의 가정 보다 더 큰 위험에 빠질 수 있다는 것을 의미하는 것입니다.

Sales talk talk

자동차보험은 가입하고 계시죠?
자동차보험처럼 법률적으로 가입이 강제되는 의무보험의 특징은 '남을 위한 보험'이라는 점입니다. 종신보험은 법적으로 강제하지 않지만 가장 이라면 우선 가입해야 하는 '도덕적 의무보험'입니다.

생각보다 높은 가장의 사망률
2020년 우리나라 30~59세 남성 사망자 수는 29,876명입니다. 이는 한창 가족을 책임져야 할 나이에 하루 81.85명, 시간당 3.41명. 매 18분당 1명씩 사망하고 있는 것입니다.

가장 7명 중 1명만 사망보험 가입
2019년 남성의 사망보험 가입률은 14.7%로 7명 중 1명만 사망위험에 대비하고 있고, 30~50대 가장의 가입률은 16.1%로 10가구 중 8가구 이상이 위험에 노출되어 있습니다.

사망보험금 평균 지급액, 2,995만원에 불과
2009년 부터 2018년까지 지급된 사망보험금 평균은 2,995만원, 2018년 사망보험금은 2,290만원으로 남아있는 가족의 경제적 부담을 해소하기에는 턱없이 부족한 수준입니다.

가장을 잃은 슬픔과 함께 소득 중단의 위기에 직면
2021년 ¼분기 가구당 월평균 소득은 438만 4천원이고, 그 중 63.4%는 근로소득, 17.5%가 사업소득으로 가장이 사망할 경우 80%의 소득이 사라지는 위기에 직면하게 됩니다.

Sales talk talk

소득이 중단되더라도 멈출 수 없는 지출과 대출상환은 멈출 수 없어
2021년 ¼분기 가구당 월평균지출은 329만 2천원, 가구당 평균 부채는 8,256만원으로, 가장의 사망으로 소득이 중단된 가운데 심각한 경제적 부담을 감수해야 합니다.

가장의 빈자리를 메꾸기에 턱없이 부족한 순자산
2020년 우리나라 가구의 평균 자산은 4억 4,543만원, 평균 부채는 8,256만원으로 평균 순자산은 3억 6,287만원입니다. 하지만 62.3%는 순자산이 3억 미만으로 매우 부족한 상태입니다.

경제적 어려움에 빠질 가능성이 높은 한부모 가정
실제 2018년 기준 한부모 가정의 평균소득은 월 219.6만원으로 전체가구 대비 56.6% 수준이고, 순자산은 8,559만원으로 전체가구 대비 25.1% 수준에 그치고 있습니다.

4명 중 1명은 근로소득자보다 위험 큰 자영업자
2020년 취업자 중 24.2%인 657만 3천명이 비임금근로자로 4명 중 1명은 자영업자입니다. 이 중 고용원이 있는 경우는 137만 2천명으로 20.9%에 불과한 것이 현실입니다.

자산 증가율 가장 낮고, 부채 증가율 가장 높아
2020년 자영업자의 자산 증가율은 2.7%로 가장 낮고, 부채 증가율은 6.6%로 가장 높습니다. 저축액 대비 금융부채 비율은 112.2%로 가장 높아 가장이 없을 경우 심한 타격이 불가피합니다

통계 키워드 _ 이것만은 반드시 기억하세요

2020년 우리나라 남자 1명이 사망하는 평균 시간

2020년 가족을 부양해야 할 책임이 있는 30~59세 가장인 남성 중 사망자는 29,876명이며, 이는 하루에 약 82명, 매 18분당 1명씩 사망하는 것을 의미

3.41명

2019년 매 시간당 30~50대 남성 사망자 수

막연한 예상보다 가장의 사망률은 매우 높으며, 한창 가족을 부양해야 할 나이에 만일의 사태에 대비한 종신보험은 가장이라면 반드시 최우선적으로 가입해야 할 도덕적 의무보험

14.7%

2019년 우리나라 남성의 사망보험 가입률

2019년 우리나라 사망보험 가입률은 14.7%로 7명 중 1명만 가입하고 있고, 30~50대 가장의 가입률도 16.1%에 불과해, 우리나라 10가구 중 8가구는 가장의 사망위험에 노출

62.3%

2020년 가구당 순자산 보유액 3억원 미만 가구 비율

상위 가구가 대부분을 보유하고 있어 10가구 중 6가구가 평균에도 미치지 못하는 3억원 미만이며, 종신보험으로 준비하지 않을 경우 가족의 경제적 부담을 해결하기에는 매우 부족한 수준

24.0%

2020년 취업자 중 자영업자의 비중

우리나라는 4명 중 1명이 자영업자로 G7국가 중 자영업자의 비율이 가장 높은 나라이기 때문에, 가장의 유고시 사업에 미치는 영향이 크고, 가족들이 감당해야 할 부담과 타격이 상대적으로 크다는 점에 유의

숭례문의 화재보험금

지난 2008년 전 국민의 안타까움 속에
우리나라 국보 1호 숭례문이
불의의 화재로 붕괴되었습니다.
이후 5년 3개월 동안 약 277억원의 비용을 투입해
현재는 옛 모습 그대로 복구되어
자리를 지키고 있습니다.

다행히 숭례문은 화재보험에 가입되어 있었는데
화재사고로 지급된 보험금이 고작 9,508만원이었습니다.
문화재의 가치는 전혀 고려하지 않고
단순히 목재 건축물로 산정해 가입한
말도 안되는 보험이라는 비난을 받아야만 했죠.

가족에게 있어 가장의 가치는
국보 1호 숭례문, 혹은 그 이상일 것입니다.
만약 가장에게 무슨 일이 생겼을 때
여러분의 종신보험은 어떠신가요?
혹시 숭례문의 화재보험 처럼 허탈하지는 않을까요?

납입하는 보험료를 아까워 하기 보다
가족을 위한 준비와 사랑이 충분한지를
다시 한번 되돌아 보아야 하는 이유입니다.

종신보험에 대한 오해와 선입견 **06**

교육동영상

손해보험 회사에
사망보험 가입한 것이
있는데 그걸로도
충분한 것 아닌가요?

노란 리본의
의미를 아시나요?

세월호의 안타까움을 떠올리게 하는 노란 리본은
세계적으로는 '자살예방의 날'의 상징이기도 합니다.

우리나라의 자살률은
2020년 기준 인구 10만명당 25.7명으로
OECD국가 평균 10.9명의 두 배 이상 높고
안타깝게도 OECD 국가 중 가장 높은 수준입니다.

자살은 한국인의 사망원인 중 5위이며,
10대, 20대, 30대의 사망원인 1위,
40대와 50대의 사망원인 2위입니다.

스스로 목숨을 끊는 절박함은 접어 두고
만약 이 분이 사망을 담보로 하는 보험을 가입했다면
손해보험의 사망보험금은 지급되지 않고
생명보험의 사망보험금은 지급됩니다.

생명보험은 피보험자가 사망하는 경우
그 원인을 묻지 않고 보험금을 지급하기 때문입니다.

마음이 아픈 대한민국 사람들, 사망원인 5위

한국인의 10대 사망원인 및 연령대별 TOP3

자료 : 2020년 사망원인통계 결과, 통계청, 2021. 09. 28 / 단위 : 인구 10만 명당 명

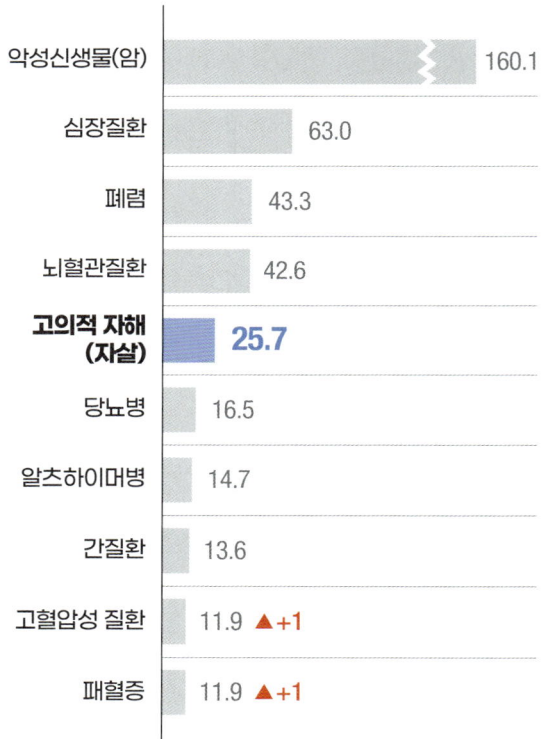

순위	사망원인	수치
	악성신생물(암)	160.1
	심장질환	63.0
	폐렴	43.3
	뇌혈관질환	42.6
	고의적 자해(자살)	25.7
	당뇨병	16.5
	알츠하이머병	14.7
	간질환	13.6
	고혈압성 질환	11.9 ▲+1
	패혈증	11.9 ▲+1

연령	1위	2위	3위
1~9세	암	운수사고	가해(타살)
10~19세	자살	암	운수사고
20~29세	자살	암	운수사고
30~39세	자살	암	심장질환
40~49세	암	자살	간질환
50~59세	암	자살	심장질환
60~69세	암	심장질환	뇌혈관질환
70~79세	암	심장질환	뇌혈관질환
80세 이상	암	심장질환	폐렴

2020년 사망원인통계 결과를 살펴보면 고의적 자해, 즉 자살은 5위를 차지하고 있고, 특히 10대, 20대, 30대에서는 자살이 1위이며, 40대, 50대에서도 2위로 나타났습니다. 60대 이전의 젊은 사람들 중에서 극단적인 선택을 할 만큼 마음이 아픈 사람들이 많다는 것을 보여주는 씁쓸한 통계입니다.

OECD 국가 중 1위, 평균 보다 2배 이상 높아

주요 OECD 국가 연령표준화 자살률 비교

자료 : 2020년 사망원인통계 결과, 통계청, 2021. 09. 28 / 단위 : 표준 인구 10만 명당 명,
OECD STAT, Health Status Data, 2021.09 추출, 2020년 우리나라 자료는 OECD 표준인구로 계산한 수치

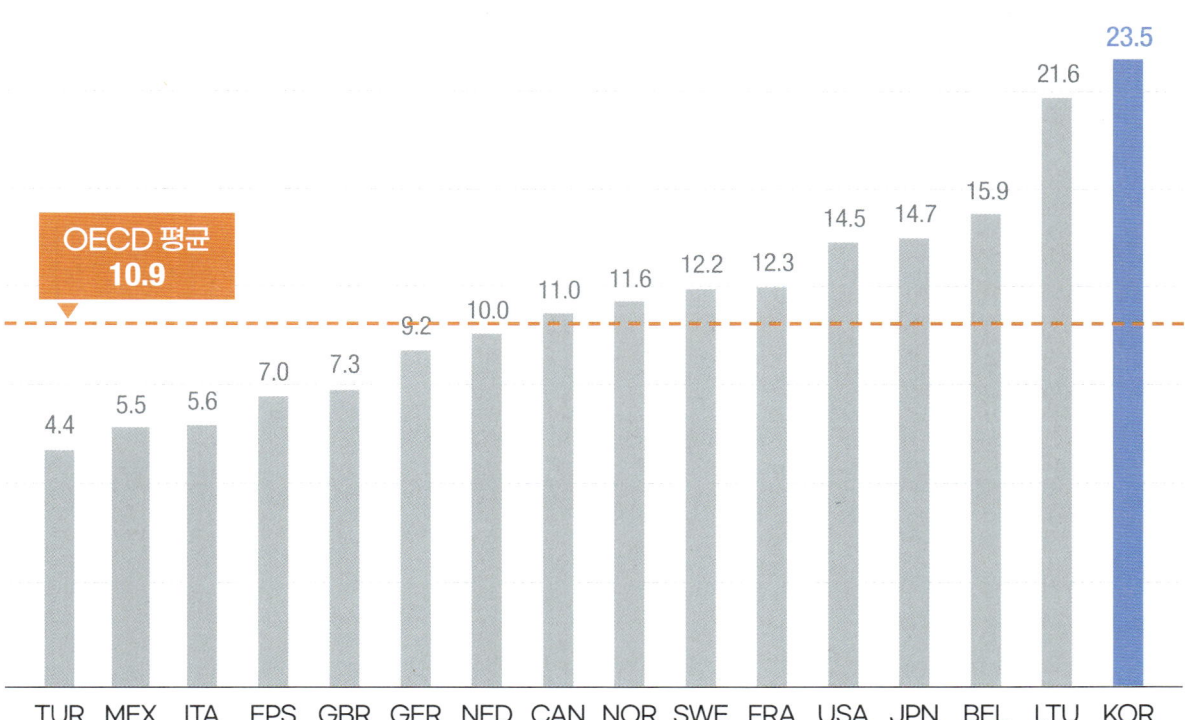

어디서부터 시작되었는지는 모르지만 영국이 날씨가 좋지 않아 자살률이 높다는 속설이 있습니다. 하지만 실제 영국의 자살률은 표준인구 10만 명당 7.3명에 불과하고, 우리나라는 그 3배가 넘는 23.5명으로 OECD 국가 중 1위 이며, OECD 평균 보다 두배 이상 높은 수준입니다.

비슷한 듯 다른 사망보험금

생명보험과 손해보험의 약관상 사망보험금

자료 : ○○생명보험 ☆☆종신보험 약관, □□손해보험 ♡♡종합보험 약관

생명보험 약관

제 2 관 보험금의 지급
제 3 조 [보험금의 지급사유]
(1) 회사는 피보험자가 보험기간(종신) 중 사망하였을 때에는 보험수익자에게 보험가입금액 전액을 지급합니다.

손해보험 약관

1. 일반상해사망보장 특별약관
제1조(보험금의 지급사유)
회사는 보험증권에 기재된 피보험자가 이 특별약관의 보험기간 중에 상해의 직접결과로써 사망한 경우(질병으로 인한 사망은 제외합니다)에는 보험수익자에게 이 특별약관의 보험가입금액 전액을 사망보험금으로 지급합니다.

1. 질병사망보장 특별약관
제1조(보험금의 지급사유)
회사는 보험증권에 기재된 피보험자가 이 특별약관의 보험기간 중에 질병으로 사망한 경우에는 보험수익자에게 이 특별약관의 보험가입금액 전액을 질병사망보험금으로 지급합니다.

생명보험과 손해보험의 약관상 사망보험금은 비슷해 보이지만 약간의 차이가 있습니다. 생명보험은 사망 여부에 따라 보상하는 반면, 손해보험은 상해사망과 질병사망으로 구분하여 보상합니다. 결국 생명보험은 사망의 결과에 따라, 손해보험은 그 원인에 따라 보상하는 것이 차이점이라고 할 수 있습니다.

여러 형태의 사망으로 분류되지만, 91.3%는 질병사망

사망의 구분 및 사망원인별 사망자 수 비중

자료 : 2020년 사망원인통계 결과, 통계청, 2021. 09. 28 / 단위 : %

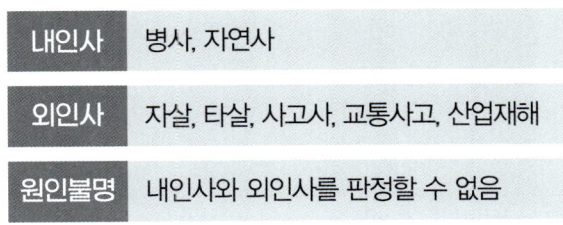

내인사	병사, 자연사
외인사	자살, 타살, 사고사, 교통사고, 산업재해
원인불명	내인사와 외인사를 판정할 수 없음

손해보험의 사망보장은 외인사를 보장하는 상해사망이고, 사망자의 91.3%는 질병으로 사망하기 때문에 질병사망 특약을 가입해야 합니다. 하지만 위험률이 높은 만큼 보험료가 비싸서 가입하지 않거나, 매우 작은 기본금액만 가입하는 경우가 많아서, 제대로 보상받지 못할 수도 있습니다.

10명 중 7명은 장기손해보험 가입하고 있어

성별 및 연령별 장기손해보험 가입률

자료 : 2019년 보험소비자 설문조사, 보험연구원 금융소비자연구실, 2019. 10 / 단위 : %

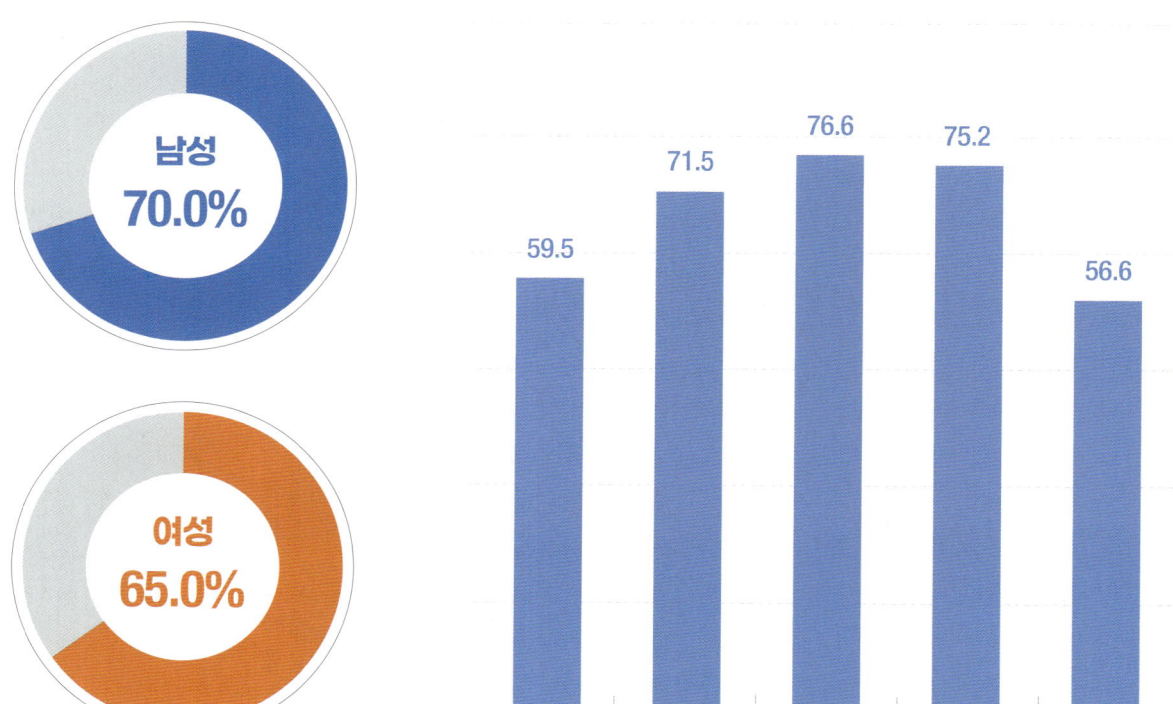

2019년 보험소비자 설문조사 결과에 따르면 응답자의 67.5%가 장기손해보험을 가입하고 있고, 30대~50대의 가입률은 70%대로 나타나고 있습니다. 별도의 설문 문항이 없어 확인하기는 곤란하지만, 가성비를 높이기 위해 질병사망 특약을 가입하지 않거나 작은 금액만 가입한 경우가 많을 것입니다.

사망자 절반은 질병사망 보장 안되는 80세 이후 사망

연령별 사망자 수

자료 : 2020년 사망원인통계 결과, 통계청, 2021. 09. 28 / 단위 : %

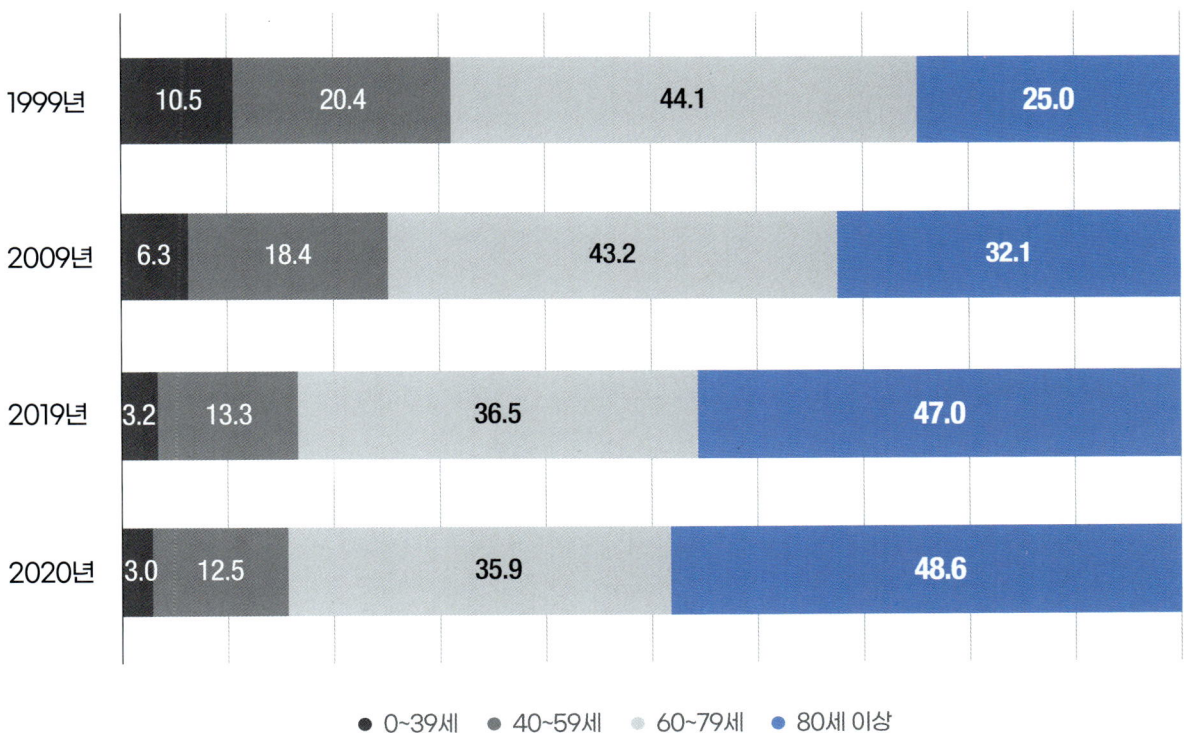

● 0~39세 ● 40~59세 ● 60~79세 ● 80세 이상

손해보험의 질병사망 특약은 보험업법에 따라 보험만기는 80세 이하, 보험금액은 개인당 2억원 이하여야 합니다. 2020년 사망자 중 48.6%는 80세 이상이고 고령화로 그 비중은 더욱 커질 것으로 보입니다. 결국 사망자 중 절반은 질병사망 특약으로 보상받을 수 없다는 것을 의미합니다.

코로나19로 인한 사망은 상해일까, 질병일까?

상해와 질병의 해석에 따른 소송 사례
자료 : 대구지법 2020가합753 판결

A씨는 코로나19 바이러스에 감염되어 2020년 3월 4일 15시 16분 병원에서 숨졌다. 직접사인은 호흡부전, 중간선행사인은 패혈증, 선행사인은 코로나19 감염으로 진단됐다. 보험사는 A씨가 질병으로 사망했다고 보고, 보험계약에 따라 배우자와 외동딸에게 질병사망보험금 3,000만원을 지급했다. 원고는 '코로나19 바이러스 감염'은 보험계약 약관상 급격하고 우연한 외래의 사고로 상해사고로 보아야 한다고 주장하며 재판을 청구했다.

판결 결과 | 유가족의 보험금 청구 기각

1. 망인의 코로나19 바이러스 감염은 특별한 매개체에 의한 감염 등 외래성을 인정할만한 특별한 사유 없음
2. 코로나19 감염자 중 무증상자, 경증에서 중증까지 다양한 감염증이 나타난다. 망인은 60세가 넘은 고연령자로 당뇨와 고혈압의 기저질환을 가지고 있었기 때문에 내재적 요인 악화로 사망했을 가능성을 배제할 수 없음
3. 바이러스로 패혈증에 이른 것을 급격한 외래 사고로 입은 상해라고 보기 어렵고 질병으로 봄이 타당함
4. 이 사건 각 보험계약에 따른 약관에는 보상하지 않는 손해로 '피보험자의 질병'을 규정하고 있기 때문에, 코로나19 바이러스로 인한 감염병은 질병에 해당하고 보상하지 않는 손해로 봄이 타당함

생명보험의 재해사망은 생명보험표준약관 '부표4' 재해분류표에 '감염병 예방법상 제1급 감염병'을 보험금 지급사유로 포함하고 있어 재해사망보험금이 지급됩니다. 손해보험은 상해분류표를 따로 열거하고 있지 않고 '급격하고도 우연한 외래의 사고'로 정의하고 있어 위 사례와 같이 보험금이 지급되지 않을 수 있습니다.

사우나에서 취침 중 사망은 상해일까, 질병일까?

원인 불명의 돌연사와 관련한 분쟁 사례

자료 : 분쟁조정 제2013-13호

B씨는 저녁 늦게 사우나에 입실하여 배우자에게 사우나에서 취침 후 출근하겠다고 유선으로 통보하였다. 다음날 아침 B씨는 보석불가마실 앞에서 사우나옷을 입은 채 입에 거품을 물고 사망한 채로 발견되었고, 경찰 조사 결과 외상은 발견되지 않았다. 보험사는 사인이 명확하지 않아 상해에 해당하지 않는다며 보험금 지급을 거절하고 부검을 요청하였고, B씨의 배우자는 부검을 거부하고 분쟁조정위원회에 조정을 신청하였다.

판결 결과 | 보험사가 상해사망보험금 전액을 지급하도록 결정

1. 고온의 밀폐공간에서 질식사고가 발생했다면 피보험자가 예견하지 아니했거나 예견하지 못한 것이고, 자발적인 의사에 의한 것도 아니므로 약관상 급격성과 우연성을 충족할 수 있음
2. 피보험자에게 평소 사망에 이를 만한 질병이나 내재요인이 없었으므로 외래성도 충족한 것으로 보는 것이 타당함
3. 인과관계는 의학적·과학적 인과관계가 아니라 일반 경험칙상 사고의 개연성이 충분히 존재한다면 그 원인과 결과 사이의 사회적·법적 인과관계는 완성된 것으로 인정됨
4. 보험금 청구권자가 망인에 대한 부검을 실시하지 아니하여 사망원인을 알 수 없게 된 것이, 상해사고와 그 결과 사이의 인과관계에 대한 입증책임을 소홀히 했다고 볼 수 없음

원인불명의 사망인 경우 부검을 통해 사인을 밝혀야 하지만 '2017년도 법의부검에 대한 통계적 고찰'에 따르면 우리나라의 부검율은 전체 사망자 중 3.1%이고, 변사자의 경우에도 23.7%에 불과합니다. 때문에 대부분의 돌연사는 원인불명으로 남게되고 위 사례와 같이 분쟁과 소송이 많이 발생합니다.

생명보험은 가입하는 과정에서 불만 많고

생명보험 민원유형별 건수 및 비중

자료 : 2020년도 금융민원 및 금융상담 동향, 금융감독원, 2021. 04. 07

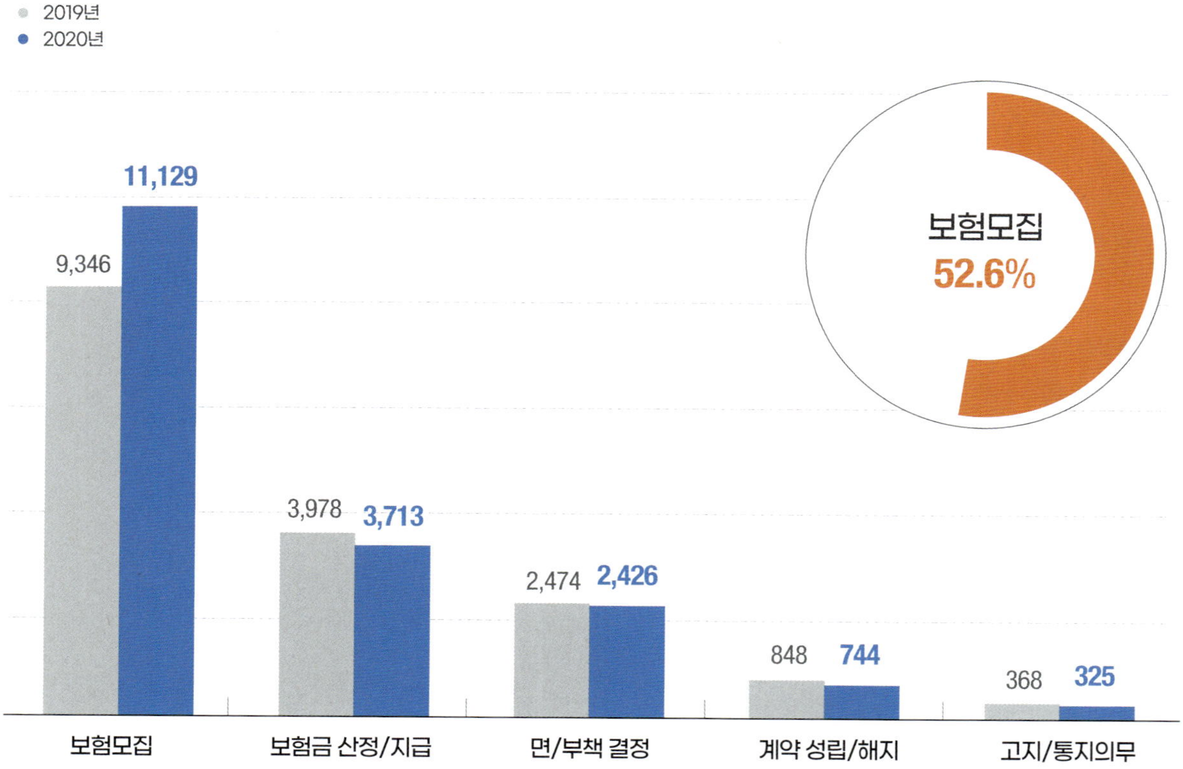

 2019년
 2020년

구분	2019년	2020년
보험모집	9,346	11,129
보험금 산정/지급	3,978	3,713
면/부책 결정	2,474	2,426
계약 성립/해지	848	744
고지/통지의무	368	325

보험모집 52.6%

생명보험은 보험모집 관련 민원이 가장 많습니다. 보험을 가입하는 과정에서 상품에 대한 설명이 부족했거나 불완전판매에 대한 불만이 많은 것입니다. 금융감독 당국은 특정 보험사를 타겟하여 민원인을 모집하고 수용가능성과 상관없이 민원제기를 유도하는 민원대행업체의 영업행위에도 일부 기인하는 것으로 판단하고 있습니다.

손해보험은 사고발생 후 보험금 지급과정에서 불만 많아

손해보험 민원유형별 건수 및 비중

자료 : 2020년도 금융민원 및 금융상담 동향, 금융감독원, 2021. 04. 07

손해보험은 보험금 산정 및 지급 관련 민원이 가장 큰 비중을 차지하고 있는데, 자동차보험 등 보험금 지급이 빈번하게 발생하는 상품이 많기 때문으로 보입니다. 하지만 생명보험이 사고발생 유무에 따라 보상하는 반면, 손해보험은 사고의 원인에 따라 보상 유무와 금액이 결정되는 것도 중요한 원인이라 할 수 있습니다.

Sales talk talk

노란 리본의 의미를 아시나요?

세계적으로 노란리본은 '자살예방의 날'의 상징입니다. 우리나라 사망원인 중 5위가 자살이며, 특히 10대에서 30대는 1위, 40대, 50대는 2위일 만큼 높은 자살율을 나타내고 있습니다.

OECD 국가 중 1위, 평균 보다 2배 이상 높아

우리나라는 표준인구 10만 명당 23.5명으로 OECD 국가 평균 10.9명의 2배 이상 높고, OECD 국가 중 자살률 1위라는 불명예스러운 기록을 가지고 있습니다.

비슷한 듯 다른 사망보험금

생명보험은 사망 여부에 따라 보상하는 반면, 손해보험은 사망 원인에 따라 상해사망과 질병사망으로 구분하여 보상하기 때문에 보상의 범위에서 차이가 있습니다.

여러 형태의 사망으로 분류되지만 91.3%는 질병사망

손해보험의 사망은 생명보험과 달리 자살은 보상하지 않고 원인불명 사망의 경우 보상되지 않을 수 있습니다. 또 91.3%에 해당하는 질병사망은 특약을 가입한 경우에만 보상합니다.

10명 중 7명은 장기손해보험 가입하고 있어

2019년 장기손해보험 가입률은 67.5%로 적지 않지만, 가성비를 높이기 위하여 상대적으로 보험료가 비싼 질병사망을 빼거나 작게 가입하는 것이 일반적입니다.

Sales talk talk

사망자 절반은 질병사망 보장 안되는 80세 이후 사망

손해보험의 질병사망 특약은 보험업법에 따라 80세 만기로 보험만기가 제한됩니다. 2020년 사망자 중 80세 이상의 비율이 48.6%인 점을 감안하면 절반 정도는 보상대상에 해당되지 않습니다.

코로나19로 인한 사망은 상해일까, 질병일까?

생명보험의 재해사망은 재해분류표를 가지고 있지만, 손해보험의 상해사망은 '급격하고도 우연한 외래의 사고'라는 정의만 있어 해석에 따라 보험금 지급 여부가 달라질 수 있습니다.

사우나에서 취침 중 사망은 상해일까, 질병일까?

돌연사의 경우 부검율이 매우 낮기 때문에 사인을 규명하지 못하고 원인불명 사망으로 남게 됩니다. 이 경우에도 분쟁이나 소송을 통해 보험금 지급 여부가 결정되는 경우가 많습니다.

생명보험은 가입하는 과정에서 불만 많고

생명보험 관련 민원 중 52.6%는 보험모집 관련 민원입니다. 보험가입 당시 상품설명 부족이나, 불완전판매에 대한 불만인데 최근 민원대행업체의 난립도 그 원인으로 지목되고 있습니다.

손해보험은 사고발생 후 보험금 지급과정에서 불만 많아

손해보험 관련 민원 중 44.2%는 보험금의 산정 및 지급 관련 민원입니다. 사고의 원인에 따라 보험금 지급 유무와 금액이 결정되는 손해보험의 특성이 원인이라고 할 수 있습니다.

통계 키워드 _ 이것만은 반드시 기억하세요

2020년 사망자 중 질병사망의 비중

2020년 사망원인통계에 따르면 전체 사망자 중 91.3%는 질병사망, 나머지 8.7%가 질병 외 사망입니다. 종신보험은 일반사망으로 보상되지만, 손해보험은 질병사망보장특약을 가입한 경우에만 보장

5위

2020년 사망원인 중 고의적 자해(자살)의 순위

2020년 사망원인통계에 의하면 자살은 10만 명당 25.7명으로 5위이며, 10대, 20대, 30대는 1위, 40대, 50대는 2위를 차지하고 있고, OECD 국가 중 가장 높은 자살률을 기록

67.5%

2019년 장기손해보험 가입률

2019년 보험소비자 설문조사 결과 장기손해보험 가입률은 67.5%, 남성이 70.0%, 여성이 65.0%인 것으로 나타났으며, 가성비를 높이기 위해 질병사망 특약을 빼거나 작게 가입하는 것이 일반적

48.6%

2020년 전체 사망자 중 80세 이상 사망자 비중

2020년 사망자의 절반이 80세 이상이고 향후 그 비중은 더욱 높아질 것으로 예상되는데, 손해보험의 질병사망 특약의 보험만기는 보험업법에 따라 80세 만기로 제한되어 실효성이 낮아짐

44.2%

2020년 손해보험 민원 중 보험금 산정 및 지급 비중

손해보험 민원 중 44.2%가 보험금 산정 및 지급과 관련한 민원으로, 사고의 원인에 따라 보험금의 지급 유무와 지급금액이 결정되는 손해보험의 특성이 중요한 원인이라 할 수 있음

마리아주

'마리아주(Marriage)'는 결혼을 뜻하는 프랑스어로 와인과 음식과의 궁합을 일컫는 말입니다.

삼겹살에는 소주, 파전에는 막걸리와 같이 와인과 잘 어울려 그 향과 맛을 배가시켜주는 다양한 음식과의 조화를 말하는 것이죠.

흔히 화이트 와인의 산도가 생선과 어울리고 레드 와인의 탄닌이 육류와 어울린다고 합니다. 하지만 꼭 이 규칙에 얽매일 필요는 없습니다. 마리아주에는 절대 원칙이 없기 때문입니다.

마찬가지로 보험에도 절대 원칙은 없습니다. 일반적으로 손해보험은 운전자보험, 배상책임보험, 재물손해 부문에 특화되어 있는 것으로 알려져 있습니다.

하지만 상해사망과 질병사망 이외의 일반사망의 개념이 모호하기 때문에 사망보장에 있어서는 원인을 묻지 않고 보장하는 생명보험이 더 유리할 수 있습니다.

자신에게 잘 맞는 보험이 가장 좋은 보험입니다.

종신보험에 대한 오해와 선입견 **07**

교육동영상

종신보험도
보험이기 때문에
목돈을 만드는
저축상품은
아니다

빨래건조기
사용하고 계신가요?

요즘 주부들 사이에서
대세로 떠오르고 있는 빨래건조기.
빨래건조기의 인기 비결은 무엇일까요?

날씨에 상관없이 빨래를 건조할 수 있고,
호텔처럼 뽀송뽀송한 수건을 사용할 수 있다는
예전에도 가지고 있던 장점 때문만은 아닙니다.
우리의 주거문화가 달라졌기 때문이죠.

예전 아파트와 주택에는 베란다가 있었습니다.
최근에 신축한 아파트는 대부분 베란다를 확장해
빨래를 말릴 수 있는 공간이 부족합니다.
그래서 빨래건조기가 필요했고 유행하게 된 것입니다.

시대 상황과 고객의 니즈에 따라 진화한 종신보험을
단순히 사망보장을 하는 상품이라 생각하는 것은,
'빨래는 햇빛에 말리면 되지 건조기가 왜 필요해'
라는 남편의 무심함과 비슷한 것은 아닐까요?

폭발적인 성장세로 가전업계 효자된 의류건조기

롯데하이마트 의류가전 매출액 중 건조기 비중
자료 : 롯데하이마트, 한겨레신문, 송채경화 기자, 2020. 07. 13 / 의류가전 : 세탁기, 의류건조기, 의류관리기 / 단위 : %

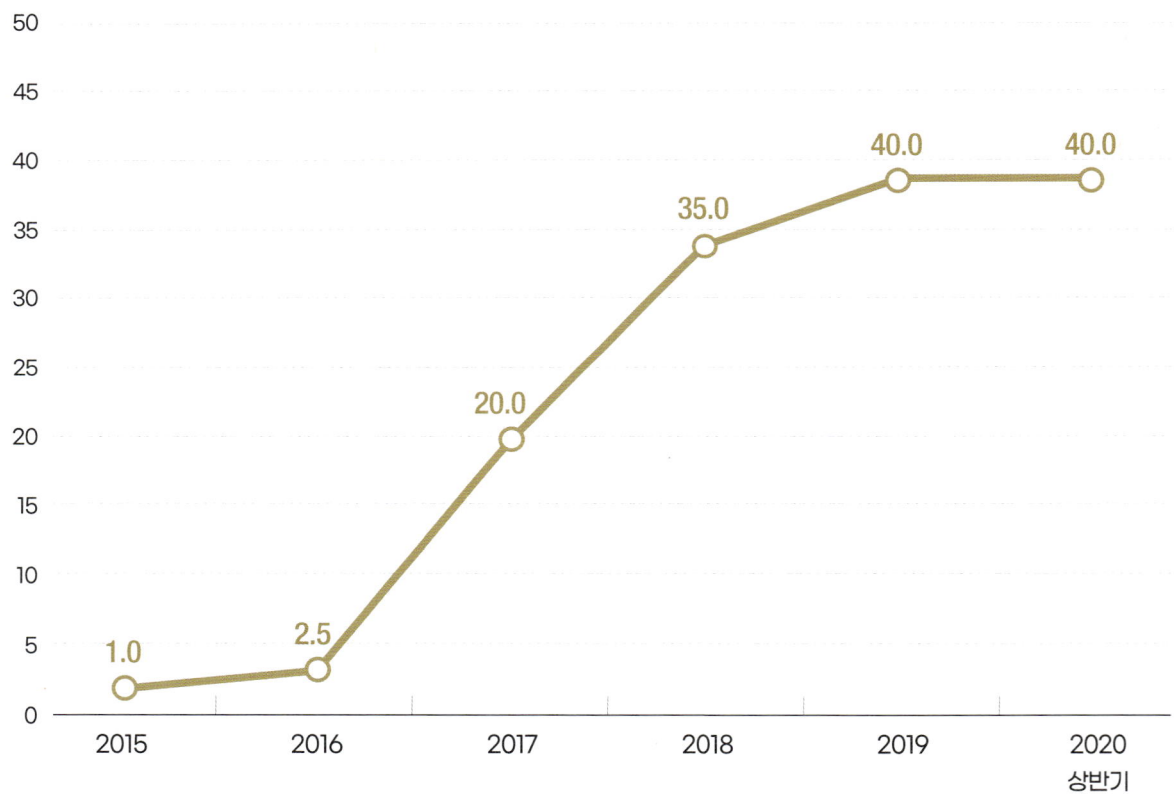

의류건조기는 '스타일러'라는 고유명사로 불리우는 의류관리기와 함께 폭발적인 성장세를 보이고 있습니다. 의류건조기의 매출은 2015년 5만 대 수준에서 2020년 250만대로 5년만에 50배로 성장하였고, 하이마트의 의류가전 매출액 중 판매비중 역시 2015년 1%였던 것이 2020년 상반기에 40%로 증가했습니다

의류건조기의 인기비결은 달라진 주거 환경

의류 건조기 구매 이유와 만족도

자료 : '라임 리포트 홈클리닝편', 2021. 06. 11, 롯데멤버스 리서치 플랫폼 라임 2021. 04. 21~28일, 성인 남녀 1,000명 대상 설문조사 / 단위 : %

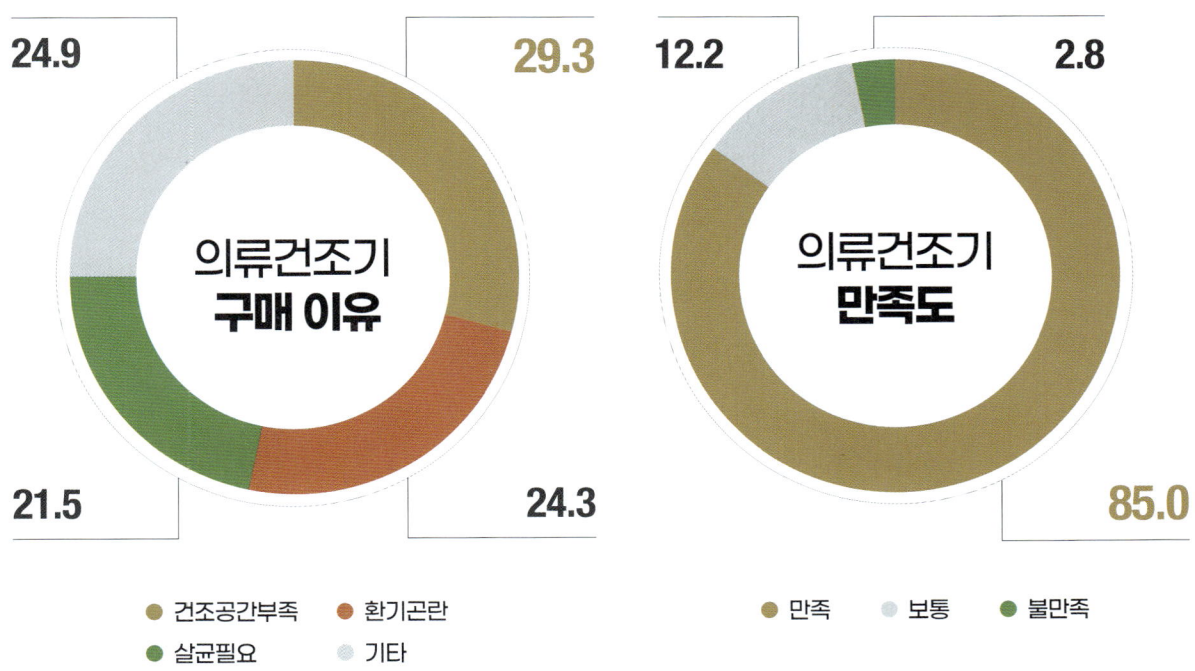

만족도 85%로 가전제품 중 가장 높은 품목 중 하나인 건조기가 최근들어 인기를 끌고 있는 가장 큰 이유는, 제품의 기능이 아니라 최근 신축아파트가 확장형이어서 베란다가 없다보니 건조공간이 부족한 것입니다. 생활환경의 변화는 의류건조기, 의류관리기, 공기청정기 등 새로운 시장을 만들어 가고 있습니다.

이유 1. 20년 동안 약 7분의 1 수준으로 하락한 금리

20년 간 주요 금리 추이(2000. 01~2021. 07)

자료 : 한국은행 경제통계시스템, 2021. 09. 28일 조회 기준 / 단위 : 연 %
한국은행 기준금리는 2021. 07월 기준 0.5%이나, 2021.08.26일 0.25%p 인상한 부분을 반영하여 0.75%로 임의 조정

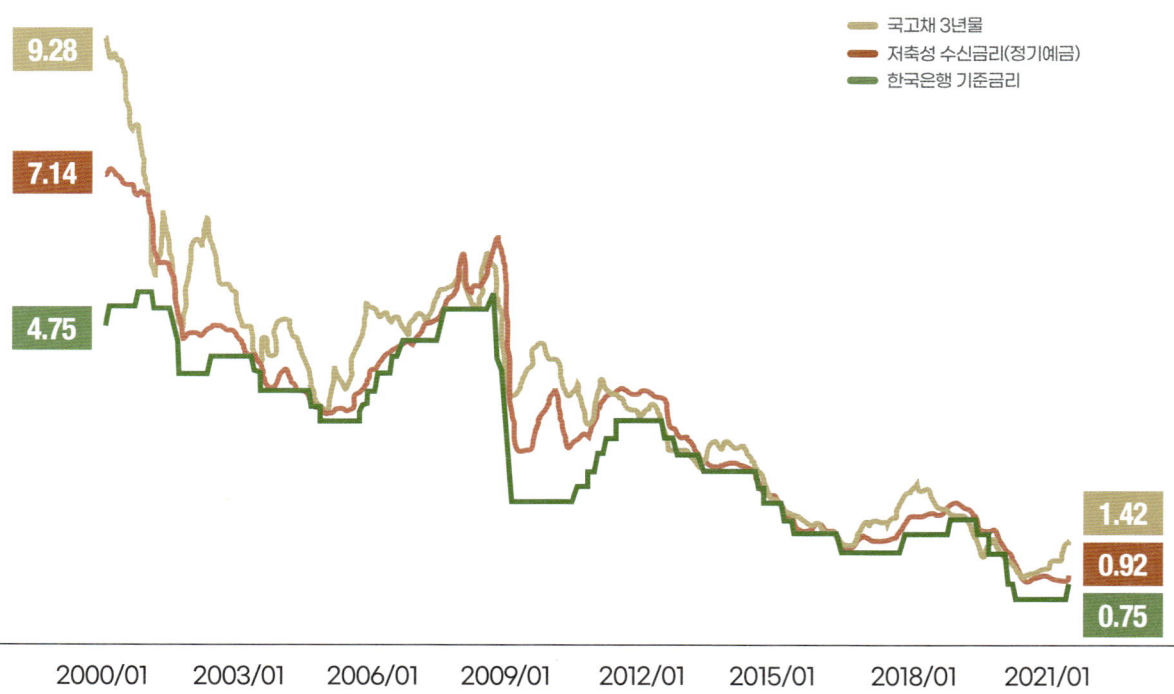

2000년 1월 부터 20년 간 한국은행 기준금리는 6.3분의 1, 일반 투자자들의 심리적 기준금리인 은행 정기예금 금리는 7.8분의 1, 금융시장의 기준지표인 국고채 3년물 금리는 6.5분의 1 수준으로 지속적으로 하락하고 있습니다. 예상치 못한 특별한 이슈가 없다면 저금리 기조는 계속될 것으로 예상됩니다.

사망보장과 바꾸기엔 너무 작은 이자

금리에 따른 투자원리금 시뮬레이션

자료 : 적금계산기, 종신보험은 10년 납입 완료시점 해지환급율 100% 가정, 정기적금은 연 단리 가정 / 단위 : 천원
투자금액 월 250,000만원, 투자기간 120개월, 이자는 세후 이자금액, 세율은 이자소득세 일반 과세율 15.4% 적용

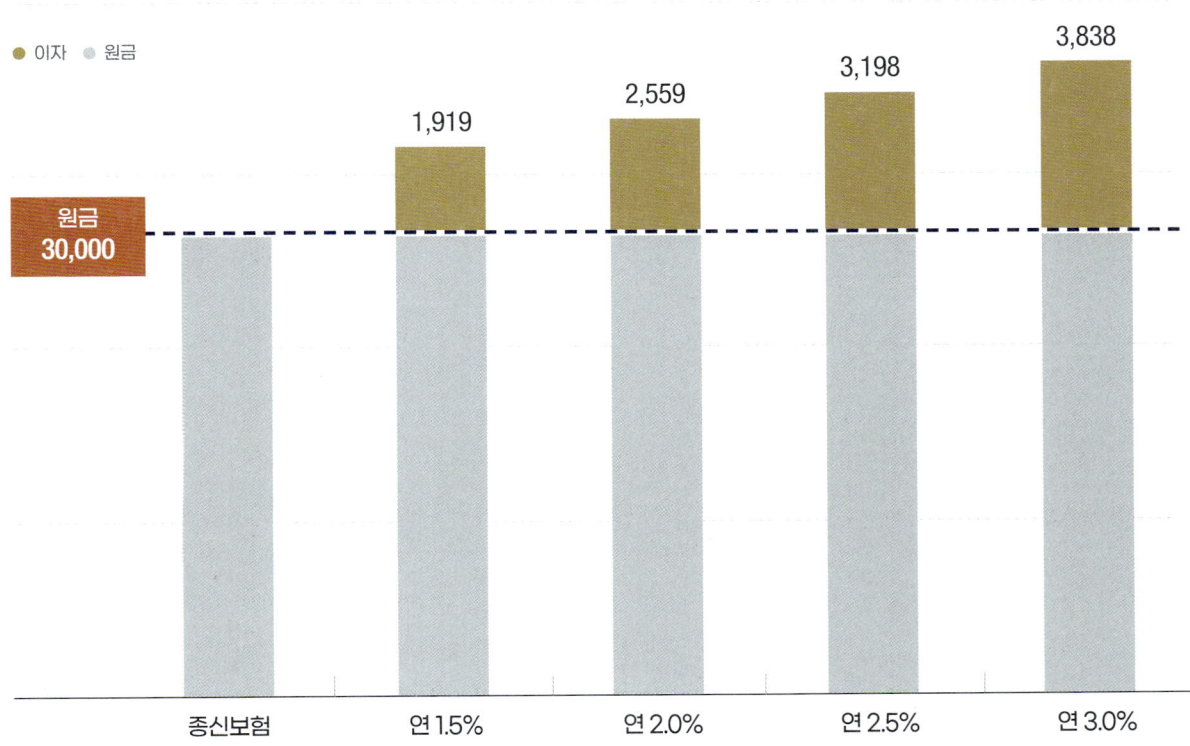

종신보험은 10년 뒤 납입 완료시점 해지환급률이 100%라고 가정하고, 종신보험 대신 매월 25만원을 은행 적금 연 1.5% 단리로 투자했을 경우 세후 이자는 총 192만원, 연 192,000원, 월 16,000원입니다. 저금리로 저축의 효용은 계속 감소하고 있고, 사망보장과 바꾸기에는 너무 작은 이자입니다.

이유 2. 3.8배 상승한 코스피, 반대로 가는 개인투자자

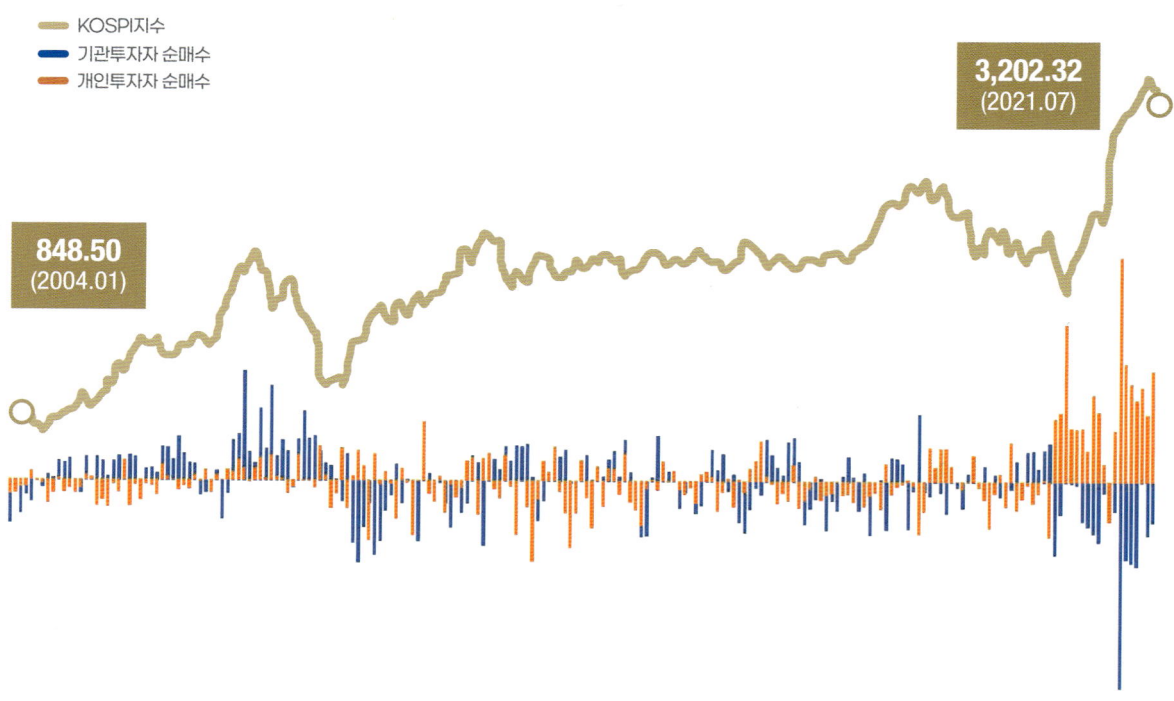

KOSPI 지수와 개인/기관 투자자의 순매수 추이(2004. 01 ~ 2021. 07)

자료 : 한국은행 경제통계시스템, KOSPI지수, 개인투자자 순매수 금액, 기관투자자 순매수 금액, 월 단위 / 단위 : 포인트, 십억원
한국은행 기준금리는 2021. 07월 기준 0.5%이나, 2021. 08. 26일 0.25%p 인상한 부분을 반영하여 0.75%로 임의 조정

KOSPI지수는 2008년 글로벌 금융위기 이후 지리한 횡보장을 마감하고 대세상승을 시작하는 모양세입니다. 2021년 7월을 기준으로 2004년 1월 대비 3.77배나 성장하였습니다. 그럼에도 불구하고 개인 투자자는 기관 투자자와 반대 방향으로 거래하는 순매수 추이를 보이고 있습니다.

치솟는 주가에도 개인투자자 수익률은 마이너스

치솟는 주가에도 개인투자자 수익률은 마이너스

자료 : 각 투자자별 순매수 상위 10개 종목 수익률, 한국거래소 / 단위 : %
2020년은 연초 대비 수익률, 2021년은 각 종목별 평균매수가격과 2021. 06. 07일 종가 대비 수익률, 평균수익률은 상위 10종목 평균

	개인 투자자		외국인 투자자		기관 투자자	
2020	삼성전자	-0.4	포스코	18.8	바이로메드	68.0
	카카오	2.2	OCI	15.8	메디톡스	25.5
	SK하이닉스	-1.3	LG디스플레이	8.7	CJ E&M	-6.6
	한국전력	-5.5	신한지주	4.9	KG이니시스	13.0
	LG이노텍	-11.8	현대자동차	-2.2	스튜디오드래곤	31.1
	-3.7 ↓		**9.2 ↑**		**18.7 ↑**	
2021	삼성전자	-2.2	SK텔레콤	17.7	삼성바이오	0.1
	삼성전자(우)	-1.3	LG화학	-27.4	S-Oil	10.4
	현대모비스	-7.6	포스코	14.7	KT	14.5
	SK하이닉스	-0.1	신한지주	20.4	LG디스플레이	-7.8
	삼성SDI	-6.3	KB금융	18.3	고려아연	-3.6
	-2.0 ↓		**31.7 ↑**		**2.2 ↑**	

KOSPI가 3,000포인트를 돌파하며 대세상승해 주식투자 열풍을 일으켰던 2020년 ~ 2021년 개인 투자자의 성적은 초라합니다. 외국인 및 기관투자자와 투자 종목도 완전히 다르고, 2년 연속 마이너스 수익률을 기록하였습니다. 주식 투자는 많이 하는데 돈을 번 사람은 찾기 힘든 이유입니다

이유 3. 쉽게 깰 수 있어 목돈마련 어려운 예·적금

시중은행 정기 예·적금 중도해지 현황
자료 : KB국민·신한·우리·하나·NH농협은행, 금융감독원, 국민의 힘 윤창현 의원실, 2021. 05. 05 / 단위 : 조 원, 만 건

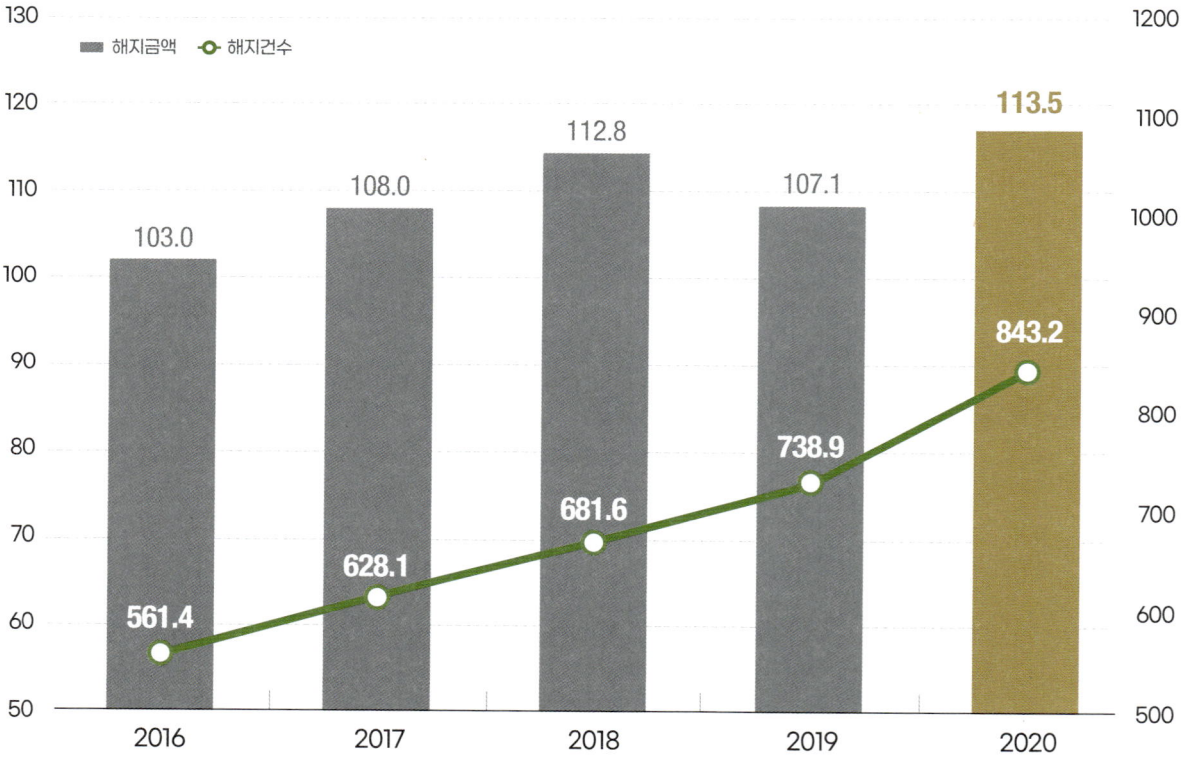

2020년 한 해 동안 5대 시중은행에서 중도 해지된 정기 예·적금 통장 개수는 843만 2천 여개로 2019년 보다 105만 6천 여개 늘어 14.2% 증가했습니다. 특히 전년 대비 해지 건수 증가율이 최근 5년 중 가장 커 코로나19 등 위기가 닥치면 상대적으로 중도해지에 대한 불이익이 적은 예·적금을 제일 먼저 깨는 것으로 볼 수 있습니다.

종신·연금보험 보다 저축성보험 먼저 해지

개인 생명보험 종목별 월별 해지율 추이

자료 : '코로나19와 개인 생명보험 시장 동향', 보험연구원 CEO Report, 2020. 11. 19 / 단위 : %

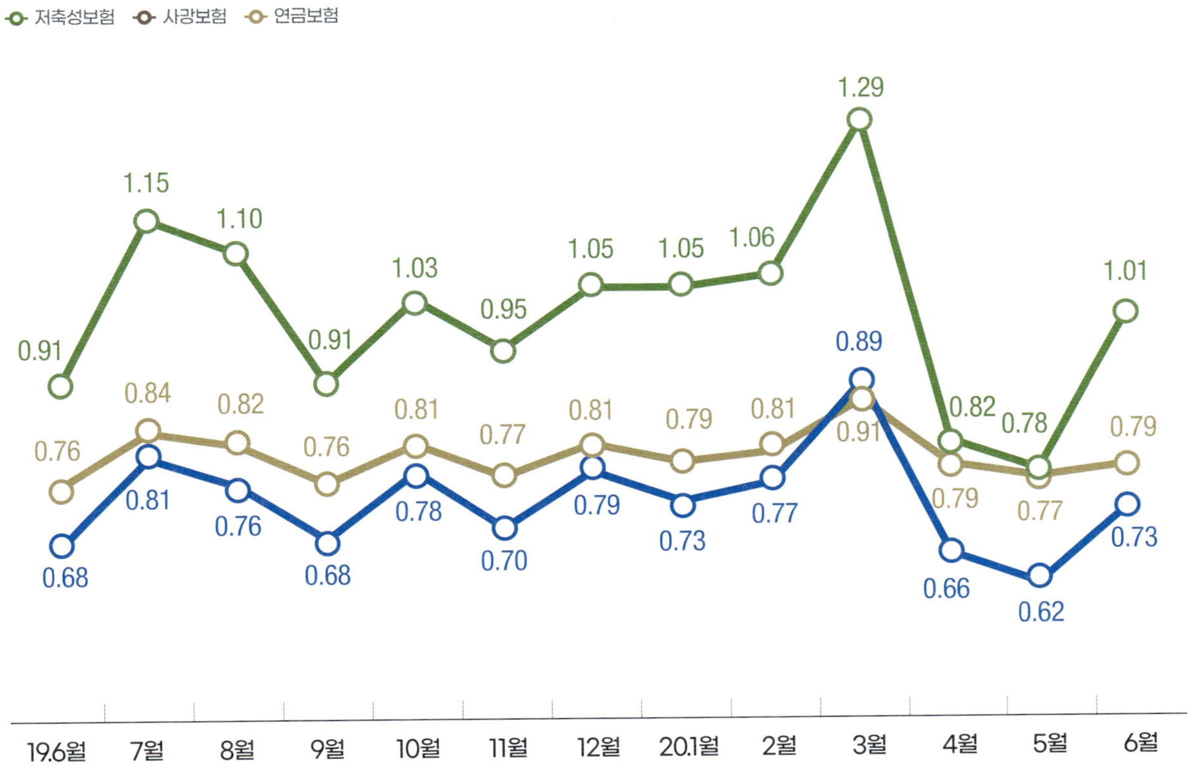

- 저축성보험 - 사망보험 - 연금보험

구분	19.6월	7월	8월	9월	10월	11월	12월	20.1월	2월	3월	4월	5월	6월
저축성보험	0.91	1.15	1.10	0.91	1.03	0.95	1.05	1.05	1.06	1.29	0.82	0.78	1.01
사망보험	0.68	0.81	0.76	0.68	0.78	0.70	0.79	0.73	0.77	0.89	0.66	0.62	0.73
연금보험	0.76	0.84	0.82	0.76	0.81	0.77	0.81	0.79	0.81	0.91	0.79	0.77	0.79

코로나19 위기 속에서 보험의 중도해지 역시 크게 증가하였고, 종신보험이나 연금보험 보다 저축성보험의 해지율이 높습니다. 보험은 해지하면 손해가 난다는 인식이 크기 때문에 해지율이 다른 상품에 비해 낮고, 특히 종신보험은 강제성이 더욱 강하여 실질적인 목적자금 마련 가능성이 높다고 할 수 있습니다.

중도해지 막아 주는 보험계약대출/중도인출

생명·손해보험사 보험계약대출 잔액 추이 및 주요 금융기관 대출금리

자료 : 2021. 6월말 보험회사 대출채권 현황, 금융감독원, 2021. 06. 01 이코노미스트, 2021. 07.08, 김정훈 기자 / 단위 : 조 원
보험계약대출은 22개 보험사 평균, 은행·저축은행·신협·새마을금고 대출은 한국은행경제통계시스템 / 2021.08월 기준, 단위 : %p

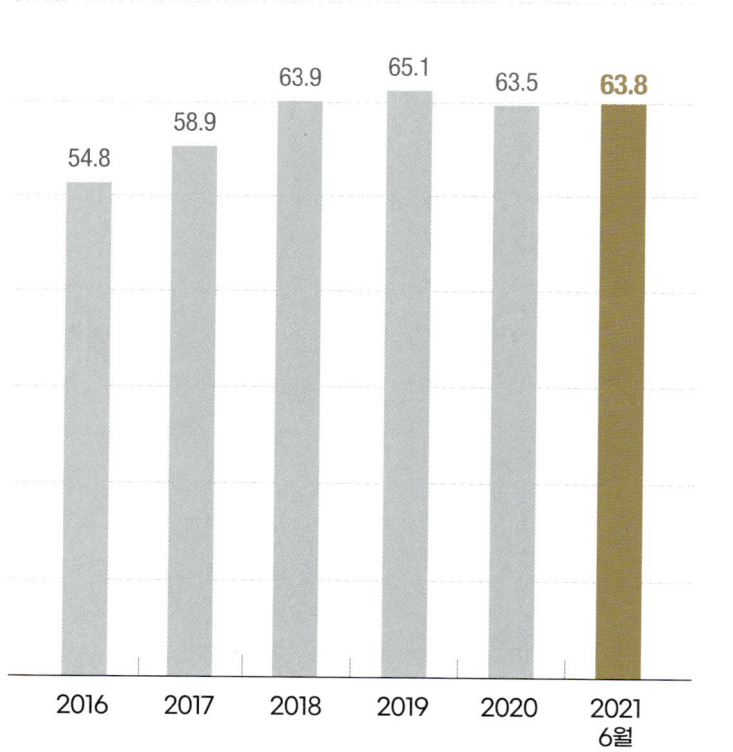

주요 금융기관 대출금리 (2021. 08월 기준)	
보험계약대출	6.33
은행신용대출	3.97
저축은행 신용대출	14.50
신협 일반대출	3.85
새마을금고 일반대출	3.88

연도별 잔액: 2016년 54.8, 2017년 58.9, 2018년 63.9, 2019년 65.1, 2020년 63.5, 2021년 6월 63.8

종신보험은 중도해지 대신 보험계약대출이나 중도인출을 활용할 수 있어 보장을 유지하면서도 필요한 자금을 마련할 수 있습니다. 금리가 낮아져 보험계약대출과 은행 및 제2금융권 신용대출의 금리차가 크지 않고, 상대적으로 복잡한 절차 없이 빨리 대출받을 수 있어 유용합니다.

비과세 반영한 세후수익률로 비교해야

종신보험과 예·적금의 세후 수익률

자료 : ○○생명보험 ☆☆종신보험 40세, 가입금액 1억원, 10년납, 연 1.50% 정기적금 10년 납입 후 연 1.50% 정기예금으로 10년 거치 가정
월 납입금액 446,000원, 종신보험 공시이율 2.25%, 평가시점 해지환급금, 예·적금 금리는 연 단리, 세율은 일반과세 15.4%

○○생명 ☆☆종신보험

구분	10년 시점	20년 시점
납입원금	53,520,000원	53,520,000원
세전 수령액	55,019,500원	65,745,300원
이자 과세	-	-
세후 수령액	53,019,500원	65,745,300원
세후 이자	1,499,500원	12,225,300원
세후 수익률	102.8%	**122.8%**

은행 정기적금·정기예금

구분	10년 시점	20년 시점
납입원금	53,520,000원	56,944,143원
세전 수령액	57,567,450원	65,485,764원
이자 과세	-623,307원	-1,315,410원
세후 수령액	56,944,143원	64,170,355원
세후 이자	3,424,143원	7,226,212원
세후 수익률	106.4%	**112.7%**

2023년 부터 금융투자소득세 시행

- 주식, 채권, 펀드, 파생상품에서 발생하는 모든 소득과 손실 합산해 과세
- 과세표준 3억원 이하 20%(지방세 포함 22%), 3억원 초과분 25%(지방세 포함 27.5%), 기본공제 5천만원

동일한 금액을 10년간 적립할 경우 정기적금이 종신보험 보다 조금 유리하지만, 20년 후 세후 수령금액은 오히려 종신보험이 더 많습니다. 위험에 대비한 보장은 물론, 보험차익 비과세 효과와 2023년부터 시행되는 금융투자소득세를 고려한다면 종신보험은 좋은 대안이 될 수 있습니다.

Sales talk talk

댁에 빨래건조기 사용하고 계신가요?
하이마트의 의류가전 매출액 중 건조기의 비중이 2015년 1%에서 2020년 40%에 이를 정도로 폭발적인 인기를 끌고 있습니다. 인기의 비결은 무엇일까요?

의류건조기의 인기비결은 달라진 주거 환경
건조기를 구매한 가장 큰 이유는 제품의 기능이 아니라 주거 환경이 바뀌면서 빨래를 건조할 공간이 부족하기 때문입니다. 환경이 변화하면서 다양한 가전제품들이 등장하고 각광받고 있습니다.

이유 1. 20년 동안 약 7분의 1 수준으로 하락한 금리
목적자금을 마련하려면 저축을 해야 한다는 이야기를 하시는 분들이 많은데, 2000년 9.28%였던 국고채 3년물 금리가 2021년 7월 1.42%로 1/7 수준으로 하락한 것을 고려할 필요가 있습니다.

사망보장과 바꾸기엔 너무 작은 이자
매월 25만원을 종신보험 대신 연 1.5%의 정기적금으로 저축한다고 가정하면, 10년 간 191만원, 연 19만원, 월 16,000원 차이로 보장을 감안할 경우 저축의 효용은 계속 감소하고 있습니다.

이유 2. 3.8배 상승한 코스피, 반대로 가는 개인투자자
금리가 낮은 저축 대신 주식투자를 했다면 20년 간 3.77배로 높은 성과를 얻을 수 있었겠지만, 개인투자자는 기관투자자와 반대로 오르면 사고 떨어지면 팔고를 반복하고 있습니다.

Sales talk talk

치솟는 주가에도 개인투자자 수익률은 마이너스

실제로 코로나19로 폭락했던 2020년 3월 이후 코스피는 큰 폭으로 치솟았지만, 개인투자자들이 순매수한 TOP10 종목의 평균수익률은 2020년 -3.7%, 2021년 -2.0%로 역주행 하였습니다.

이유 3. 쉽게 깰 수 있어 목돈마련 어려운 예·적금

2020년 한 해동안 5대 시중은행에서 중도해지된 예·적금은 843만여 건으로 약 15% 정도 증가했습니다. 상대적으로 중도해지에 따른 불이익이 적기 때문에 가장 먼저 깨는 것으로 볼 수 있습니다.

종신·연금보험 보다 저축성보험 먼저 해지

보험의 중도해지도 위기상황에서는 증가하게 되지만, 예·적금 보다는 해지율이 낮고, 특히 종신보험은 강제성이 더욱 강하기 때문에 실질적인 목적자금을 마련할 가능성이 높다고 할 수 있습니다.

중도해지 막아 주는 보험계약대출/중도인출

종신보험은 중도해지 대신 보험계약대출이나 중도인출을 활용해 보장을 유지하면서 목적자금을 마련할 수 있고, 신용대출과 금리 차가 크지 않고 복잡한 절차 없이 빨리 대출받을 수 있습니다.

비과세 반영한 세후수익률로 비교해야

동일한 금액을 월적립한다고 가정할 경우 10년 시점에는 정기 적금이 유리하지만, 다시 10년 거치한다고 가정할 경우 비과세 효과로 종신보험이 유리할 수도 있어 고려해 볼 만 합니다.

통계 키워드 _ 이것만은 반드시 기억하세요

개인투자자 순매수 상위 종목 평균 수익률

2020년 부터 KOSPI가 치솟으며 주식투자 열풍이 일었지만, 개인 투자자의 KOSPI 순매수 상위 10개 종목 평균수익률은 2020년 -3.7%, 2021년 상반기 -2.0%로 오히려 역주행하고 있는 것이 현실

40.0%
롯데하이마트 의류가전 매출액 중 건조기 비중

2015년 1%에 불과했던 의류가전 매출액 중 건조기 비중이 2020년 상반기 40.0%로 급성장하였고, 2020년 판매 대수 250만대를 돌파하였는데, 주거환경의 변화가 폭발적 인기의 비결

192만원
월 25만원씩 10년 투자했을 경울 세후 이자 차이

종신보험에 가입하는 대신 매월 25만원을 연 1.5%인 정기 적금에 10년간 투자할 경우 세후 이자는 192만원, 월 약 16,000원 차이로 탁월한 저축효과 기대 곤란

843만건
2020년 한 해 동안 중도 해지된 예·적금 통장 개수

2019년 738만 건 보다 105만 건 늘어 14.2% 증가하였고, 위기상황이 도래하면 상대적으로 중도 해지에 따른 불이익이 적은 은행 예·적금을 가장 먼저 해지하는 것이 일반적

63조 4천억원
2021년 3월 현재 보험계약대출 잔액

종신보험은 중도 해지하지 않고 약관대출이나 중도인출을 활용할 수 있어 보장을 유지하면서 목적자금 마련이 가능하고, 신용대출과 금리차가 크지 않고 복잡한 절차없이 빨리 받을 수 있는 것이 장점

기성복과 맞춤 정장

예전에는 양복점에서 일일이 치수를 재서
맞추어 입었던 정장을
요즘은 매장에서 쉽게 구매할 수 있습니다.

신체 사이즈를 몇 가지로 표준화하여
대량 생산하는 기성복이 등장했기 때문이죠.
가격도 저렴하고 기다릴 필요도 없어
양복점이 하나 둘 사라지게 되었습니다.

하지만 사람마다 신체의 특징이 모두 다르니
맞춤 정장 만큼 꼭 맞고 편하지는 않습니다.
브랜드 프리미엄과 유통 마진이 붙으면서
이제는 가격도 그다지 싸지 않게 되었구요.

이 틈새를 노려 기성복 보다 저렴한
맞춤정장 전문점이 생겨나기도 했습니다.

모든 사람에게 딱 맞는 기성복이 없듯
모든 사람에게 옳은 투자방법은 없습니다.
저축과 투자에 집중하다 큰 위험에 빠질 수도 있고
소멸성 보장성보험이 항상 맞는 선택은 아닙니다.

종신보험이 어떤 사람에게는 딱 맞고 편한
맞춤형 투자방법이 될 수도 있습니다.

종신보험에 대한 오해와 선입견 **08**

교육동영상

종신보험은
갑작스런 사망위험에
대비한 사망보험이지
노후생활에 대비한
연금은 아니잖아요?

무엇을 경고하는 표지판일까요?

크레바스를 경고하는 표지판입니다.
크레바스는 빙하나 눈골짜기가 갈라져 형성된
균열이나 틈을 말합니다.

그 깊이는 최소 10미터 이상으로 깊고
지형에 따라 수십, 수백 미터에 이르기도 하며,
눈에 덮혀 보이지 않는 경우도 많아서
자칫 추락할 경우 매우 위험합니다.
안타깝게도 많은 산악인들이 목숨을 잃기도 하죠.

인생이라는 긴 여정을 가다 보면
여러가지 기쁜 일도, 슬픈 일도, 어려운 일도 있지만
예상치 못한 심각한 위험과 맞닥뜨리기도 합니다.
우리의 삶에 치명타가 될 수 있는
'은퇴 크레바스'에 신중하게 대비하고
현명하게 극복할 수 있는 준비와 지혜가 필요합니다.

알고도 당하는 치명적 위험, 쉽게 보면 큰 일나

인생 여정의 복병, 은퇴 크레바스

일시적인 소득중단에 대한 대비
- 퇴직(50~60세) 후 연금개시(60~65세) 전까지 일시적인 소득중단
- 소득은 감소하고, 생활비는 동일하고, 경조사는 많아지는 위험

집중되는 목적자금 지출에 대한 대비
- 본인의 노후자금, 첫째 자녀의 결혼자금, 둘째 자녀의 대학교육자금 및 결혼자금 등 크고 중요한 목적자금이 이 시기에 집중

기타 다양한 크레바스에 대한 대비
- **부부 크레바스** 결혼 20년 후 이혼율이 가장 높음
- **자식 크레바스** 취직안한 자녀, 결혼안한 자녀, 사업하는 자녀 등
- **창업/사기 크레바스** 창업 실패, 사기 등으로 은퇴자금마저 잃는 위험
- **건강 크레바스** 본인, 배우자, 부모의 건강 리스크, 돈과 시간을 병원에 소진

'은퇴 크레바스' 하면 퇴직 후 연금수령 전까지 소득이 중단되면서 어려움을 겪게 되는 부분이 강조되어 왔습니다. 하지만 더 심각한 부분은 대부분의 가정에서 가장의 60대에, 소득이 중단된 가운데 미루거나 하지 않을 수 없는 가장 중요하고 가장 큰 목적자금들이 집중되어 있는 것입니다. 이에 대한 준비가 필요합니다.

크레바스 극복방법도 업그레이드가 필요해

현재 사용하고 있는 라이프 사이클(Life Cycle)

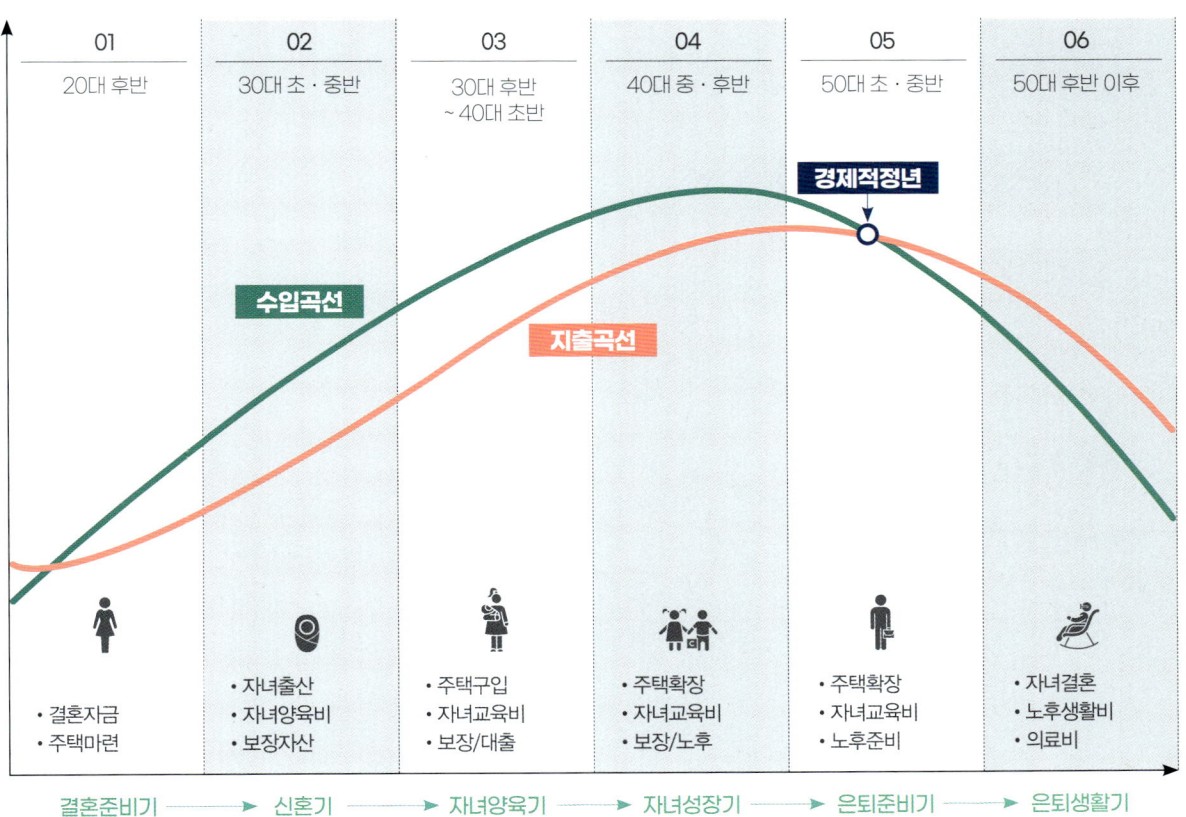

은퇴 크레바스를 극복하기 위해서는 앞으로 언제, 무슨일 때문에, 얼마의 자금이 필요한 지 구체적으로 예상해 보고 그 자금이 마련될 수 있도록 미리 준비해야 합니다. 이 때 유용하게 활용할 수 있는 것이 인생의 설계도라 할 수 있는 라이프사이클이며, 최근 사회·경제적 환경 변화에 따른 라이프사이클의 변화를 이해하는 것이 필요합니다.

정년퇴직은 변동없고, 조기퇴직은 크게 늘어

300인 이상 기업의 정년퇴직자 및 조기퇴직자 현황
자료 : '정년 연장의 쟁점과 과제', 한국경제연구원, 2019. 12. 11 / 단위 : 만명

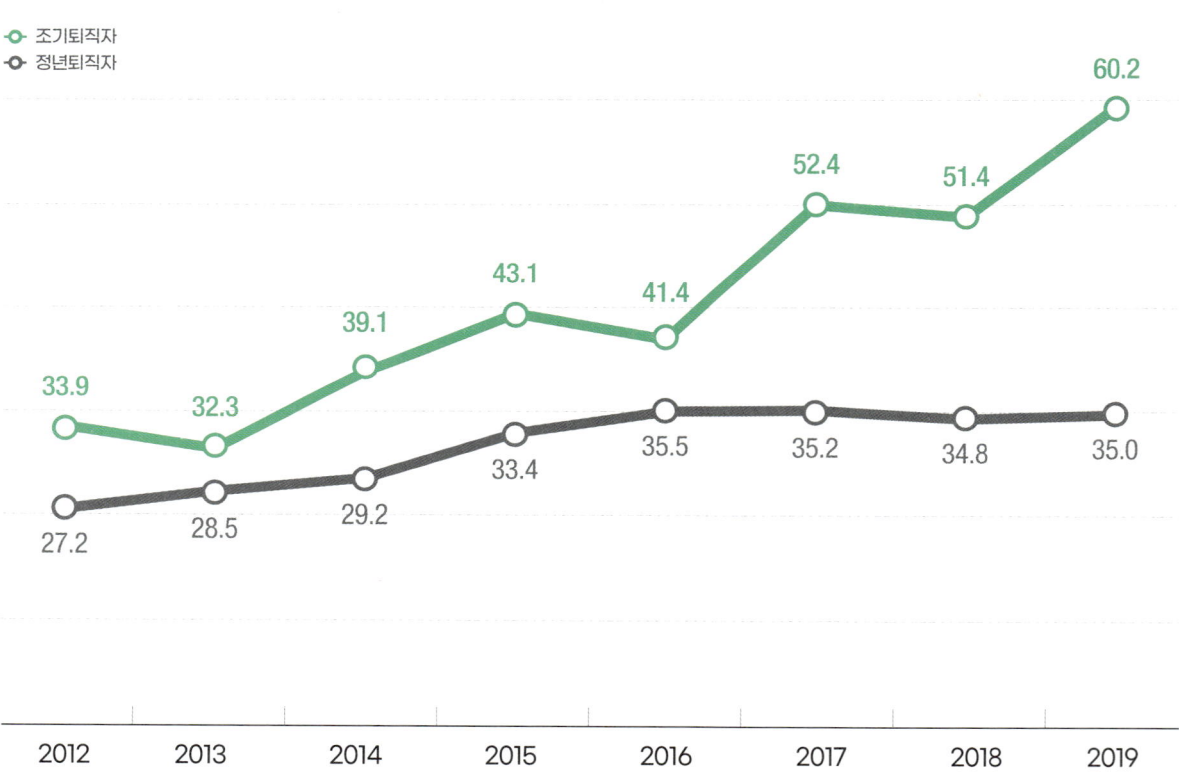

2019년 기준 직전 5년간 정년퇴직자는 35만명 수준에서 큰 변동이 없는 반면, 조기퇴직자는 43만명에서 60만명으로 약 1.4배 증가하였습니다. 경기침체가 장기화되면서 많은 기업들이 일상적인 구조조정을 하고 있는 가운데, 주변에서 명예퇴직했거나 위기에 있는 분을 만나는 일은 더 이상 어렵지 않은 것이 현실입니다.

퇴직 후 20년 이상의 경제생활을 미리 준비해야

라이프사이클의 변화 ❶ 경제적 정년 이후 사라지는 수입곡선

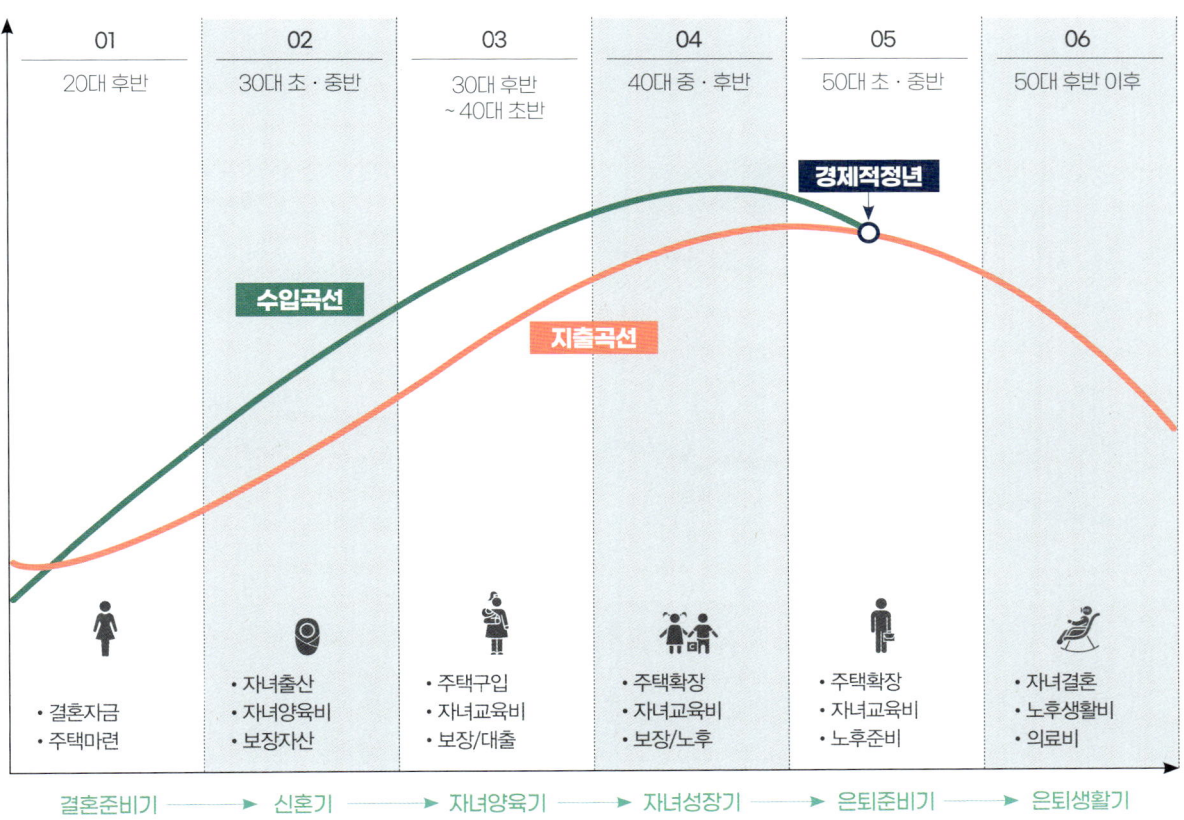

조기퇴직이 증가하면서 이전 라이프사이클처럼 경제적정년 이후 수입곡선이 완만하게 감소하는 것이 쉽지 않을 것입니다. 얇아지거나 점선으로 이어지거나, 최악의 경우에는 사라지는 경우도 있을 수 있습니다. 때문에 첫 번째 퇴직 이후 20년 동안 어떤 일을 할 것인지에 대해 미리 계획하고 준비해야 합니다.

결혼이 늦으면, 출산이 늦고, 더 늦게까지 키워야

우리나라 초혼연령의 변화

자료 : 2020년 인구동향조사, 통계청 KOSIS, 2021. 03 / 단위 : 세

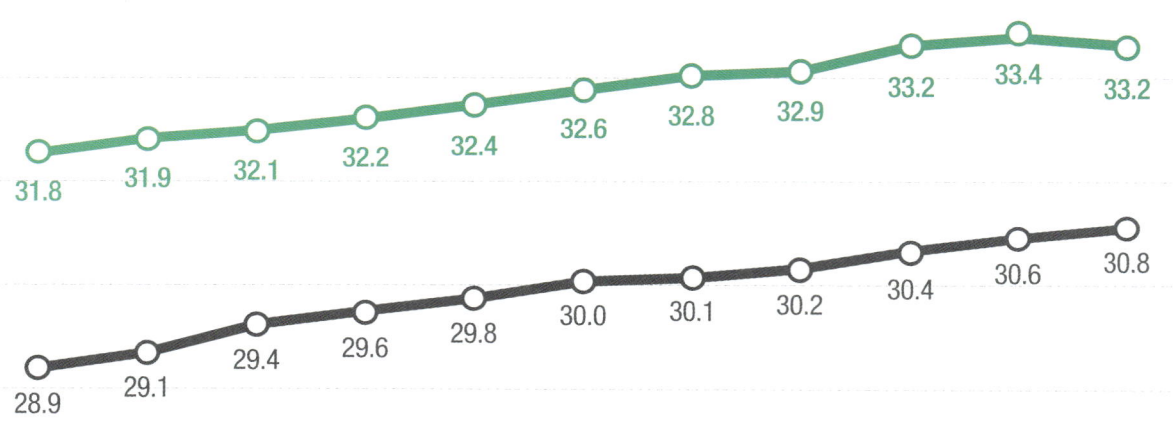

- 남자: 2010년 31.8, 2011년 31.9, 2012년 32.1, 2013년 32.2, 2014년 32.4, 2015년 32.6, 2016년 32.8, 2017년 32.9, 2018년 33.2, 2019년 33.4, 2020년 33.2
- 여자: 2010년 28.9, 2011년 29.1, 2012년 29.4, 2013년 29.6, 2014년 29.8, 2015년 30.0, 2016년 30.1, 2017년 30.2, 2018년 30.4, 2019년 30.6, 2020년 30.8

33세에 결혼해 허니문 베이비로 출산해도 아빠 나이 34세입니다. 만약 첫째가 아들이면 군대 다녀오고 대학 졸업하고 취업해 경제적으로 독립하려면 28세는 되어야 하니 아빠 나이 62세, 첫째가 외로울까봐 3년 터울로 낳은 둘째도 아들이라면 아빠나이 65세입니다. 대부분의 가정에서 아빠 60세에 아무것도 끝나지 않습니다.

소득 중단 보다 더 무서운 지출의 집중

라이프사이클의 변화 ❷ 가장의 60대에 집중되어 있는 목적자금

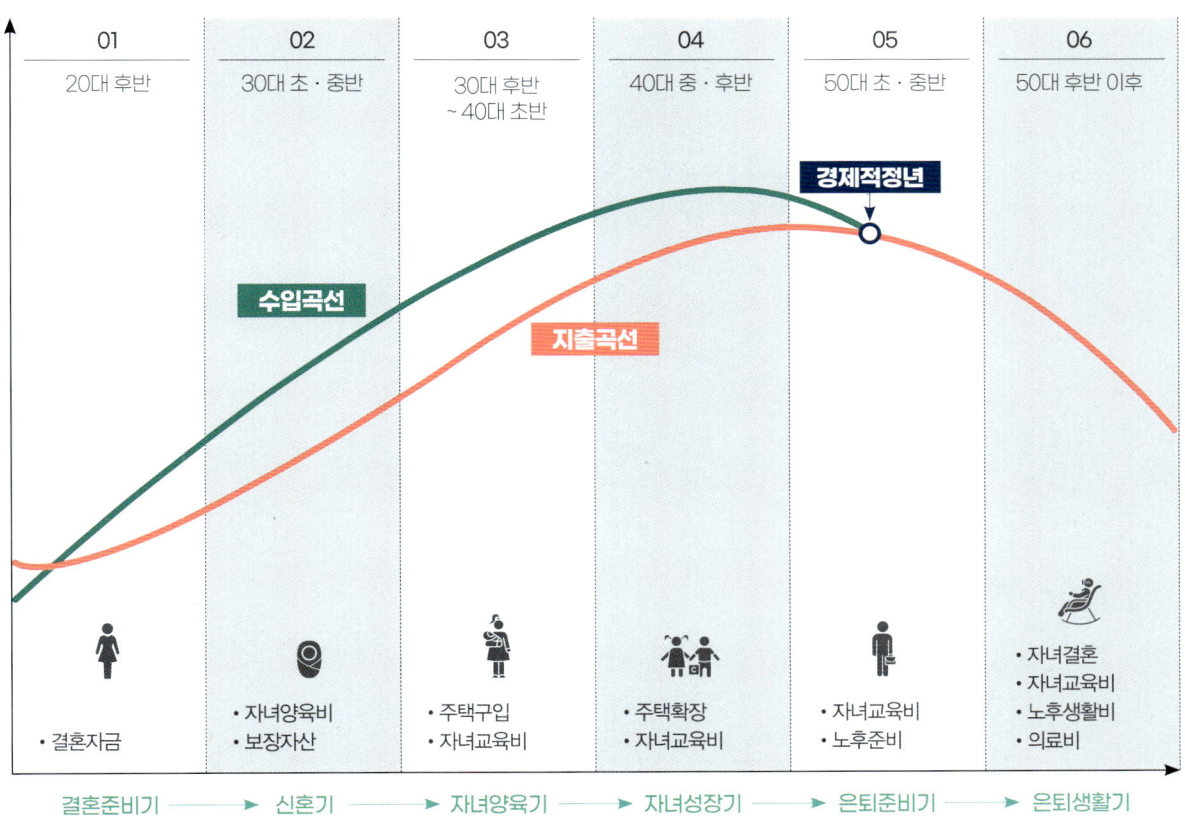

이전 라이프사이클 처럼 어릴때부터 다양한 목적자금을 미리 준비하는 것은 매우 힘듭니다. 그때 그때 급하고 중요한 목적자금 위주로 준비하는 것이 현실입니다. 하지만 대부분의 가정에서 가장의 60대에 가장 크고 중요한 목적자금들이 집중되기 때문에, 미리 준비하지 않으면 은퇴크레바스의 위기에 직면할 수 있습니다.

한국인의 평균수명 83.5세

우리나라 평균수명 추이

자료 : '2020년 생명표', 통계청, 2021. 12. 01 / 단위 : 세

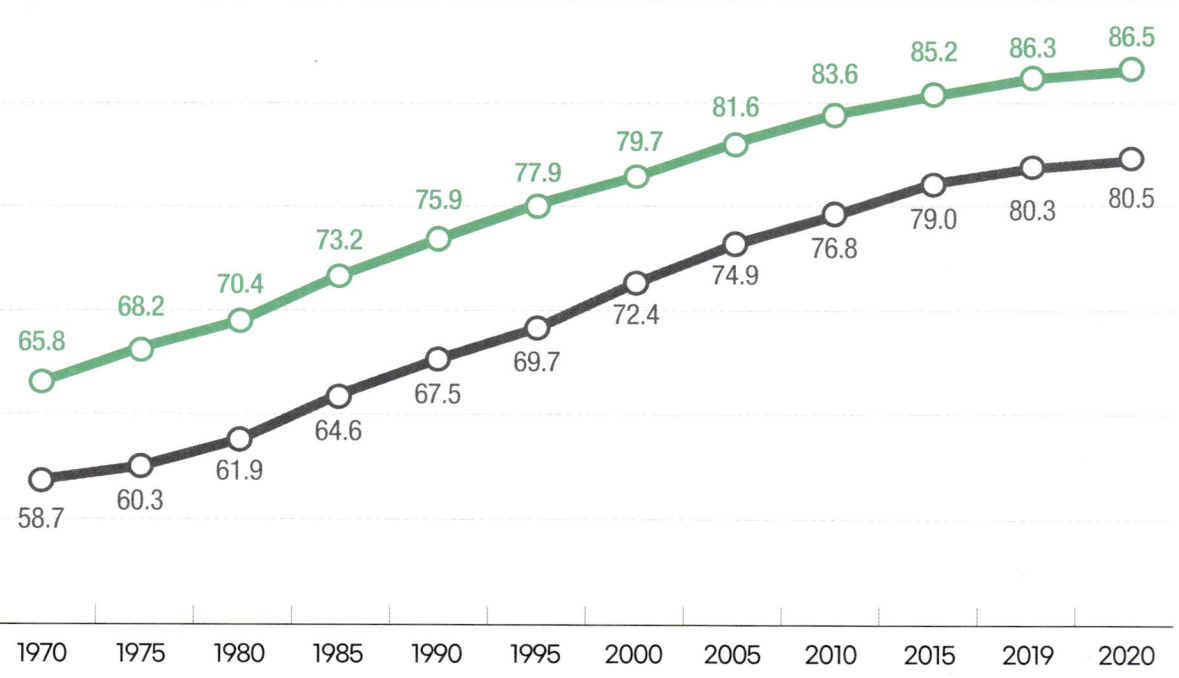

2020년 생명표 기준 평균수명은 남자 80.5세, 여자 86.5세, 전체 83.5세입니다. 20년 전인 2000년에 비해 남자는 약 8년, 여자는 약 7년 늘었습니다. 윤택해진 생활, 의학과 과학기술의 발전, 건강에 대한 관심 제고 등을 감안할 때 평균수명의 증가는 계속될 것으로 보이고, '100세 시대'가 더 이상 과장된 표현은 아닙니다.

퇴직 전까지 살아온 만큼, 퇴직 후에 더 살아야

라이프사이클의 변화 ❸ 정중앙으로 이동하고 있는 경제적정년

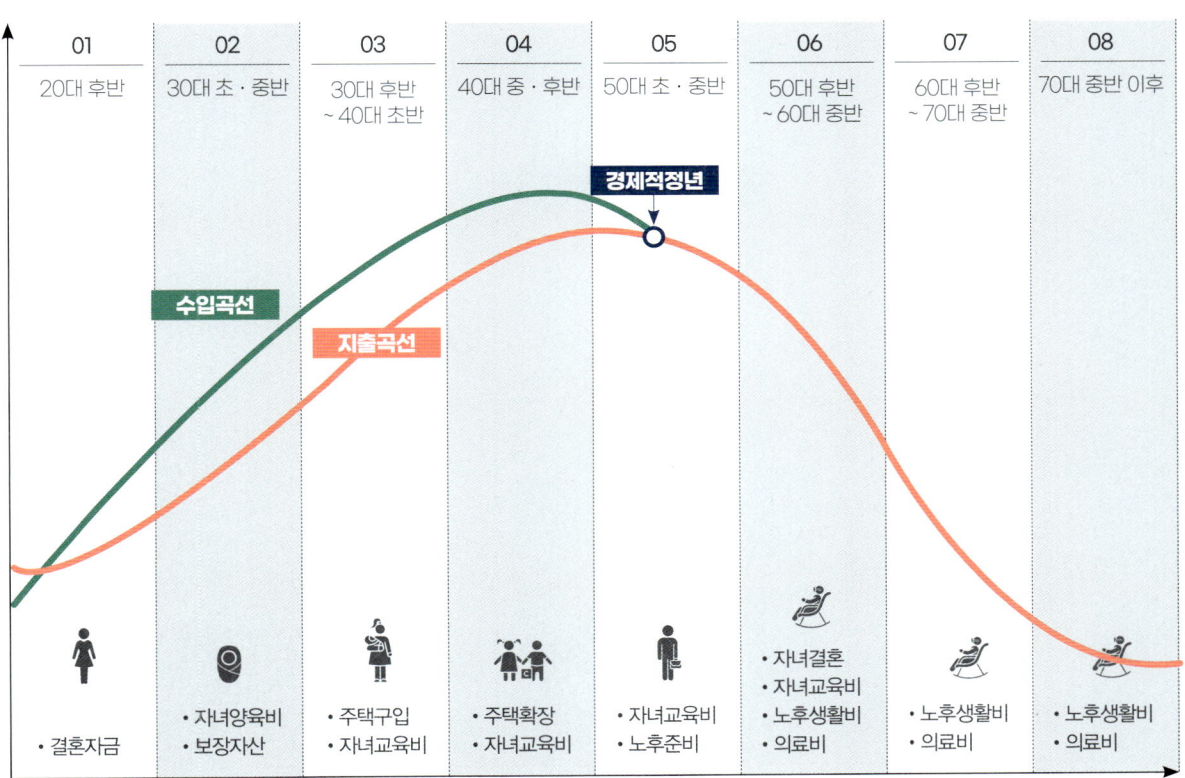

이전 라이프사이클은 6칸으로 구성되고 경제적정년이 다섯번째 칸에 그려져 인생의 후반부가 어려울 것이라는 오해를 할 수 있었습니다. 평균수명을 감안하여 라이프사이클을 8칸으로 늘리면 경제적정년은 정중앙으로 이동합니다. 결국 퇴직시점에서 그 때까지 살아온 만큼 더 살아야 한다는 것이고, 그에 대한 준비가 필요한 것입니다.

OECD 국가 중 노인빈곤률 압도적 1위

OECD 주요 국가 은퇴연령층의 상대적 빈곤율(중위소득 50% 이하, 2018)

자료 : '2021년 고령자통계', 통계청, 2021. 09. 29 / 단위 : %
'Social and Welfare Statistics', OECD, 2021. 08. 03 / 한국 자료는 잠정치로 가계금융복지조사 공표 자료로 대체

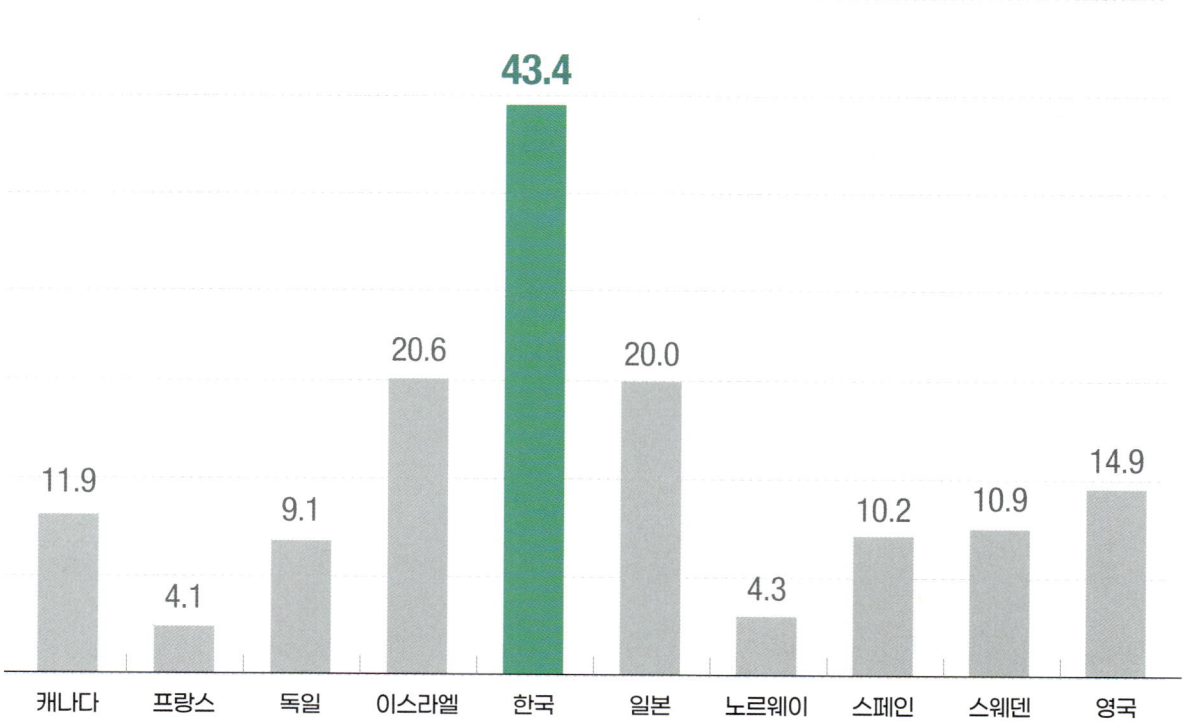

캐나다	프랑스	독일	이스라엘	한국	일본	노르웨이	스페인	스웨덴	영국
11.9	4.1	9.1	20.6	43.4	20.0	4.3	10.2	10.9	14.9

상대적 빈곤율은 중위소득 50% 이하인 인구가 차지하는 비율을 말합니다. 우리나라는 2018년 은퇴연령층 상대적 빈곤율 43.4%로 OECD국가 중 가장 높고, 2위인 이스라엘의 20.6% 대비 약 2배이상 수준으로 압도적인 1위입니다. 걱정은 하고 있지만 준비하고 있지 못한 현실을 가장 잘 보여주는 지표입니다.

종신보험은 노후준비를 더 두텁게 해주는 좋은 수단

종신보험과 연금보험의 노후생활자금 지급액

자료 : ○○생명보험, ☆☆종신보험, ◇◇연금보험 / 남자 40세, 보험가입금액 1억원, 보험료 274,000원 / 단위 : 만원, %

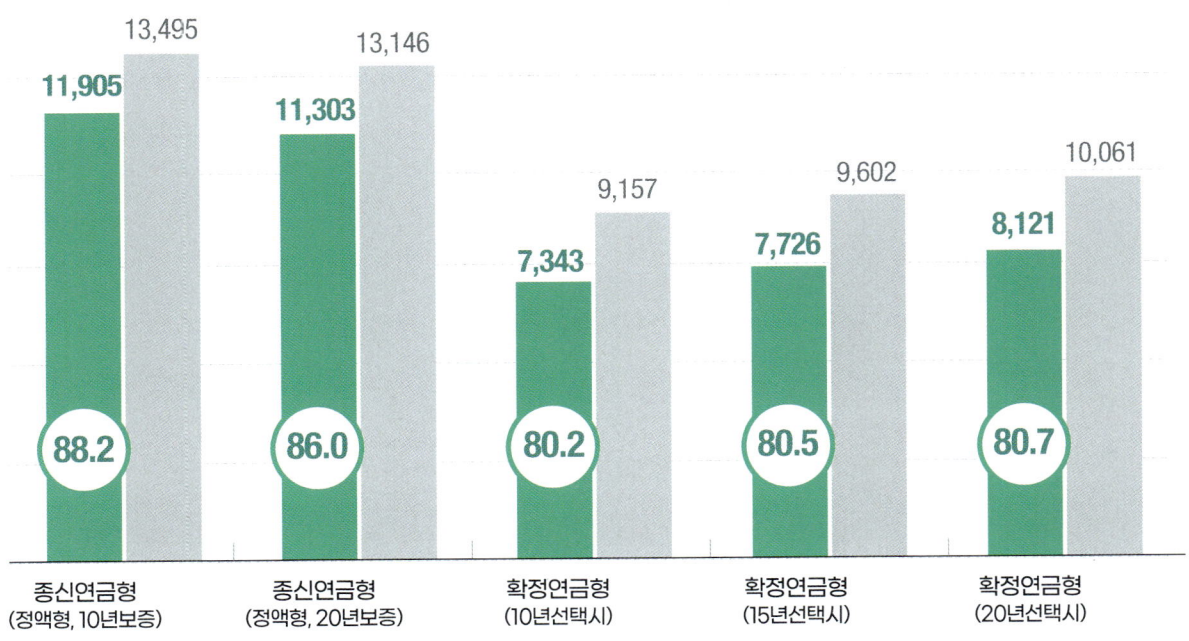

동일한 보험료를 납입할 경우, 당연히 노후대비를 주 목적으로 하는 연금보험의 연금지급액이 종신보험의 생활자금 보다 많습니다. 하지만 연금보험은 사망보장이 없다는 점과, 종신보험의 생활자금이 연금지급액의 80% 수준임을 감안한다면, 종신보험은 보장과 함께 노후준비를 두텁게 해주는 좋은 수단입니다.

Sales talk talk

무엇을 경고하는 표지판일까요?
퇴직 후 연금개시 전까지 소득이 일시적으로 중단되고, 가장 중요하고 큰 목적자금이 집중되어 있는 은퇴 크레바스는 알고 있으면서도 당하기 쉬운 치명적인 위험입니다.

크레바스 극복방법도 업그레이드가 필요해
크레바스를 극복하기 위해서는 인생의 설계도라 할 수 있는 라이프사이클을 활용하여 필요자금과 시기를 예측하여 미리 대비하는 것이 무엇보다도 중요합니다.

정년퇴직은 변동없고, 조기퇴직은 크게 늘어
300인 이상 기업의 정년퇴직자는 변동이 없는 반면 조기퇴직자는 5년 간 1.4배나 증가하였습니다. 이제 명예퇴직 했거나 위기에 있는 분을 만나는 일은 그렇게 어렵지 않은 시대입니다.

퇴직 후 20년 이상의 경제생활을 미리 준비해야
이전 라이프사이클처럼 경제적정년 이후 수입곡선이 완만하게 줄어들기 보다는 얇아지거나, 점선이거나, 아예 없어질 수도 있기 때문에 퇴직 후 20년에 대한 준비를 미리해야 합니다.

결혼이 늦으면, 출산이 늦고, 더 늦게까지 키워야
2020년 우리나라 남성의 평균 초혼연령은 33.2세입니다. 결혼연령과 출산시기, 자녀의 경제적 독립 시점이 늦어지고 있어 대부분의 가장은 60세에 아무것도 끝나지 않습니다.

Sales talk talk

소득 중단 보다 더 무서운 지출의 집중

이전의 라이프사이클처럼 전 연령대에 목적자금을 준비하기 어렵고, 급하고 중요한 한 두가지 준비하다 가장의 60대에 가장 크고 중요한 목적자금이 집중되는 것에 대한 준비가 필요합니다.

한국인의 평균수명 83.5세

2019년 기준 평균수명은 남자 80.5세, 여자 86.5세, 전체 83.5세이며, 앞으로 더 늘어날 가능성이 높습니다. 이제 '100세 시대'라는 말이 과장된 표현이 아니라 가능성으로 다가오는 시대입니다.

퇴직 전까지 살아온 만큼, 퇴직 후에 더 살아야

평균수명을 반영하면 이전의 라이프사이클 보다 두배 더 길어지고, 경제적정년이 정중앙으로 이동합니다. 퇴직할 때까지 살아온 세월만큼 퇴직 후에 더 살아야 하는 것에 대비해야 합니다.

OECD 국가 중 노인빈곤률 압도적 1위

2018년 우리나라 은퇴연령층의 상대적 빈곤율은 43.4%로 OECD 국가 중 가장 높고 2위 이스라엘보다 2배 이상 높습니다. 노후에 대해 걱정은 하고 있지만 준비하고 있지 못한 것이 현실입니다.

비과세 반영한 세후수익률로 비교해야

동일한 보험료를 납입했을 때 종신보험의 생활자금 지급액은 연금보험에 비해 종신연금형은 86%, 확정연금형은 80% 수준입니다. 보장을 감안하면 노후준비를 두텁게 해주는 좋은 수단입니다.

통계 키워드 _ 이것만은 반드시 기억하세요

43.4%

2018년 은퇴연령층의 상대적 빈곤율

은퇴연령층 인구 중 중위소득 50% 이하인 인구의 비율인 상대적 빈곤율 43.4%로 OECD 국가 중 가장 높으며, 2위인 이스라엘 20.6%에 비해 약 2배 이상 수준

60만 2000명

2019년 300인 이상 기업의 조기퇴직자 수

정년퇴직자 수는 변동이 없는 반면 조기퇴직자 수는 지속적으로 증가하고 있어서, 경제적 정년 이후 수입곡선이 사라질 수 있음을 인식하고 미리 준비하는 것이 필요

33.2세

2020년 우리나라 남성의 평균 초혼연령

초혼연령이 높아지면서 출산시기와 자녀의 경제적 독립시점이 늦어짐에 따라 대부분의 가정에서는 가장의 60대에 가장 중요하고 큰 목적자금의 지출이 집중되어 있는 것에 대한 대비가 필요

83.5세

2020년 우리나라의 평균 평균수명

2019년 기준 남자 80.5세, 여자 86.5세, 전체 83.5세로 평균수명이 길어짐에 따라 라이프사이클이 더 길어지고, 경제적 정년이 정중앙으로 이동하는 것에 대한 준비가 필요

80.7%

연금보험 대비 종신보험의 지급비율(20년 확정연금형)

동일한 보험료 납입을 가정할 경우 20년 확정연금형의 연금보험 지급금액 대비 종신보험의 생활자금 지급액은 80.7% 수준으로 사망보장을 감안한다면 노후준비를 두텁게 해주는 좋은 수단

6 대 1로
맞짱뜨는 세대

우리보다 먼저 늙은 나라 일본,
'단카이 세대'로 불리우는 베이비부머의
노후파산이 큰 이슈로 떠오르면서
사회적으로 충격을 준 적이 있습니다.

준비없이 너무 오래 살게 된
친조부모와 외조부모 그리고 부모님,
저출산의 영향으로 외동으로 태어나
이 6명을 모두 부양해야 하는 일본의 40대를
'6 대 1로 맞짱뜨는 세대'라고 합니다.

우리나라의 베이비 부머는 어떨까요?
55년생부터 63년생까지 약 730만명,
2020년 55년생이 65세가 되는 것을 시작으로
약 8년에 걸쳐 인구의 15%가 노인이 됩니다.

2026년에 노년부양비 30%를 돌파하여
길거리 지나는 사람 3명 중 1명은 노인입니다.

우리의 노후는 생각보다 길고 어두울 것이고,
노후준비는 아무리 많이 해도 충분하지 않으며,
종신보험은 또 하나의 큰 힘이 될 것입니다.

종신보험에 대한 오해와 선입견 **09**

대부분의 일반인은
상속·증여세 대상에
해당되지 않기 때문에
준비할 필요없다

'종활'이라는 단어 들어 보셨어요?

종활(終活)은 '끝내는 활동'이라는 뜻으로
일본의 고령자들이 인생을 충실히 마무리하기 위해
적극적이고 다양하게 준비하는 것을 의미하는
신조어로 '슈카츠'라고 읽습니다.

단순히 봉안시설이나 장례 준비 뿐만 아니라
삶을 정리하는 '엔딩노트' 작성에서 부터
'사전연명의료의향서', '버킷리스트' 작성 등
'라이프 엔딩'을 위한 모든 활동이 포함됩니다.

그 중에서도 가장 중요한 종활 활동 중 하나는
바로 자산승계 계획을 수립하는 것입니다.
노후를 위해 얼마 만큼의 자산이 필요한지,
남은 재산이 있다면 누구에게 남겨줄 것인지,
그 시기와 방법은 어떻게 할 것인지를 결정하는 것입니다.

종신보험은 증여 · 상속 등
효과적인 자산승계를 가능하게 해주는
가장 좋은 수단 중 하나입니다.

웰다잉(Well-dying)을 위해 간과할 수 없는 상속·증여

웰다잉 준비 시점과 죽음 앞두고 가장 중요한 결정

자료 : 공공의창 '국민의식조사 결과보고서', 리서치뷰, 2019. 09. 30, 전국 만 40세 이상 남녀 751명 / 단위 : %

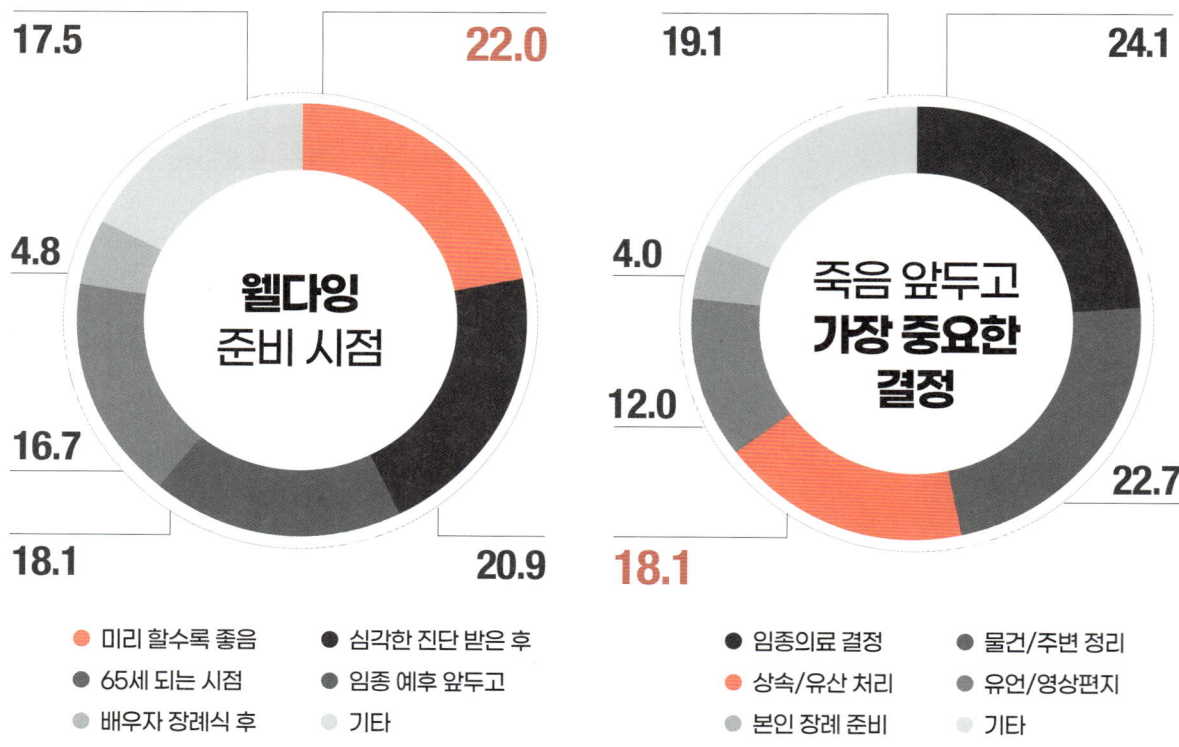

웰다잉은 웰빙만큼이나 중요하게 인식되고 있고 5명 중 1명은 미리 준비해야 한다고 응답했지만 실제 준비는 하지 않고 있는 것으로 나타났습니다. 죽음을 앞두고 중요하게 결정해야 하는 것으로 40.8%는 물건이나 주변 정리, 그리고 상속 및 유산처리라고 대답해 상속이 특정한 그룹에만 해당되는 이슈가 아님을 알 수 있습니다.

사전 준비가 없으면 원하는 상속·증여하기 어려워

바람직하다고 생각하는 재산처리 방식

자료 : 2020년도 노인실태조사, 한국보건사회연구원, 2021. 04. 16 / 단위 : %

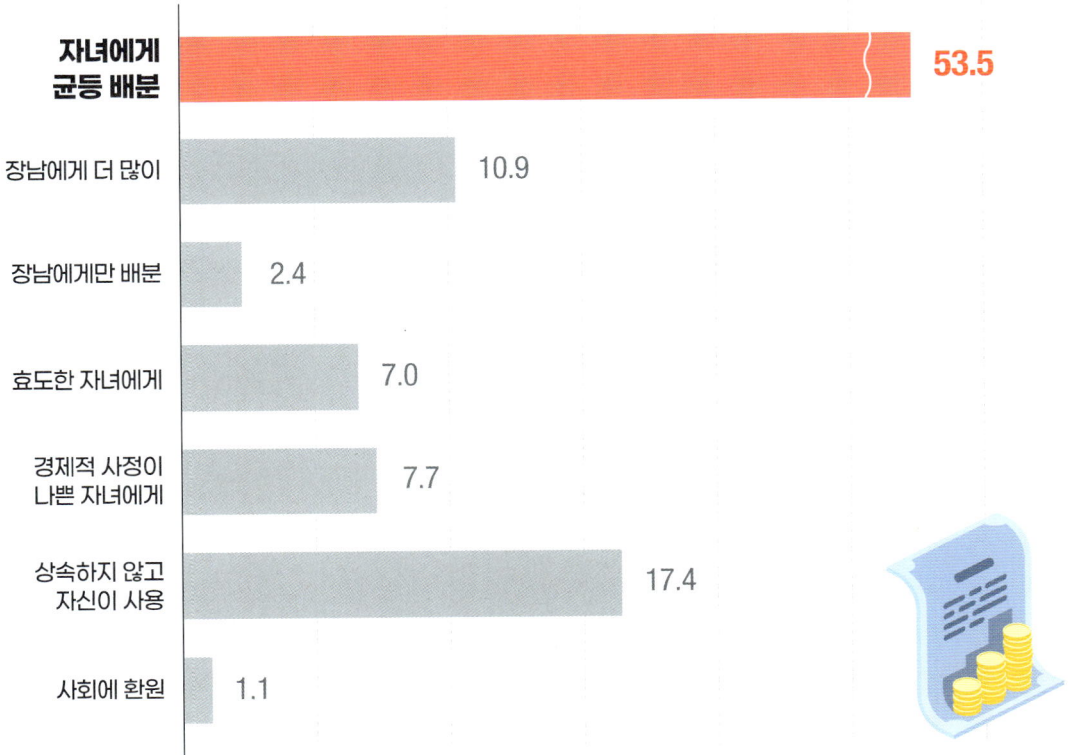

구분	%
자녀에게 균등 배분	53.5
장남에게 더 많이	10.9
장남에게만 배분	2.4
효도한 자녀에게	7.0
경제적 사정이 나쁜 자녀에게	7.7
상속하지 않고 자신이 사용	17.4
사회에 환원	1.1

상속 또는 증여로 연계되는 재산처리 방식에 대해서는 절반 이상이 자녀에게 균등하게 배분하는 것이 가장 바람직하다고 생각했습니다. 사전에 이런 부분을 명확하게 해두지 않을 경우 부모 사망 이후 재산분할 과정에서 다툼이 생기거나 심할 경우 소송까지 벌어지는 일을 어렵지 않게 볼 수 있습니다.

과세가액은 작게, 공제금액은 크게 만들어야

상속세 계산 구조

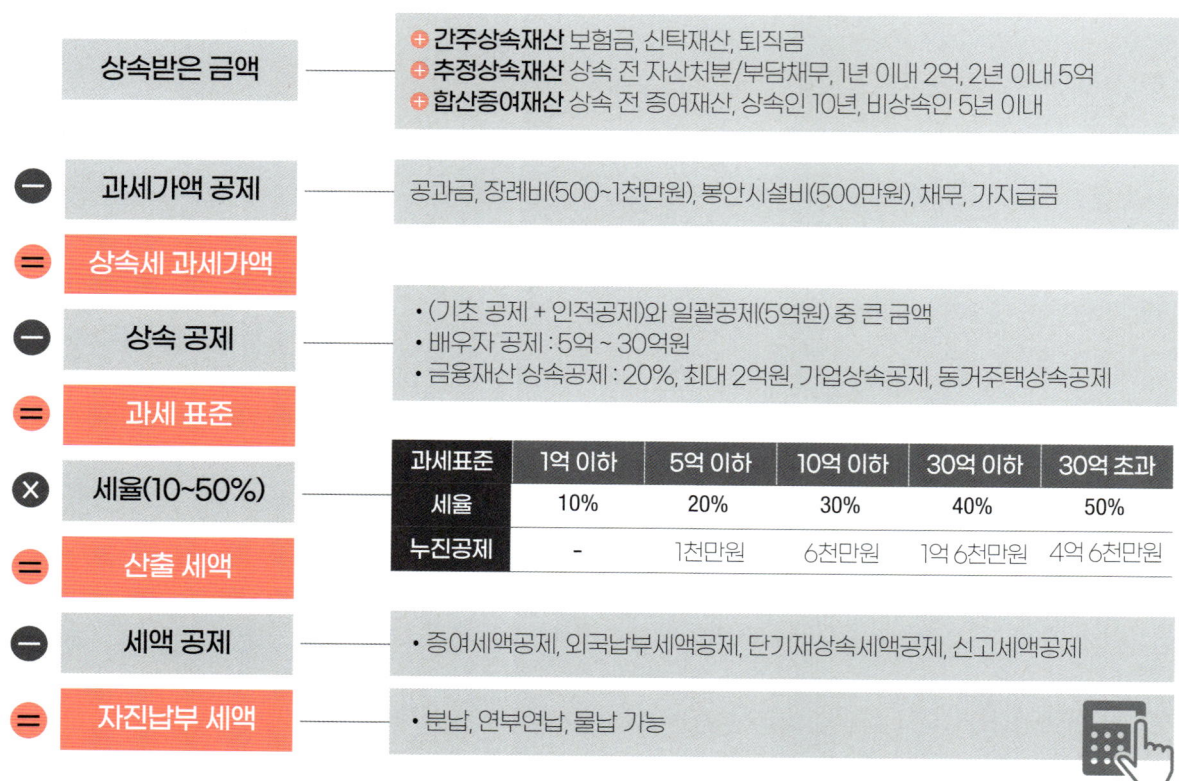

세금은 어렵다는 선입견이 많지만 그 구조를 알아 두는 것은 매우 중요합니다. 상속세를 줄일 수 있는 해법은 세금의 대상이 되는 과세가액은 최대한 작게 만들고, 공제금액을 최대한 크게 만드는 것입니다. 사전 증여 등을 통해 절세를 위한 노력을 하느냐 여부에 따라 부담해야 하는 세금은 크게 달라질 수 있습니다.

최고 세율 높지만, 공제 활용하면 낮출 수 있어

주요국 상속세 최고세율과 우리나라 상속세 실효세율

자료 : 국세청, 통계청, 국회예산정책처, OECD, 한국조세재정연구원, 2020.12월 기준

국가	상속세 최고 세율 (%)		
	배우자	부모/자녀	제3자
미국	40	40	40
영국	비과세	40	40
프랑스	비과세	45	60
독일	30	30	50
일본	55	55	55
한국	**50**	**50**	**50**

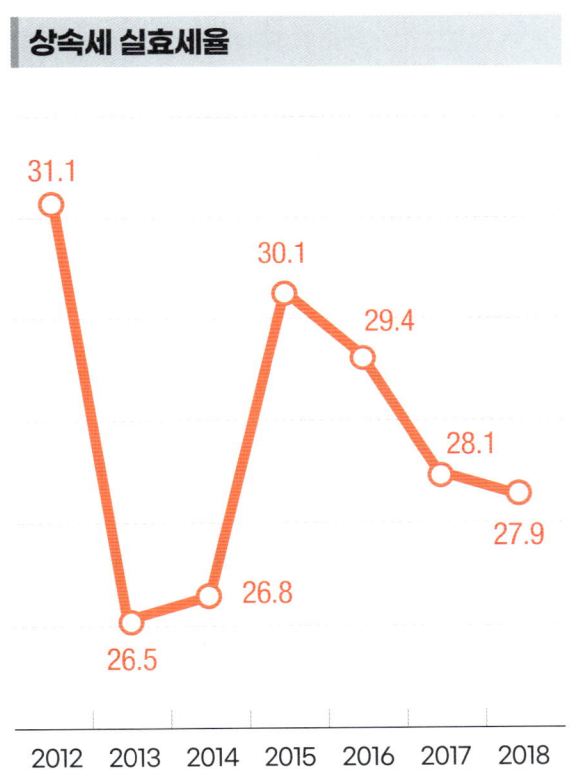

상속세 실효세율

- 2012: 31.1
- 2013: 26.5
- 2014: 26.8
- 2015: 30.1
- 2016: 29.4
- 2017: 28.1
- 2018: 27.9

우리나라의 상속세율이 선진국에 비해 상대적으로 높다는 인식이 많습니다. 하지만 주요 선진국의 경우 우리나라와 같은 상속공제 제도를 적용하고 있지 않기 때문에 명목세율은 높지만, 공제 등을 감안한 실효세율은 선진국과 비슷한 수준입니다. 절세전략이 필요하고 중요함을 의미하는 것이기도 합니다.

최근 들어 급격히 증가하고 있는 상속세 신고

상속세 신고 인원 및 상속재산가액

자료 : 2021년 국세통계 2차 수시공개, 국세청, 2021. 06. 29 / 단위 : 명, 십억원

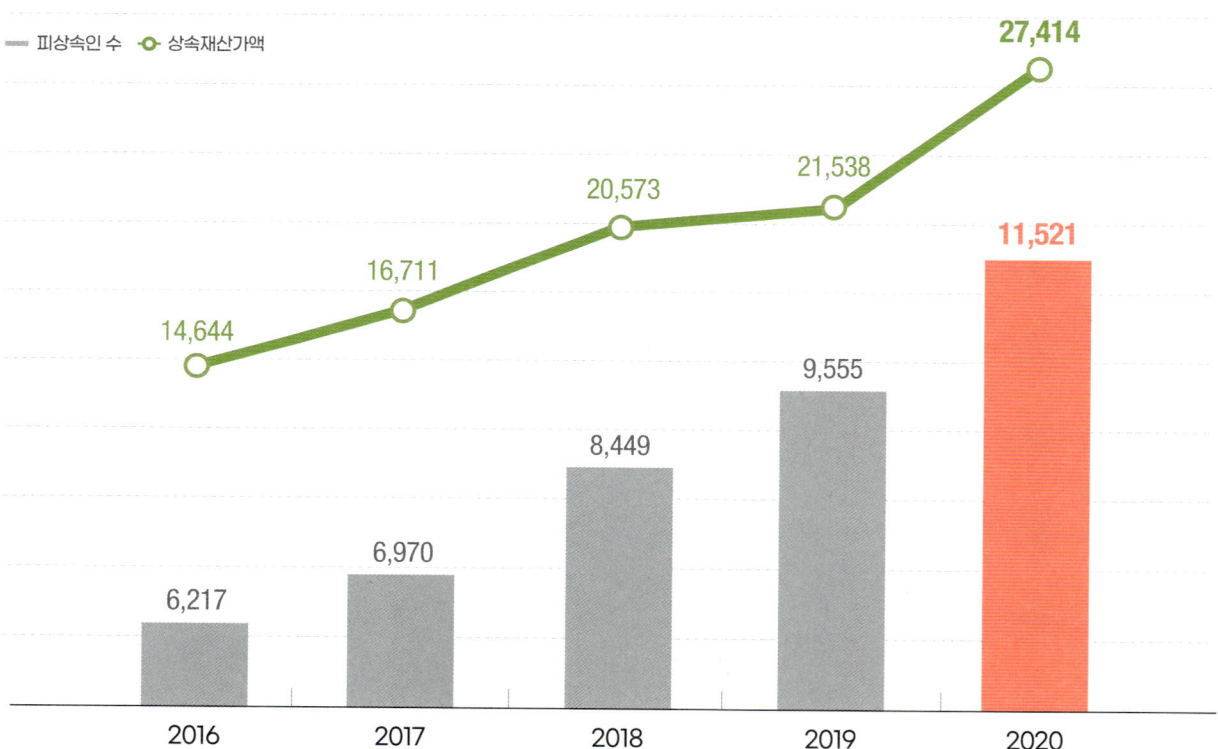

2020년 상속세 신고 인원은 11,521명으로 전년 대비 20.6% 증가하였고, 재산가액은 27조 4,139억원으로 27.3% 증가하였습니다. 부동산, 주식 등 자산가치가 상승하여 가계의 자산이 증가하면서 상속세 신고 대상이 늘어난 것이며, 향후에도 이 증가세는 지속될 것으로 보입니다.

신고인원의 69.1%는 재산가액 20억원 미만

상속세 신고 재산가액 규모별 현황

자료 : 2021년 국세통계 2차 수시공개, 국세청, 2021. 06. 29 / 단위 : 명, 십억원

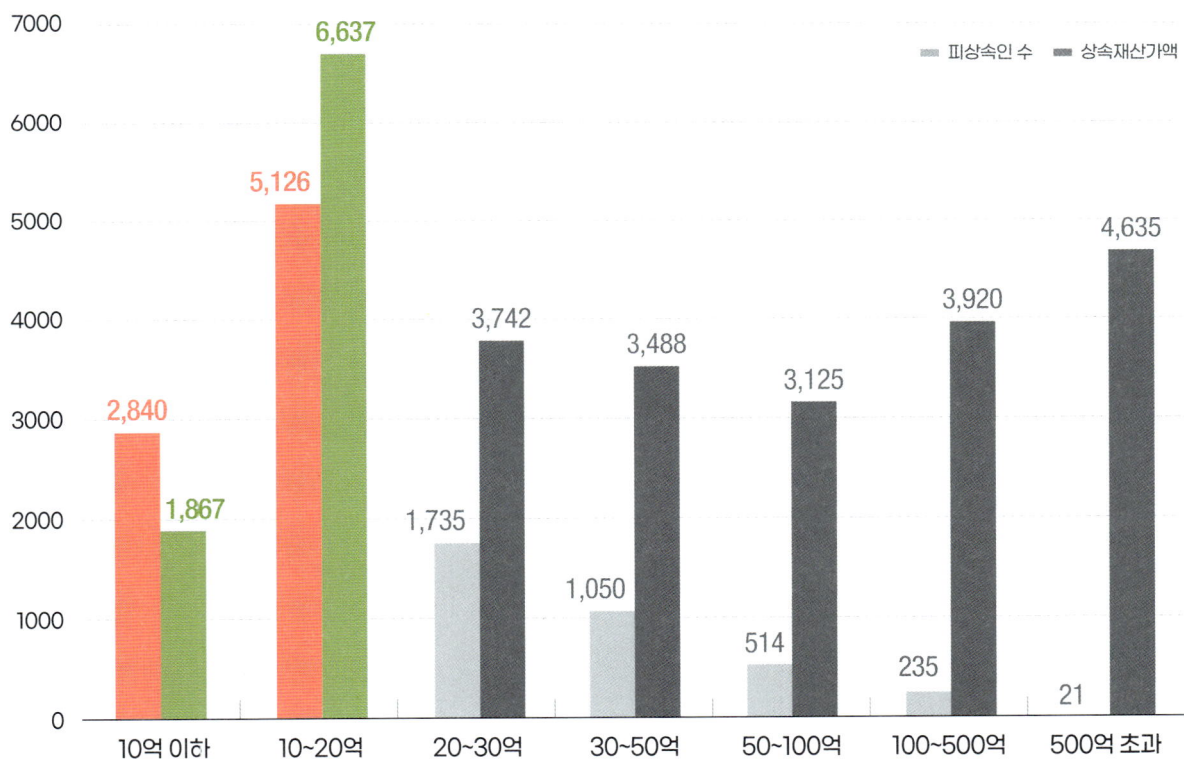

2020년 상속세 신고대상을 재산가액 규모에 따라 분류해 보면 전체 신고인원 수의 69.1%인 7,966명은 재산가액이 20억원 이하입니다. 반면, 2.2%에 불과한 256명의 재산가액은 8조 5,550억원으로 전체 재산가액의 31.2%를 차지하고 있습니다. 상속세를 신고한 10명 중 7명은 우리 주변에서 흔히 볼 수 있는 분들입니다.

아파트 한 채만 있어도 상속세 과세대상 될 수 있어

아파트 평균매매가격(2012. 01~2021. 08)
자료 : 전국주택가격동향조사, 한국부동산원, 부동산통계정보시스템(R-ONE), 2021. 09.15 / 단위 : 백만원

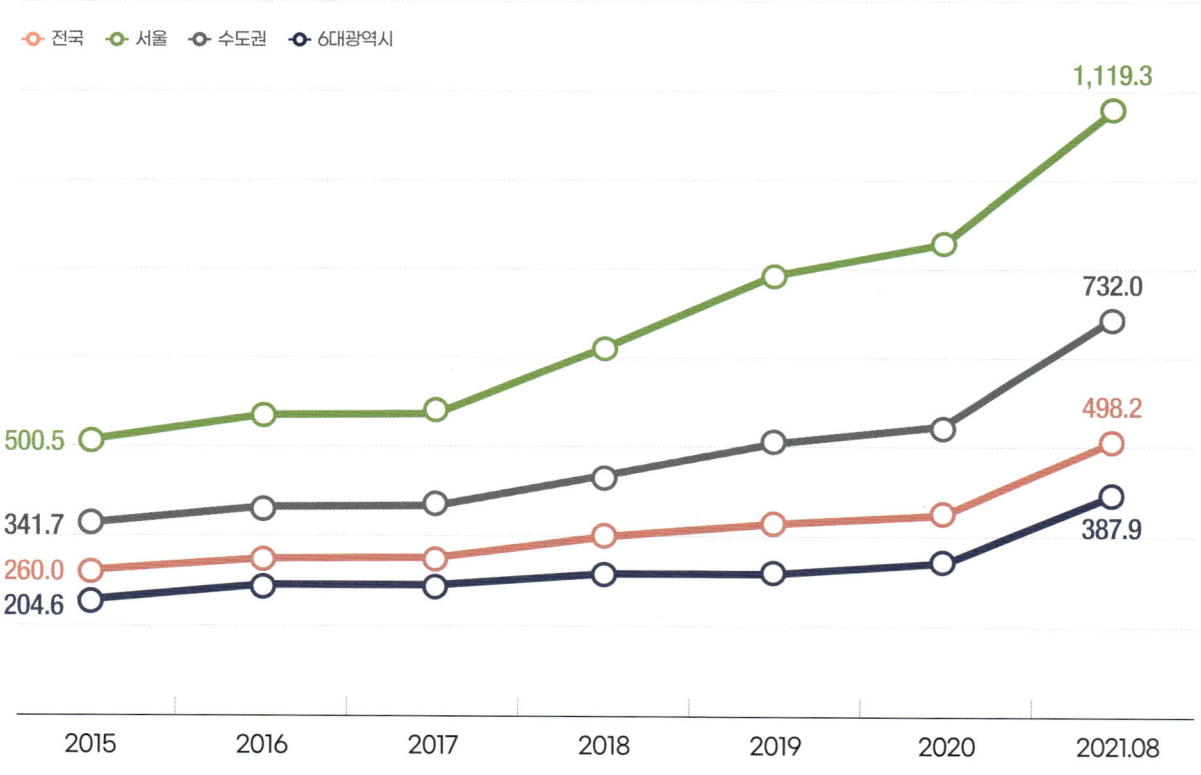

최근 5년 동안 지역을 불문하고 아파트 평균매매가격이 1.9~2.2배 상승했습니다. 매매가격과 전용면적, 지역을 가중평균한 통계 지표임을 감안하면 실제로는 훨씬 큰 폭으로 상승한 경우도 많을 것입니다. 이러한 아파트 가격의 상승으로 갑자기 상속세 과세대상에 해당되는 분들이 늘어나고 있습니다.

'상속 전에 증여하자', 증여세 신고 1.5배 증가

증여세 신고 건수 및 증여재산가액

자료 : 2021년 국세통계 2차 수시공개, 국세청, 2021. 06. 29 / 단위 : 명, 십억원

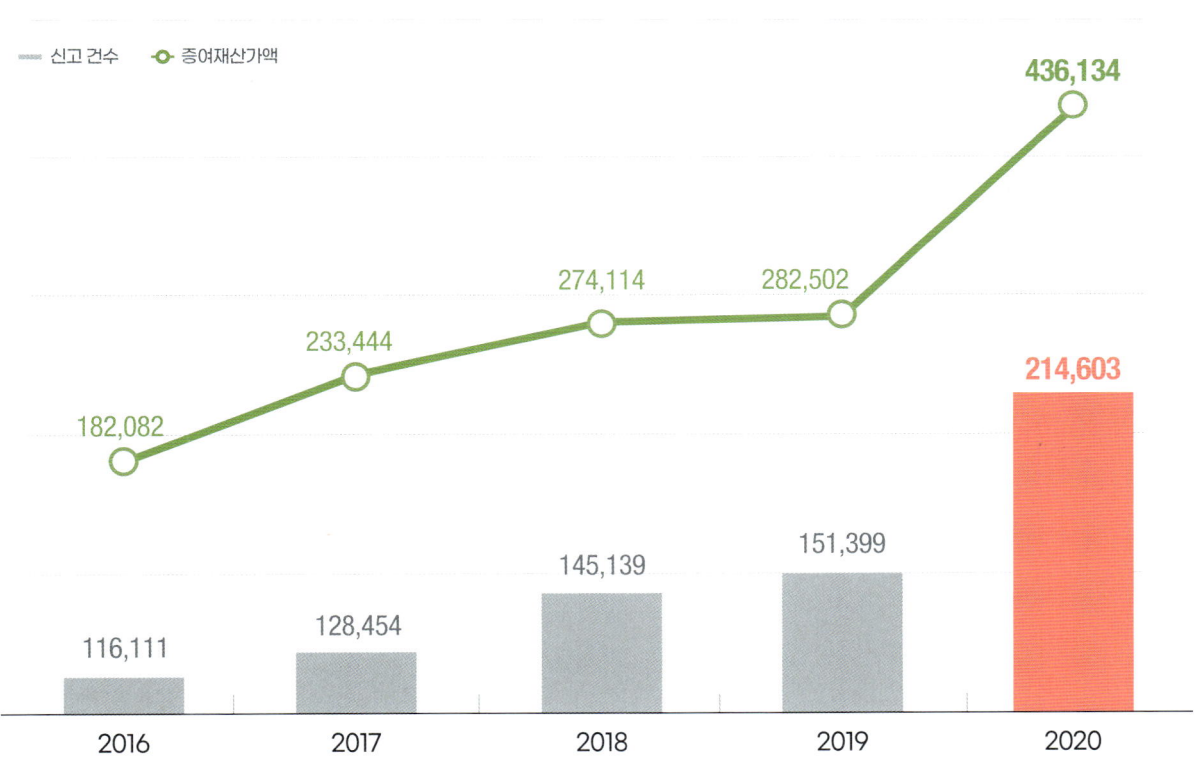

2020년 증여세 신고 건수는 전년 대비 41.7%, 증여재산가액은 54.3% 늘어, 다른 해에 비해 큰 폭으로 증가하였습니다. 부동산 가격이 상승하면서 종합부동산세나 재산세, 양도소득세 중과 등 많은 세금을 내기 보다는 배우자나 자녀에게 증여하여 상속을 미리 준비하는 것을 선택한 것으로 볼 수 있습니다.

부자들의 비밀, 빠른 상속·증여

부자들의 시드머니 확보수단과 증여 시점

자료 : 2020 Korean Wealth Report, 하나금융경영연구소, 2020. 04 / 단위 : 명, 십억원

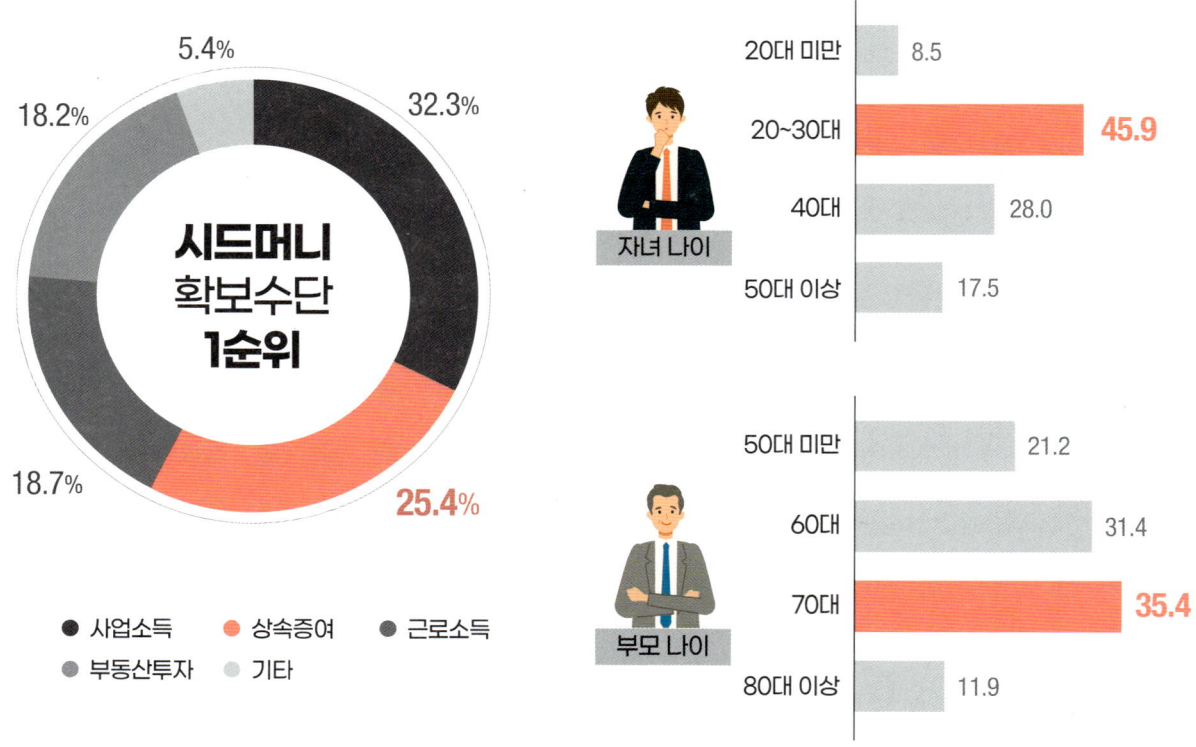

우리나라 부자 4명 중 1명은 부자가 되기 위한 시드머니를 상속·증여를 통해 마련하였습니다. 증여를 받은 시점은 평균 41.3세, 절반이 넘는 54.4%는 30대 이전에 증여를 받았고, 부모의 절반은 60대 이전에 증여를 했습니다. 빠른 자산이전이 우리나라 부자들이 부자가 될 수 있었던 비밀이라 할 수 있습니다.

효과적인 상속·증여 준비 수단, 종신보험

종신보험을 활용한 상속·증여 준비방법

1 **종신보험의 사망보험금으로 상속세 재원 마련**
- 고액 종신보험은 가입조건이 까다로우므로 건강하고 젊을 때 가입하는 것이 필요
- 계약자 부모일 경우 보험금이 상속재산에 포함되므로 계약자와 수익자를 모두 상속인으로 가입
- 사망보험금은 피상속인 채권자가 압류할 수 없고, 상속포기하는 경우에도 지급

2 **법인을 계약자와 수익자로 하고 피보험자를 대표나 임원으로 종신보험 가입**
- 보험료는 법인이 납부하고 위험보장하면서, 사망보험금은 대표나 임원이 수령
- 법인 정관에 유족보상금 조항 있어야 하며, 퇴직금 명목으로 명의 변경 가능하여야 함

3 **소득이 발생하는 자산을 자녀에게 증여한 후 소득을 재원으로 종신보험 가입**
- 시세상승이 클 것으로 예상되는 자산을 증여하고 분할증여, 부담부증여 등 활용
- 증여 후 10년 내 상속시 상속재산에 합산되므로 사전 증여를 결정했다면 빨리 하는 것이 유리
- 주택 증여시 지역에 따라 취득세율이 중과되므로 중과 여부 고려
- 증여공제 : 배우자 6억원, 직계존속 5천만원, 직계비속 성년 5천만원, 미성년 2천만원, 기타 1천만원

종신보험은 상속세 재원을 마련하거나, 법인 경영자의 위험보장과 노후를 동시에 준비하거나, 자녀에게 사전 증여 또는 자금출처를 마련하는 등 다양한 활용이 가능합니다. 오랜 기간 준비하는 현명한 자산이전 수단으로 종신보험은 좋은 대안이 될 수 있습니다.

Sales talk talk

'종활'이라는 단어 들어 보셨나요?
웰다잉을 준비하는 시점은 미리 준비할수록 좋고, 가장 중요하게 결정해야 할 것으로 40.8%가 주변 정리와 상속 및 유산 처리라고 대답해 상속에 대한 관심이 대중적임을 알 수 있습니다.

사전 준비가 없으면 원하는 상속·증여하기 어려워
사후 재산처리에 대해서는 53.5%가 자녀에게 균등하게 배분하는 것이 바람직하다고 인식하고 있지만, 사전에 명확하게 해두지 않을 경우 분쟁이 벌어지는 경우를 쉽게 볼 수 있습니다.

과세가액은 작게, 공제금액은 크게 만들어야
상속세 계산구조를 살펴보면 세금의 대상이 되는 과세가액은 작게 만들수록, 공제금액은 크게 만들수록 유리하며 사전 증여 등 절세를 위한 노력 여부에 따라 세금은 크게 달라질 수 있습니다.

최고 세율 높지만, 공제 활용하면 낮출 수 있어
우리나라 상속세 최고세율은 50%로 주요 선진국보다 높아 보이지만, 상속공제 등을 감안한 실효세율은 27.9%로 비슷하며, 절세전략이 필요하고 중요하다는 것을 의미한다는 것입니다.

최근들어 급격히 증가하고 있는 상속세 신고
2020년 상속세 신고 인원과 재산가액은 전년 대비 크게 증가하였으며, 부동산과 주식 등 자산가치 상승이 원인으로 향후 증가세는 계속될 것으로 전망됩니다.

Sales talk talk

신고인원의 69.1%는 재산가액 20억원 미만

상속세를 신고한 10명 중 7명은 상속재산가액이 20억 이하로, 재산이 엄청 많은 사람만이 아니라 주변에서 흔히 볼 수 있는 분들도 상속세 과세 대상이 될 수 있습니다.

아파트 한 채만 있어도 상속세 과세대상 될 수 있어

최근 5년 동안 지역을 불문하고 아파트 평균가격이 두배로 올랐는데, 특히 서울, 수도권에 거주하시는 경우 아파트 1~2채만 보유하고 계셔도 상속세 과세대상이 될 수 있습니다.

'상속 전에 증여하자', 증여세 신고 1.5배 증가

부동산 가격 상승과 종합부동산세, 재산세, 양도소득세 중과 등 세금 부담이 커지면서, 미리 상속에 대비해 배우자나 자녀에게 증여하는 분들이 급격하게 증가하고 있습니다.

부자들의 비밀, 빠른 상속·증여

2020 Korean Wealth Report에 따르면 부자가 되기 위한 시드머니를 마련한 방법으로 4명 중 1명이 상속증여를 꼽았고, 평균 증여시점은 41.2세로 빠른 증여가 부자가 되는 비법입니다.

효과적인 상속·증여 준비 수단, 종신보험

종신보험을 활용할 경우 상속세 재원을 마련하거나, 법인 대표나 임원의 사망보험금을 준비하거나, 자산 증여 후 종신보험 가입을 통해 효과적인 자산이전이 가능합니다.

통계 키워드 _ 이것만은 반드시 기억하세요

25.4%
부자들의 시드머니 확보수단 1순위 중 상속·증여의 비율

우리나라 부자 4명 중 1명은 부자가 되기 위한 시드머니를 마련한 방법으로 상속·증여를 꼽았으며, 증여를 받은 평균 나이 41.2세로 빠른 상속·증여가 부자가 된 비법

18.1%
죽음 전 가장 중요한 결정 중 상속·유산 처리의 비중

죽음을 앞두고 중요하게 결정해야 하는 것으로 상속·유산 처리라고 대답한 비중은 18.1%로, 임종의료 결정, 물건 및 주변 정리에 이어 세번째이며, 많은 사람들의 관심사임을 나타내는 통계

27.9%
2018년 우리나라 상속세의 실효세율

우리나라 상속세 최고세율은 50%로 다른 나라에 비해 높은 것으로 인식되지만, 상속공제 등을 감안한 실효세율은 비슷한 수준이며, 절세전략이 매우 필요하고 중요

69.1%
2020년 상속재산가액 20억 이하인 신고인원 수 비중

2020년 상속세 신고인원의 69.1%인 7,966명은 재산가액 20억 이하로, 돈이 많은 사람들만 상속세를 내는 것이 아니라 주변에서 흔히 볼 수 있는 사람도 상속세 과세대상이 될 수 있음을 의미

1.5배
전년 대비 2020년 증여세 신고 건수/재산가액 증가율

2020년 증여세 신고 건수는 전년 대비 41.7%, 재산가액은 54.3% 증가하여 다른 해 보다 큰 폭으로 늘었고, 많은 세금을 내기 보다는 배우자나 자녀에게 증여를 선택한 것으로 해석

도심의 급매물

도심의 위치한 건물들은
부동산 시장의 영향을 거의 받지 않고
일정한 가격대를 형성하고 있으며
매물이 없어 매입하기도 어렵습니다.

그런데 간혹 급매물이 나올 때가 있습니다.
다양한 이유가 있겠지만
건물주가 사망하고 상속세를 내기 위해
매각하는 경우가 많습니다.

대학로의 랜드마크이고
파랑새소극장과 담쟁이 덩굴로 유명한
잡지 '샘터' 사옥이 대표적인 예입니다.

2017년 발행인이 사망하자
40여 년이나 사옥으로 사용되었던 건물이
부동산 투자관리회사에 매각되어
현재는 '공공그라운드'로 이름을 바꾸었습니다.

자녀에 대한 상속과 증여는,
자산을 잘 물려주는 것 뿐만 아니라,
사후에 자산을 지키는 일이이도 합니다.
때문에 미리 준비하는 것이 필요합니다.

종신보험에 대한 오해와 선입견 **10**

교육동영상

부양할 가족도 없고
아직 젊은데
굳이 종신보험을
가입할 필요가
있나요?

운전면허 있으신가요?

차를 사지 않거나 운전을 하지 않는 분들도 계시지만
요즘 시대에 운전은 기본이라고 할 수 있습니다.
운전면허는 언제 따는 것이 가능 좋을까요?

시간이 있을때 빨리 따 두는 것이 좋습니다.
간혹 차도 없는데 운전면허를 따서 뭐하냐고
나중에 필요할 때 따겠다고 미루시는 분들 중에
막상 필요할 때 따지 못해 낭패를 보시거나
더 많은 비용을 지불해야 하는 경우를 종종 볼 수 있습니다.

종신보험에 대한 2030세대의 거절은
충분히 이해가 되는 이유있는 거절입니다.
하지만 할 수 있다면 굳이 뒤로 미룰 필요없이
젊어서 보험료 저렴할 때 빨리 가입하고, 빨리 완납해서
보장에 대한 걱정은 잊어버리고
마음 편히 사회생활에 전념하는 것이
훨씬 더 현명한 선택일 수 있습니다.

귀찮아서 미루다 필요할 때 따려면 어려운 운전면허

연령대별 운전면허소지자 현황(2020년 기준)
자료 : 운전면허소지자현황, KOSIS 국가통계포털, 2021. 10. 18 / 단위 : 천명

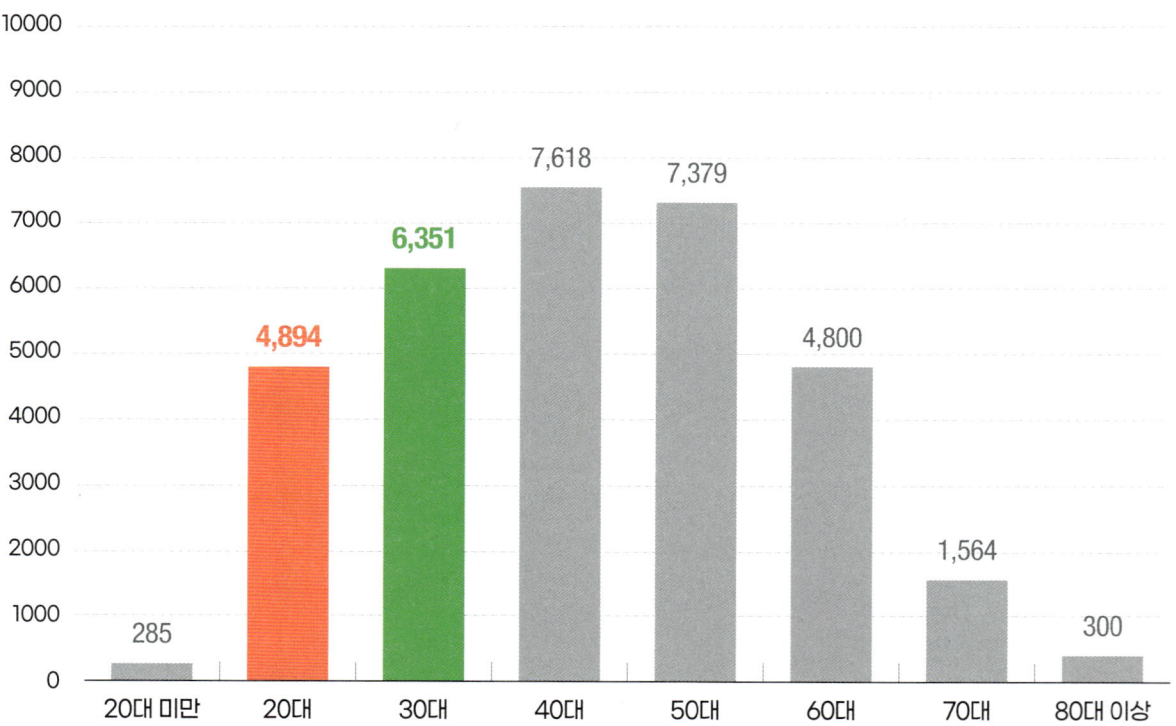

2030세대의 운전면허 소지자는 다른 세대에 비해 뒤지지 않습니다. 현대 사회의 기본이라 할 수 있는 운전면허는 언제 따는 것이 좋을까요? 이런 저런 이유로 뒤로 미루다 막상 필요할 때 따지 못해 곤란한 경우를 종종 볼 수 있습니다. 어차피 따야할 면허라면 빨리 따 두고 마음 편히 생활하는 것이 좋을 수 있습니다.

2030세대의 이유있는 거절

2030세대가 종신보험 가입을 망설이는 이유

딱히 남겨줄 사람도 없고 사망을 대비한 보험을 들기엔 아직 어린 나이 아닌가요?

저희 나이 때는 꼭 필요한 실손보험이나 운전자보험 정도면 충분할 것 같아요.

나중에 결혼하고 나서 가족이 생기면 그때 들어도 늦지 않을 것 같아요.

미리 가입하면 좋은 건 알겠는데 솔직히 저희 세대가 경제적으로 어렵고 여력이 없어요.

2030세대에게 종신보험을 권유하면 가장 많이 하는 이야기들 입니다. 한편 이해가 되는 부분도 있지만 또 한편으로는 안타까운 마음입니다. 개인마다 상황이 다르니 정말 어쩔 수 없는 경우가 아니라면 미리 가입하는 것이 훨씬 유리하다는 것을 인내심과 사명감을 가지고 지속적으로 설명해야 합니다.

거절 1. 남겨줄 사람도 없고 사망보장을 하기엔 아직 어리다?

2030세대의 5대 사망원인 및 사망자 수(2020년 기준)
자료 : 2020년 사망원인통계 결과, 2021. 09. 28 / 단위 : 인구 10만 명당 명

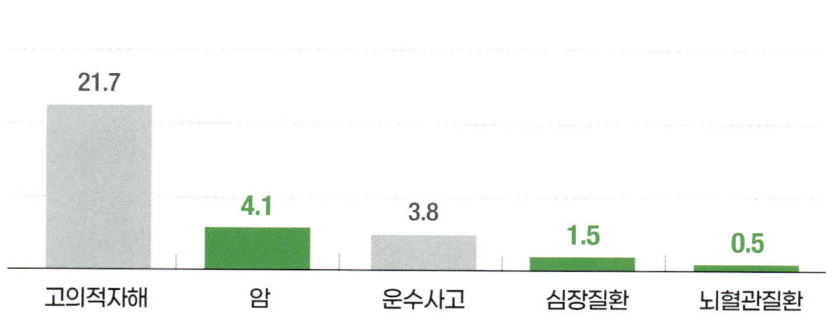

20대 사망자
2,706명
질병사망 비율
72.1%

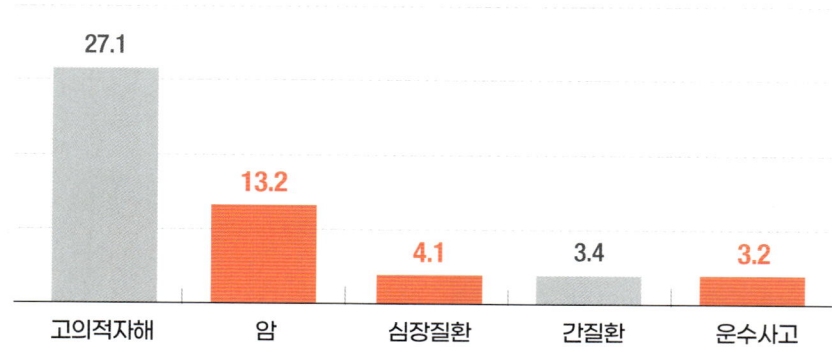

30대 사망자
4,759명
질병사망 비율
66.0%

2020년 사망원인통계에 따르면 2030세대의 사망원인 1위는 안타깝게도 고의적 자해입니다. 운수사고를 제외하면 다른 세대와 유사하게 암, 심장질환, 뇌혈관질환, 간질환 등이 주요 사망원인이며, 질병사망 비율은 20대 72.1%, 30대 66.0%입니다. 결국 2030세대는 자살을 제외하면 질병으로 사망할 가능성이 높습니다.

죽음 뒤 가족이 짊어져야 하는 경제적 부담

4대 중증질환 진료인원과 진료비 및 2019년 연간 1인당 진료비 점유율

자료 : 생명보험협회, 2020. 07. 15, 2019년 건강보험통계연보, 건강보험심사평가원, 2020. 11. 13 / 단위 : 천명, 십억원, %
4대 중증질환 : 암질환, 뇌질환, 심장질환, 희귀질환

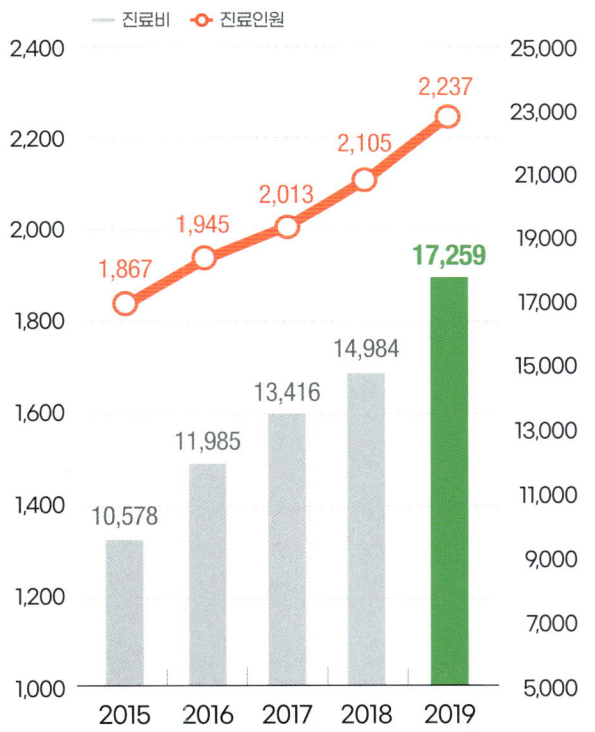
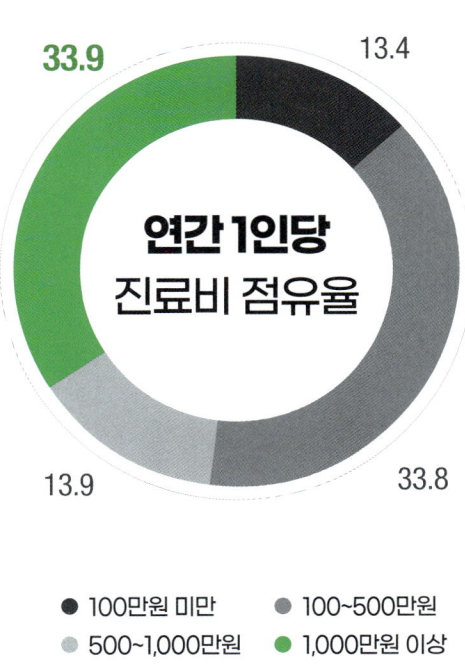

상대적으로 건강하고 면역력이 강한 2030세대가 자살을 제외하고 사망에 이르는 원인은 중증질환이나 큰 사고일 가능성이 높습니다. 따라서 상당한 진료비가 소요될텐데, 그 경제적 부담은 가족을 잃은 슬픔 속에 남은 가족들이 짊어져야 합니다.

거절 2. 꼭 필요한 실손보험 정도면 충분하다?

연령별 1인당 연간진료비(2019년 기준)

자료 : 연령별 1인단 연간진료비 크기별 실인원 및 진료비 현황, KOSIS, 국가통계포털 / 단위 : 천원

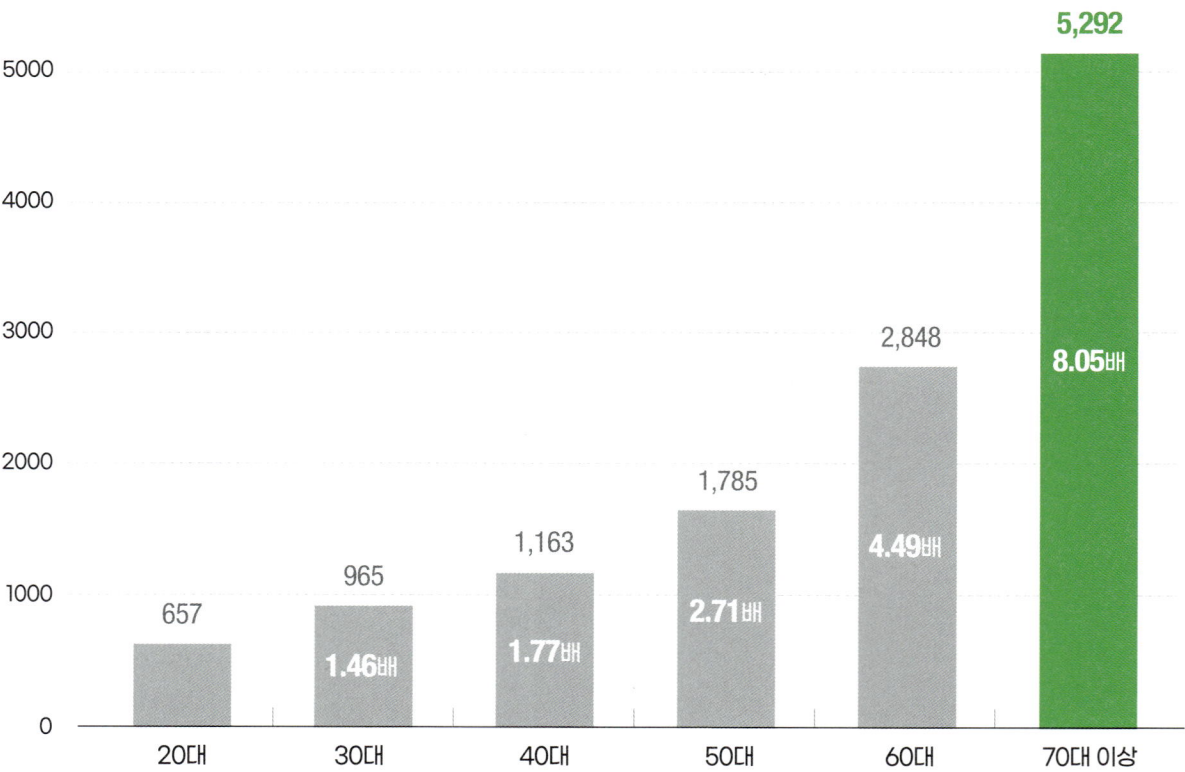

연령이 높아질수록 1인당 연간진료비는 당연히 증가하며, 모든 보험의 보험료는 위험의 크기에 비례하기 때문에 질병보험의 보험료도 높아집니다. 실손보험은 나이가 들수록 계속 더 많은 보험료를 부담해야 하고, 비급여 치료 항목이 늘고 있는 상황에서, 실손보험 정도면 충분하다고 보기는 어려운 것이 사실입니다.

나이를 먹을수록 감당하기 힘들어지는 실손보험료

실손의료보험의 손해율과 변천 과정

자료 : 실손의료보험 역할과 과제, 한양대학교 최양호 교수, 보험연구원, 2020. 10. 27 / 단위 : 조원, %

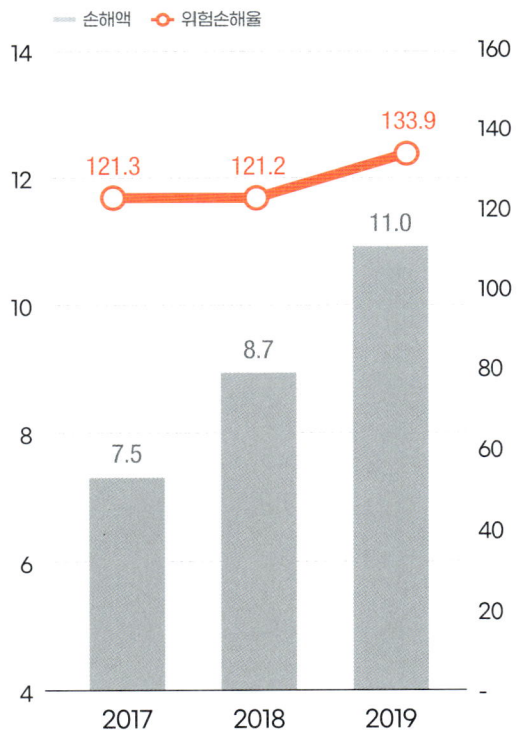

구분	가입시기	특징
1세대	~ 2009. 10월	모든 치료비를 보장
2세대 (표준화실손)	2009. 10월 ~ 2017. 3월	자기부담금제 최초 도입
3세대 (착한실손)	2017. 4월 ~ 2021. 6월	비급여주사와 도수치료 분리
4세대	2021. 7월 ~	의료이용량 따라 보험료 차등

- 비급여 의료이용량 0원 : 할인 (보험료 할인율 5% 내외)
- 1~100만원 : 유지
- 100~150만원 : +100% 할증
- 150~300만원 : +200% 할증
- 300만원 이상 : +300% 할증

실손의료보험의 본래 취지와 다른 과도한 의료이용으로 손해율이 크게 증가하고 있습니다. 이에 4차례의 개편을 거쳐 현재는 의료이용량에 따라 보험료가 할인·할증되는 4세대 실손의료보험의 시대입니다. 나이가 들수록 또 기저질환이 있을수록 의료이용량이 늘고 보험료가 큰 폭으로 상승할 가능성이 높아 감당하기 힘듭니다.

거절 3. 결혼하고 나서 가입해도 늦지 않다?

가입 연령별 종신보험 월납 보험료

자료 : ○○생명보험 ☆☆종신보험, 납입기간 20년, 월납, 남자, 표준체, 저해지환급금형(50%) 기본형 플러스, 주계약 1억원 / 단위 : 원, %
암진단특약 5천만원, 뇌출혈/뇌경색진단특약 2천만원, 소액암진단특약 1천만원, 허혈성심장질환/뇌혈관질환 진단특약(갱신형) 1천만원

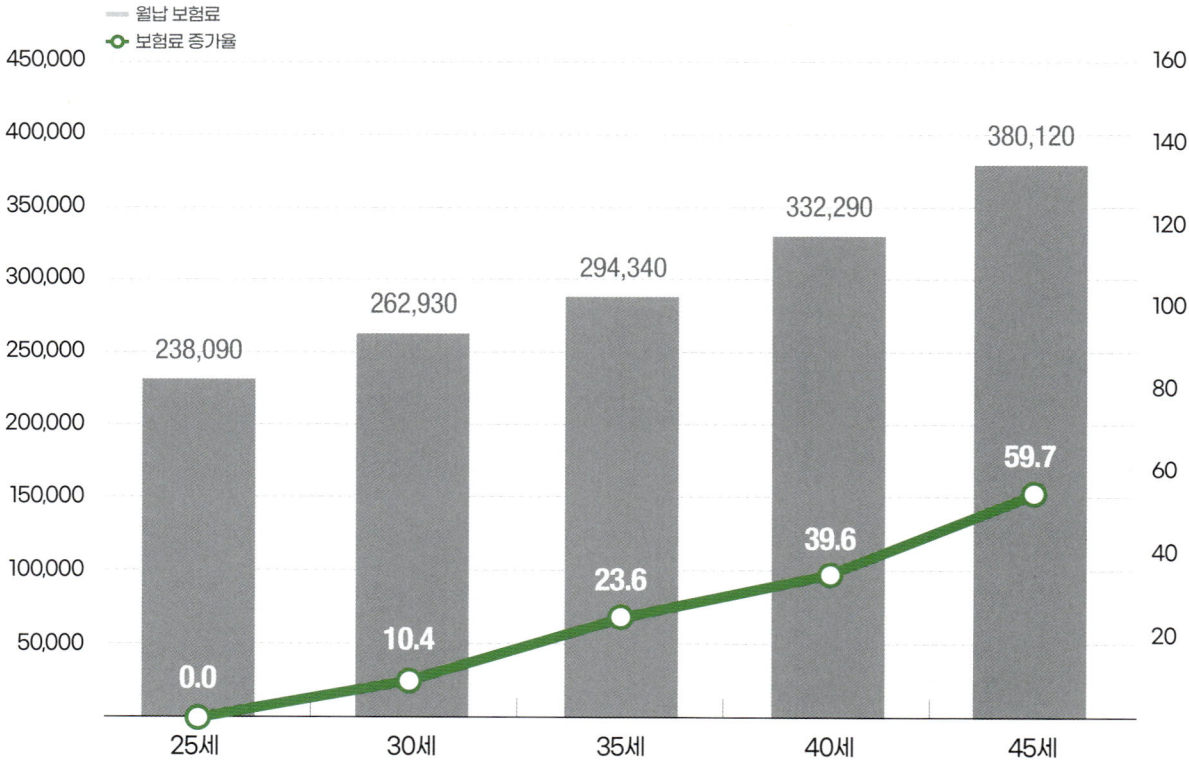

동일한 조건의 종신보험을 가입하더라도 가입시점의 연령이 높을수록 더 많은 보험료를 부담해야 합니다. 25세 시점에 비해 35세는 23.6%, 40세는 39.6%가 증가하며, 저해지, 20년납, 기본 특약만 가입한 경우를 가정한 것이므로 실제 상품과 조건에 따라 연령별 보험료의 차이는 더 커질 수도 있습니다.

죽음 뒤 가족이 짊어져야 하는 경제적 부담

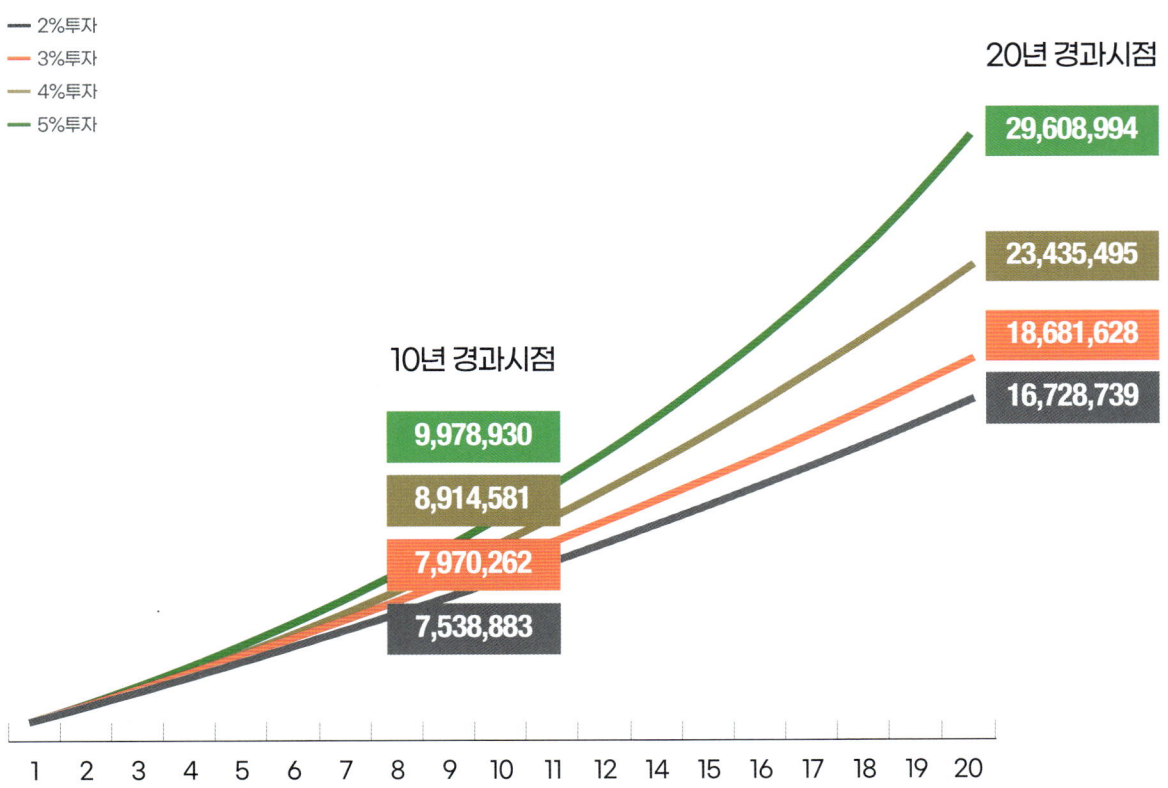

25세와 35세의 보험료 차액 투자 시뮬레이션

자료 : 25세 가입시 보험료와 35세 가입시 보험료의 차액 월 56,250원을 예상투자수익률로 운용 가정, 연 복리 / 단위 : 원

- 2%투자
- 3%투자
- 4%투자
- 5%투자

20년 경과시점
- 29,608,994
- 23,435,495
- 18,681,628
- 16,728,739

10년 경과시점
- 9,978,930
- 8,914,581
- 7,970,262
- 7,538,883

25세와 35세의 보험료 차액인 월 56,250원을 투자할 경우, 10년 경과시점에 약 1천만원, 20년 경과시점에 약 2천만원, 많게는 3천만원의 목돈을 만들 수 있습니다. 관점에 따라 작다고 할 수도 있겠으나 누군가는 결혼하면서 이제 막 시작하는 일을, 이미 완납하고 1억원의 보장준비를 끝낸 완결성에 더 큰 의미가 있다고 할 수 있습니다.

거절 4. 경제적으로 어렵고 여력이 없다?

연령별·성별 임금근로자 소득 현황 (2019년 기준)
자료 : 2019년 임금근로일자리 소득, 통계청, 2021. 02. 24 / 단위 : 만원

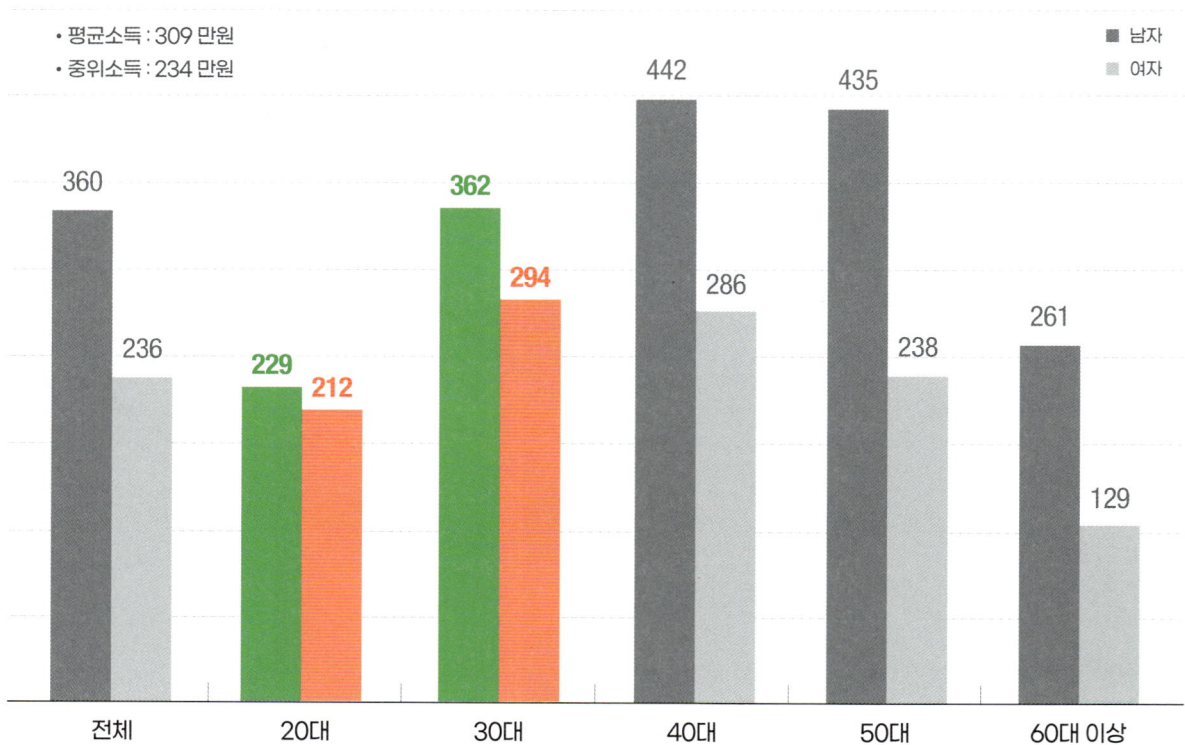

- 평균소득 : 309 만원
- 중위소득 : 234 만원

구분	남자	여자
전체	360	236
20대	229	212
30대	362	294
40대	442	286
50대	435	238
60대 이상	261	129

2019년 우리나라의 평균소득은 309만원, 중위소득은 234만원으로 전년에 비해 소폭 상승했습니다. 고용시장의 한파 속에 많은 2030세대들이 어려움을 겪고 있는 가운데에서도 20대는 중위소득 수준, 30대는 평균소득 수준의 소득을 얻고 있는 것으로 나타나고 있습니다.

마음 편한 플렉스의 시작, 종신보험

2030세대의 새로운 소비트렌드

자료 : '2030세대의 새로운 소비 트렌드', 구인구직 매칭 플랫폼 사람인, 2030세대 3,064명 설문조사, 일부 항목 중복응답 / 단위 : %

플렉스 소비에 대한 인식

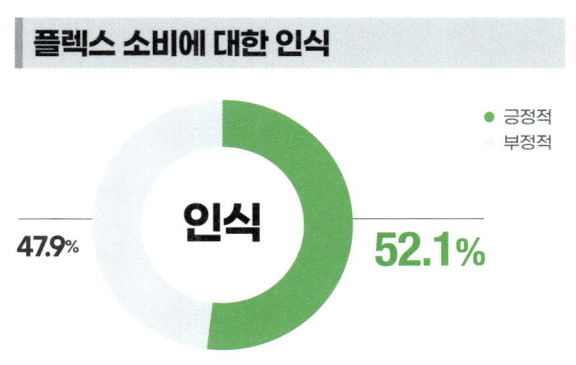

- 긍정적 52.1%
- 부정적 47.9%

플렉스 소비를 한 항목

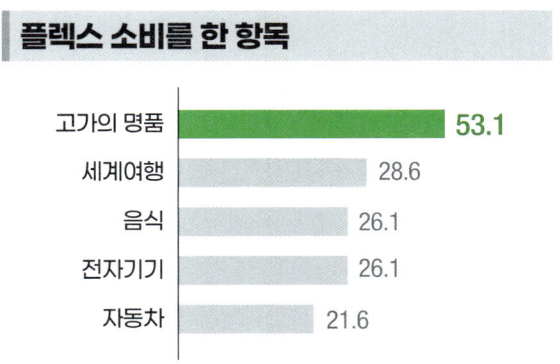

- 고가의 명품 53.1
- 세계여행 28.6
- 음식 26.1
- 전자기기 26.1
- 자동차 21.6

긍정적으로 생각하는 이유

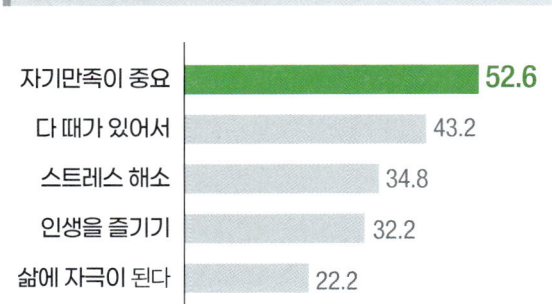

- 자기만족이 중요 52.6
- 다 때가 있어서 43.2
- 스트레스 해소 34.8
- 인생을 즐기기 32.2
- 삶에 자극이 된다 22.2

연간 플렉스로 지출한 비용

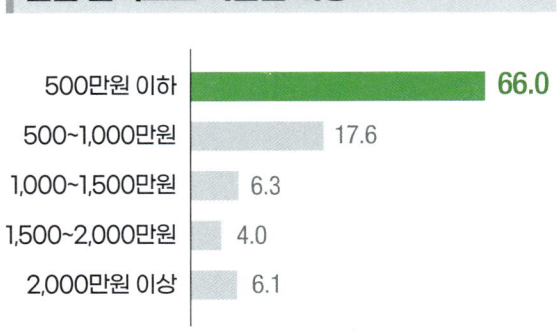

- 500만원 이하 66.0
- 500~1,000만원 17.6
- 1,000~1,500만원 6.3
- 1,500~2,000만원 4.0
- 2,000만원 이상 6.1

여러가지를 포기하고 사는 'N포세대', 진학도 취업도, 직업훈련도 하지 않는 '니트족', 어려운 환경속에 힘든 2030세대를 일컫는 말입니다. 하지만 새로운 문화와 트렌드, 기회를 만들어 가는 미래세대이기도 합니다. 빠른 보장 준비가 2030세대의 새로운 소비트렌드 플렉스를 마음 편히 즐길 수 있는 시작은 아닐까요?

Sales talk talk

운전면허 있으신가요?
운전면허는 언제 따는 것이 좋을까요? 이런 저런 이유로 미루다 낭패를 보기 보다, 어차피 따야할 것이라면 빨리 따고 마음 편히 생활하는 것이 현명한 선택일 수 있습니다.

2030세대의 이유있는 거절
MZ세대에게 종신보험을 제안하면 가장 많이 나오는 대표적인 거절은 '종신보험 들기엔 아직 어리다', '실손보험이면 충분하다', '경제적 여력이 없다', '결혼하고 들어도 늦지 않다' 입니다.

거절 1. 남겨줄 사람도 없고 사망보장을 하기엔 아직 어리다?
2020년 사망원인통계에 의하면 우리나라 20대와 30대 사망원인 1위는 자살입니다. 자살을 제외하고는 20대는 72.1%, 30대는 66.0%는 질병으로 인해 사망합니다.

죽음 뒤 가족이 짊어져야 하는 경제적 부담
4대 중증질환 진료인원과 진료비는 꾸준히 증가하고 있고, 연간 1인당 진료비 1천만원 이상인 고액 환자가 33.9%에 달합니다. 남겨진 가족이 슬픔가 함께 감당해야 할 경제적 부담입니다.

거절 2. 꼭 필요한 실손보험 정도면 충분하다?
연령이 높아질수록 위험이 증가하고 보험료는 더 큰 폭으로 증가합니다. 지금은 저렴하게 실손보험으로 준비해야 하지만 나이를 먹을수록 더 많은 보험료를 지불해야 합니다.

Sales talk talk

나이를 먹을수록 감당하기 힘들어 지는 실손보험료

특히 최근 손해율 급증으로 개편된 4세대 실손보험은 의료이용량에 따라 보험료가 비례하기 때문에, 나이를 먹을수록 보험료가 크게 증가하고 할증되는 실손보험으로 충분하다고 할 수 없습니다.

거절 3. 결혼하고 나서 가입해도 늦지 않다?

일반적인 결혼시점인 35세에 종신보험에 가입할 경우 25세에 가입할 때 보다 보험료가 23.6% 증가합니다. 빨리 가입할수록 위험률이 낮기 때문에 더 저렴한 보험료로 준비할 수 있습니다.

호미로 막을 것을 가래로 막아야 할 수도

보험가입을 미루는 기간 동안 보험료의 차액을 투자운용할 경우 얻을 수 있는 수익을 감안하고, 누군가는 이제 시작하는 것을 미리 끝낸다는 재무적 완결성의 의미가 크다고 할 수 있습니다.

거절 4. 경제적으로 어렵고 여력이 없다?

청년실업 등 여려운 가운데서도 20대 임금근로자는 중위소득 수준의 소득을 얻고 있고, 30대 임금근로자는 평균소득 수준의 소득을 얻고 있습니다.

마음 편한 플렉스의 시작, 종신보험으로

새로운 문화와 트렌드, 기회를 만들어가는 MZ세대의 새로운 소비트렌드인 플렉스를 안심하고 건강하게 시작할 수 있는 시작은 보장의 준비입니다.

통계 키워드 _ 이것만은 반드시 기억하세요

33.9%

연간 1인당 진료비 1천만원 이상 환자 비율

2030세대의 질병사망 비율은 약 70%이며, 2019년 연간 1인당 진료비 1천만원 이상 고액환자 비율은 33.9%로 가족을 잃은 슬픔 속에서도 많은 진료비 부담을 감당

133.9%

2019년 실손의료보험 위험손해율

실손의료보험의 위험손해율이 큰 문제로 대두되어, 여러 차례 개편을 거쳐 2021년 7월부터 의료이용량에 따라 보험료가 할인·할증되는 4세대 실손보험이 판매됨에 따라 효용이 크게 하락

23.6%

25세 대비 35세의 종신보험료 증가율

동일한 조건의 종신보험을 가입할 경우, 결혼하는 시점인 35세에 가입할 경우 25세에 가입하는 것 보다 보험료가 23.6% 증가하며, 그 차액의 투자까지 감안하면 미리 준비하는 것이 유리

309만원

2019년 임금근로자의 평균 소득

2019년 임금근로자의 평균소득은 309만원, 중위소득은 234만원이고, 20대는 남자 229만원, 여자 212만원으로 중위소득 수준, 30대는 남자 362만원, 여자 294만원으로 평균소득 수준의 소득 시현

52.1%

플렉스 소비에 대해 긍정적으로 인식하고 있는 비율

2030세대의 새로운 소비 트렌드라고 할 수 있는 플렉스 소비에 대해 긍정적으로 인식하고 있는 경우가 52.1%, 자기만족을 중요하게 생각하고 연간 500만원 미만을 사용하는 경우가 가장 많아

파이어족의 꿈

파이어(Fire)는 원래 해고라는 뜻입니다.
최근에는 '경제적 자립과 조기퇴직'의 영문
'Financial Independence, Retire Early'의
첫 글자를 따 경제적 자유를 통해 조기은퇴를
바라는 사람들을 '파이어족'이라 부릅니다.

'MZ세대'로 불리는 2030세대는
파이어족을 주식이나 가상화폐 등 투자를 통해
젊은 나이에 은퇴하는 사람들로 오해하고 있지만
실제 극단적인 저축을 통해
조기은퇴를 준비하는 사람들을 뜻합니다.

파이어족은 1990년대 미국에서 시작되어
2008년 금융위기 이후 확산되기 시작했는데,
고소득, 고학력, 전문직을 중심으로
지출을 최대한 줄이고 저축 등을 통해
재정적 자립을 추구하는 사람들을 말합니다.

파이어족의 꿈은
'High Resk, High Return' 투자가 아니라
은퇴시점을 미리 정하고 계획을 세운 뒤
남들 보다 어린 나이에서 부터
허리띠를 졸라매는 것에서 시작됩니다.

종신보험에 대한 오해와 선입견 **11**

교육동영상

가장인 저는
그렇다고 하더라도
아내까지 종신보험에
가입할 필요가
있을까요?

데이트 비용은
누가 내야 할까요?

데이트 비용은 당연히 남자가 모두 내야 하고
그것이 남자다움으로 여겨지던 때가 있었습니다.
남성의 경제적 지위가 여성 보다 높았던 시절의 이야기로
이제는 어느덧 옛날 이야기가 되어 버렸습니다.

여성의 사회 참여가 늘어나고
사회경제적으로 남성과 동등한 지위를 가지고 있는 지금은,
똑같은 금액을 더치페이 하거나
수입이 많은 사람이 내는 경우도 적지 않습니다.

결혼 후에도 맞벌이를 하는 비중이 증가하면서
가정경제도 남성이 주소득원이던 가장 중심에서
부부공동 경제체제로 변화해 가고 있습니다.

여성의 수입 중단이 가정경제에 미치는 영향이
결코 무시할 수 있는 수준이 아니라는 점을 감안한다면
여성의 보장자산 준비는 필수입니다.

데이트 비용에 대한 달라진 패러다임

데이트 비용 부담에 관한 설문조사

자료 : 데이트 비용에 관한 설문조사, 결혼정보회사 듀오, 2021. 04
연애 중인 2030 미혼남녀 총 500명(남자 250명, 여자 250명)을 대상으로 설문조사

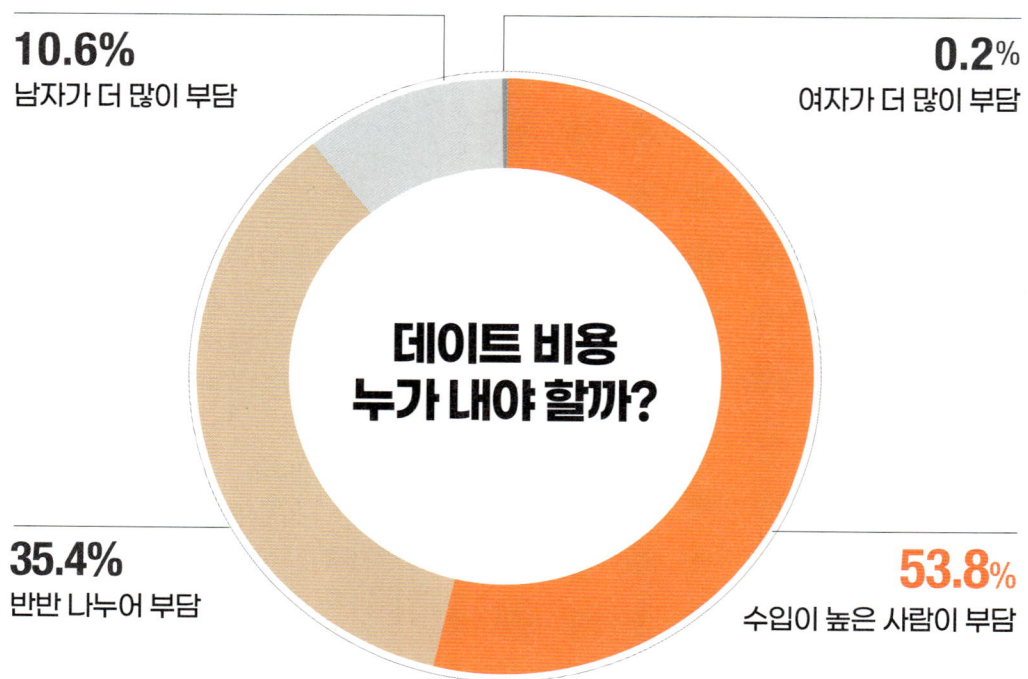

10.6% 남자가 더 많이 부담

0.2% 여자가 더 많이 부담

35.4% 반반 나누어 부담

53.8% 수입이 높은 사람이 부담

데이트 비용 누가 내야 할까?

연애 중인 2030 미혼남녀 500명에게 설문조사한 결과 데이트 비용은 남녀 상관없이 수입이 높은 사람이 부담해야 한다 53.8%, 반반 나누어 부담해야 한다 35.4% 순으로 답했습니다. 데이트 비용은 당연히 남자가 내야 한다는 생각은 이제 고지식한 옛날 이야기가 되어 버렸습니다.

세 쌍 중 1쌍은 동등하게 반반씩 부담

실제 데이트 비용 분담 비율 (남녀 기준)
자료 : 데이트 비용에 관한 설문조사, 결혼정보회사 듀오, 2021. 04

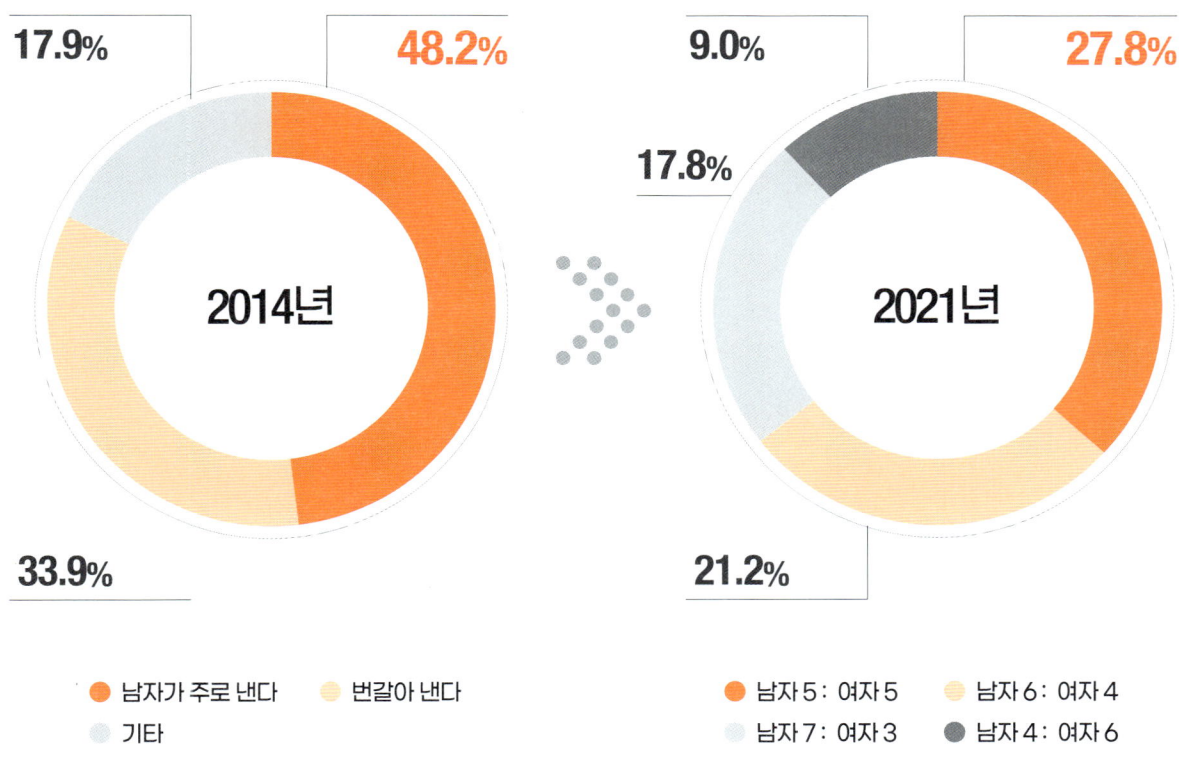

실제 데이트 비용을 어떻게 부담하고 있는가에 대한 조사에서 2014년 남자가 주로 낸다는 대답이 48.2%로 가장 많았던 반면, 2021년에는 남녀가 5:5로 반반씩 부담하는 비율이 27.8%로 가장 높았습니다. 시대가 변함에 따라 남성과 여성을 대등한 지위로 인식하는 생각의 패러다임도 바뀌고 있음을 알 수 있습니다.

우리나라 2가구 중 1가구는 맞벌이

맞벌이 가구 수 및 비율 변화

자료 : e-나라지표 '맞벌이 가구 비율', 통계청, 2021. 09월 기준(갱신일 2020. 12. 13일) / 단위 : 천가구, %

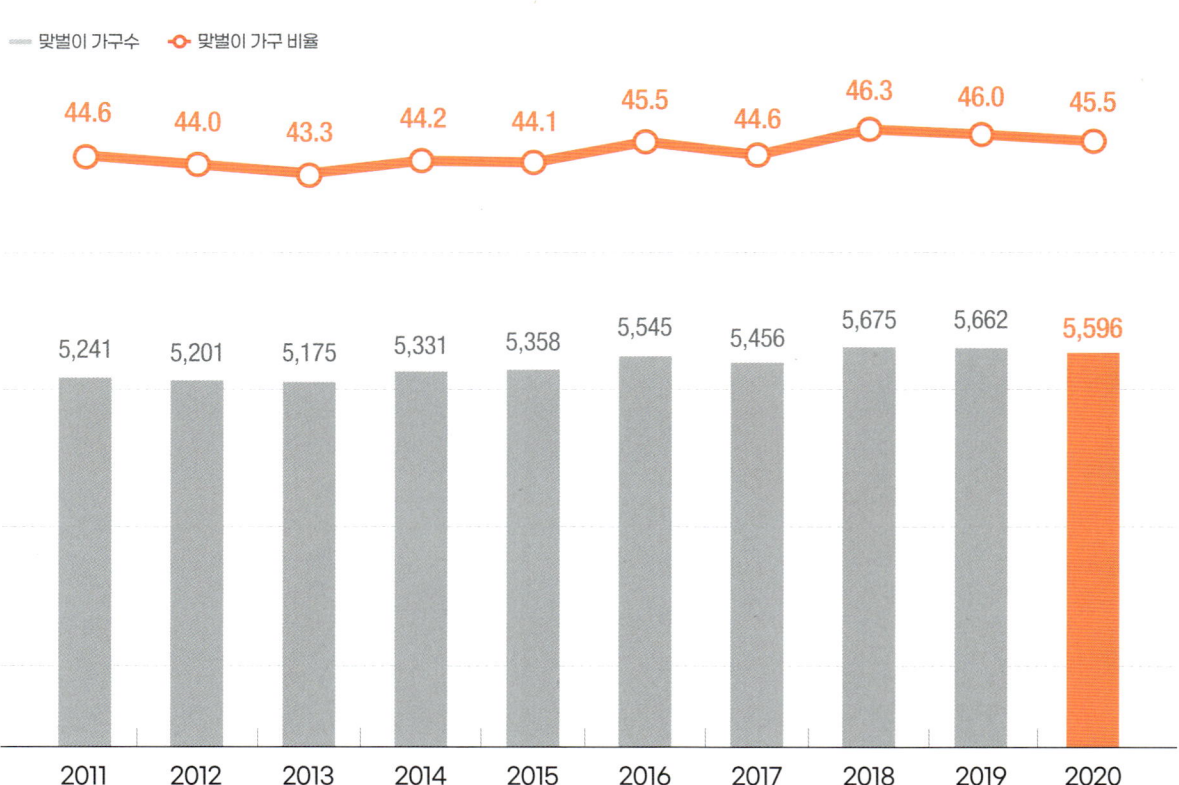

2020년 맞벌이 가구는 559만 6천가구로 전체 1,233만 2천가구의 45.5%입니다. 지난 10년 동안 맞벌이 비중이 가장 높았던 2018년 46.3%에 비해 0.8%p 하락하였지만, 우리나라 2가구 중 1가구는 맞벌이 입니다. 가정 경제에 여성이 미치는 영향이 남성에 비해 작지 않음을 보여주는 통계입니다.

맞벌이 가구 소득의 40%는 여성배우자가 책임져

맞벌이 가구 형태별 월평균 임금

자료 : 통계청 '지역별 고용조사' 원자료, 노동연구원 월간 '노동리뷰' 2020년 3월호, '맞벌이 가구의 노동시장과 경제활동' / 단위 : 만원

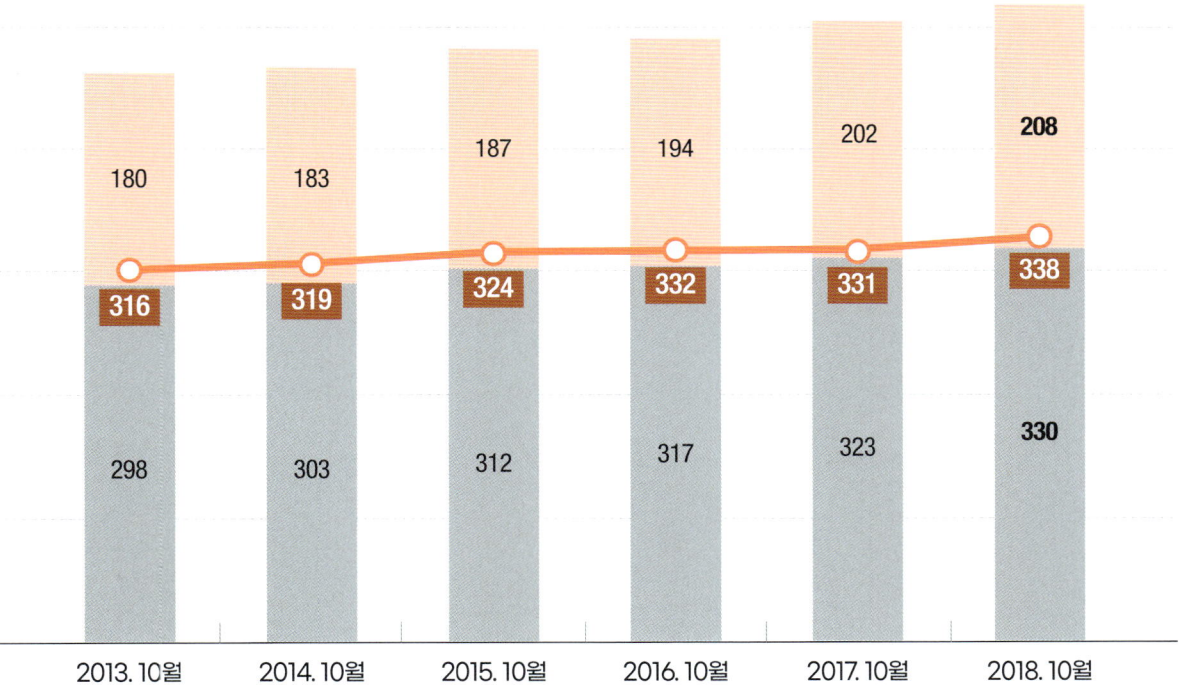

여성의 가정경제에서의 소득기여율도 점차 높아지고 있습니다. 2018년 10월 기준 맞벌이 가구의 월평균 임금은 538만원으로 외벌이 가구의 338만원에 비해 약 1.6배 더 많습니다. 이중 여성배우자의 임금은 208만원으로 약 38.7%를 차지해 남성배우자와 거의 대등한 소득기여율을 나타내고 있습니다.

여성의 소득이 중단되면 저축여력 반 이하로 줄어

맞벌이 가구와 외벌이 가구의 월평균 가계수지 (2021. 2/4분기 기준)

자료 : 맞벌이 여부별 가구당 월평균 가계수지(전국, 2인 이상, 2019~2021), 국가통계포털 가계동향조사 / 단위 : 천원

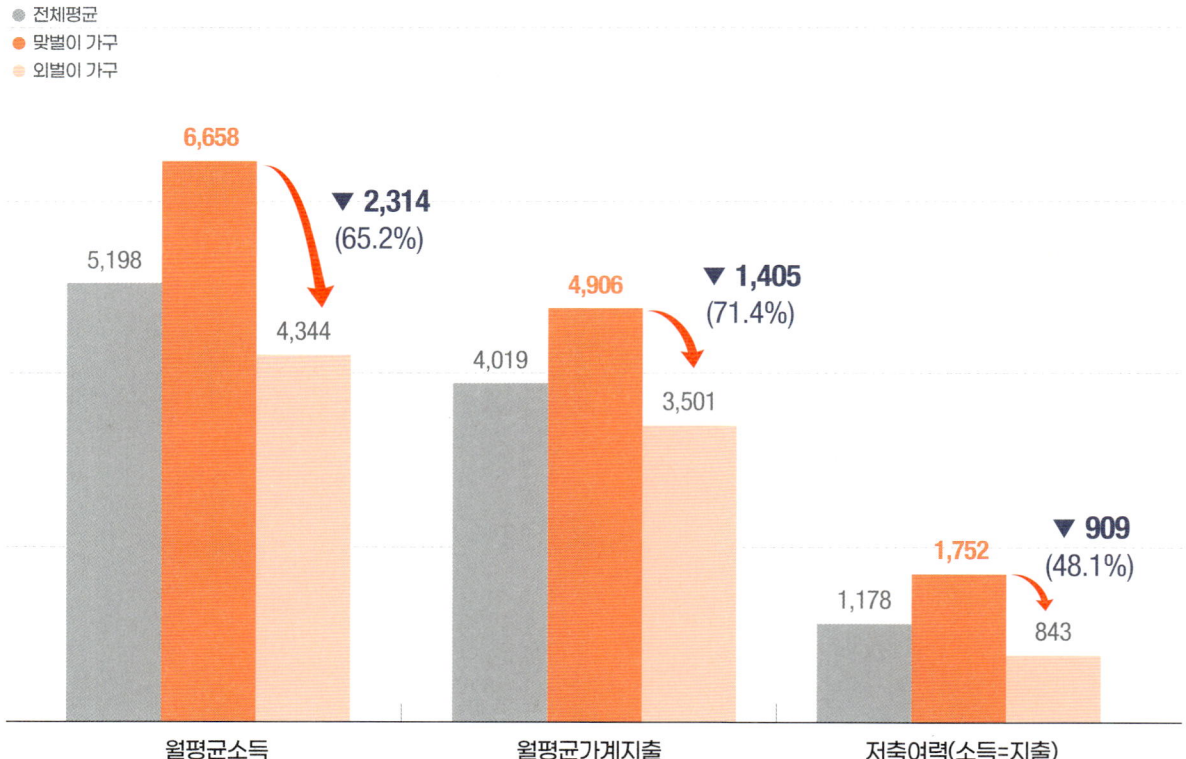

2021년 2/4분기 가계동향조사에 따르면 맞벌이 가구의 월평균 소득은 665만 8천원으로 외벌이 가구의 1.53배 많습니다. 월평균 가계지출은 490만 6천원으로 1.4배, 소득에서 지출을 뺀 흑자액, 즉 저축여력금액도 175만 2천원으로 2.1배 더 많습니다. 여성의 소득 중단은 가정의 큰 위험요인이라 할 수 있습니다.

혼자 벌어도 같이 벌어도 가사노동은 아내의 몫

가구 형태별 부부의 가사노동 현황

자료 : 2021 통계로 보는 여성의 삶, 여성가족부, 2021. 09. 02

맞벌이	남편 외벌이	아내 외벌이
 54분	 53분	 1시간 59분
 3시간 07분	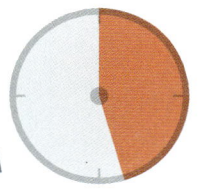 5시간 41분	 2시간 36분

맞벌이를 하고 있음에도 불구하고 여성의 가사노동시간은 3시간 7분으로 남성의 54분에 비해 약 3.5배나 많습니다. 심지어 여성이 외벌이를 하는 경우에도 약 1.3배 정도 여성의 가사노동 시간이 더 많습니다. 아내가 없을 경우 이를 대체하기 위한 비용은 물론 남성의 경제활동에도 상당한 영향을 미치게 될 것입니다.

전업주부가 집에서 편하게 먹고 논다구요?

전업주부 가사노동의 경제적 가치

자료 : 2019년 가계생산 위성계정(무급 가사노동가치 평가), 통계청, 2021. 06. 21/ 단위 : 천원

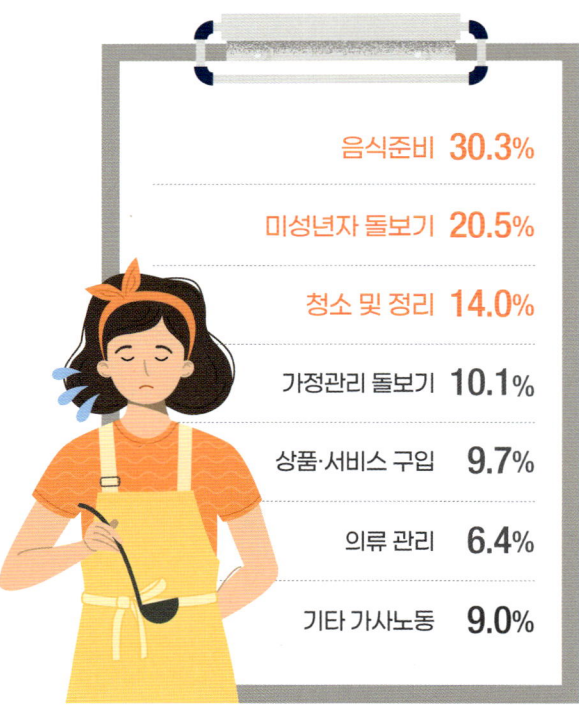

음식준비 **30.3%**
미성년자 돌보기 **20.5%**
청소 및 정리 **14.0%**
가정관리 돌보기 **10.1%**
상품·서비스 구입 **9.7%**
의류 관리 **6.4%**
기타 가사노동 **9.0%**

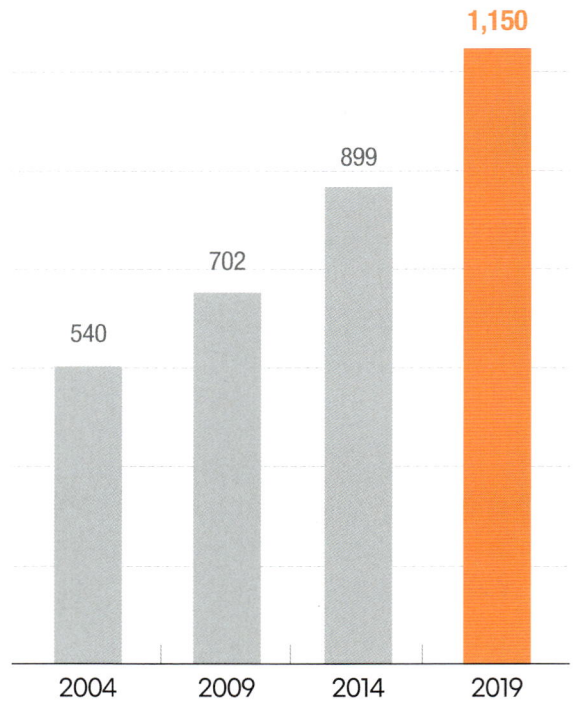

2004	2009	2014	2019
540	702	899	1,150

전업주부의 가사노동을 연봉으로 환산하여 제시하는 자료 중 가장 보수적이라고 할 수 있는 통계청 '2019년 가계생산 위성계정'에 따르면, 2019년 여성의 무급 가사노동의 가치는 356조원입니다. 1인당 가치로 환산하면 연 1,380만원, 월평균 115만원이고, 2009년 대비 63.9%, 2014년 대비 27.9% 증가하였습니다.

기본적인 살림 비용만도, 월 200만원 이상 들어

가사도우미 및 육아도우미 월평균 이용 비용

자료 : 주요 업체별 이용 비용(2021. 9월 기준, 광역시 이상 지역, 30평형, 일 4시간, 월 20일 정기 이용가격) / 단위 : 천원
민간 육아도우미 이용실태 및 관리방안, 육아정책연구소, 2019. 06.30 / 단위 : 천원

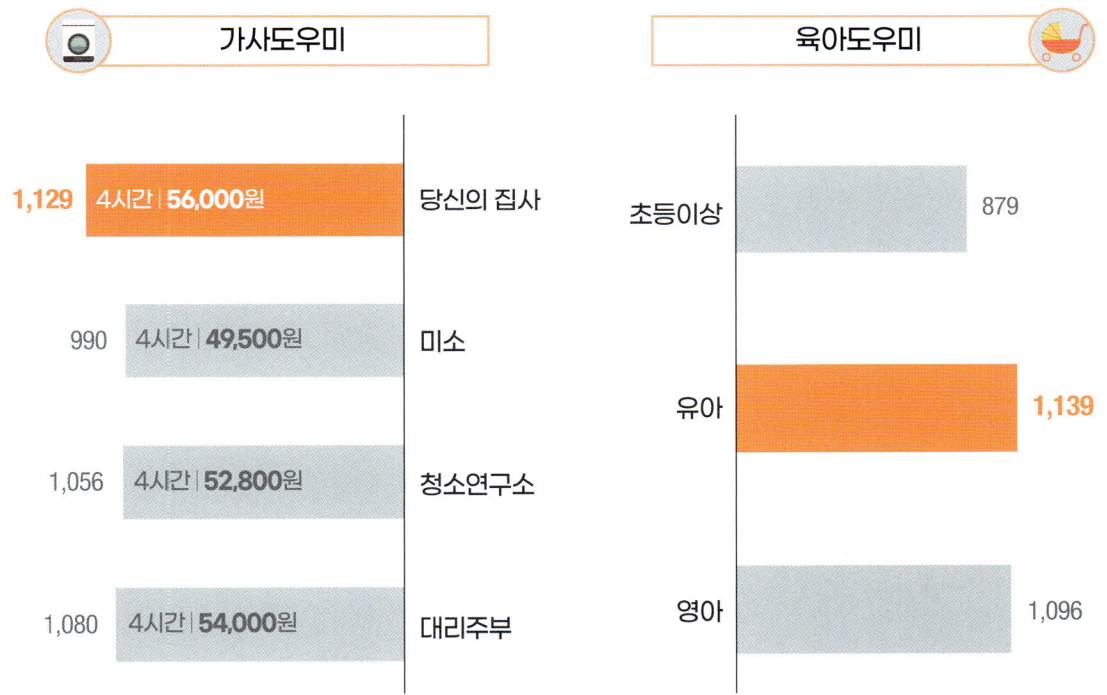

지역, 방 개수, 서비스 범위에 따라 다르지만 기본 정기서비스를 이용한 가사도우미 비용은 월 100~120만원 정도 소요되고, 육아도우미는 국가 보조금을 감안하더라도 100~250만원 정도를 부담해야 합니다. 주부의 가장 기본적인 청소와 빨래, 육아를 대체하는데 최소 월 200만원 이상이 필요한 것입니다.

나이를 먹을수록 증가하는 여성 진료비

연령별·성별 진료비 현황(2020년 기준)

자료 : 2020년 진료비 통계지표(진료일 기준), 건강보험심사평가원, 통계자료실, 2021. 06. 18 / 단위 : 억원

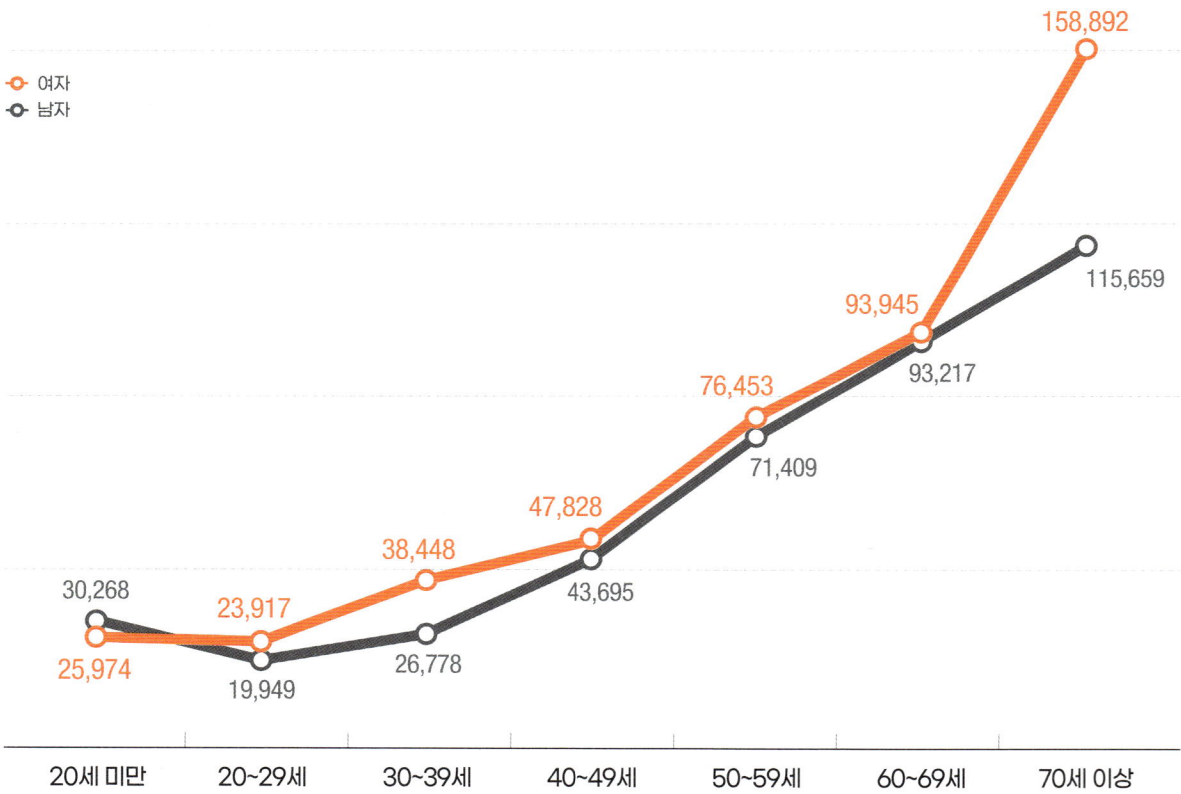

여성의 진료비는 거의 모든 연령대에서 남성 보다 많고 60대 이후 급격하게 증가합니다. 특히 갑상선암, 유방암, 골다공증, 빈혈 등 여성의 발병율이 높은 질병이나, 평균수명이 길기 때문에 발병가능성이 높은 치매 등에 대한 대비가 필요합니다. 종신보험은 여성의 질병보장을 더욱 두텁게 해 주는 안전판입니다.

남편 보다 더 큰 아내의 노후 리스크

성별 노인 1인 가구 현황(2020년 기준)
자료 : 2021년 통계로 보는 여성의 삶, 여성가족부, 2021. 09. 05 / 단위 : 천 가구

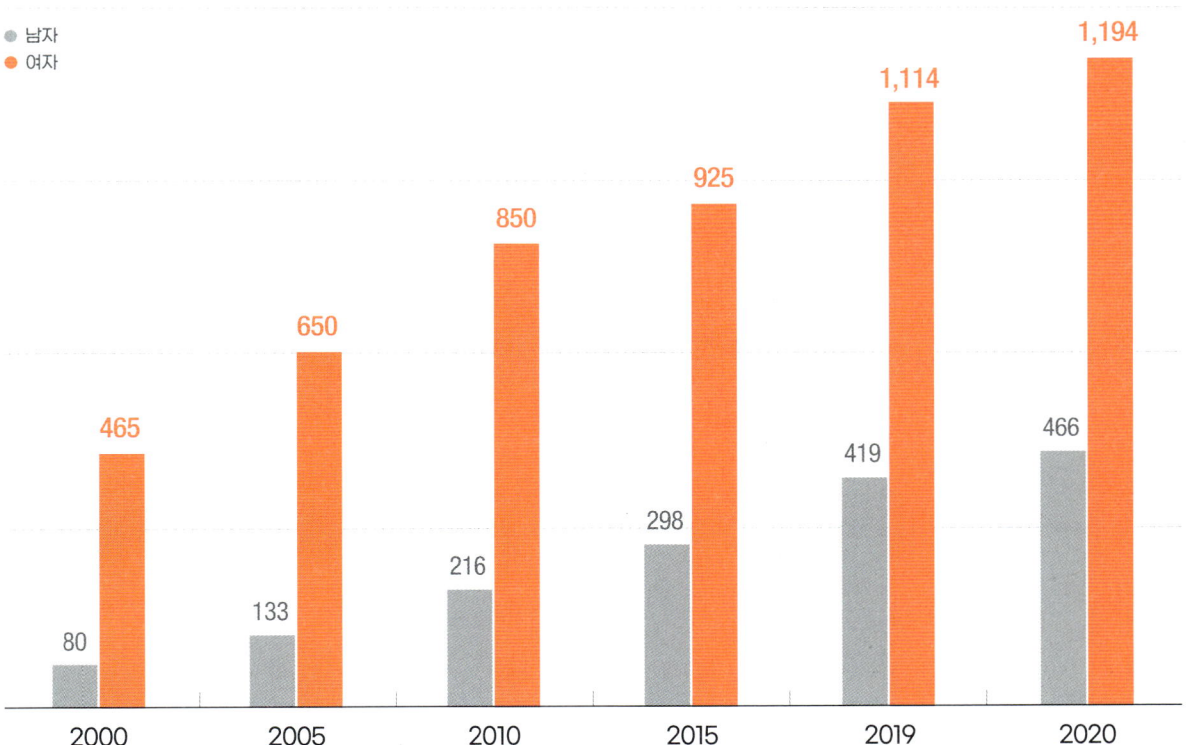

2020년 만 65세 이상 여성 노인 1인 가구는 119만 4천가구로 전체 노인 1인 가구 중 71.9%입니다. 이는 2010년 85만명 대비 1.4배, 2000년 46만 5천명 대비 2.6배 증가한 것입니다. 아내의 노후리스크가 남편보다 큰 이유이며, 종신보험의 생활자금은 아내의 노후에 든든한 힘이 될 것입니다.

Sales talk talk

데이트 비용은 누가 내야 할까요?
2030세대의 53.8%가 남녀 상관없이 수입이 많은 사람이 내야 한다고 답했습니다. 아직도 남자가 내야하고, 남자가 책임져야 한다고 생각한다면 '옛날사람' 취급을 받을지도 모릅니다.

세 쌍 중 1쌍은 동등하게 반반씩 부담
데이트 비용에서 시대에 따라 변화하는 생각의 패러다임을 읽을 수 있습니다. 지금은 사회적, 경제적으로 남성과 여성이 대등한 지위를 가지고 있다는 인식이 지배적입니다.

우리나라 2가구 중 1가구는 맞벌이
이러한 변화를 가장 잘 느낄 수 있는 것이 맞벌이 여부입니다. 최근 코로나의 영향으로 소폭 감소하였지만 여전히 우리나라 2가구 중 1가구는 맞벌이 가구입니다.

맞벌이 가구 소득의 40%는 여성배우자가 책임져
맞벌이 가구의 수도 중요하지만 여성배우자의 경제적 기여도를 살펴볼 필요가 있습니다. 가구 소득의 40%를 여성배우자가 책임지고 있어 소득기여도가 결코 낮지 않습니다.

여성의 소득이 중단되면 저축여력 반 이하로 줄어
맞벌이 가구는 외벌이 가구에 비해 1.5배 정도 많이 벌고, 1.4배 정도 많이 쓰며, 저축여력도 2.1배 더 많습니다. 아내의 소득이 중단된다면 가정 경제에 심각한 영향을 끼칠 수 있습니다.

Sales talk talk

혼자 벌어도 같이 벌어도 가사노동은 아내의 몫
맞벌이 가구의 경우에도 여성의 가사노동 시간이 남성의 3.5배나 많습니다. 아내가 없을 경우 아내의 소득 뿐만 아니라 남성의 안정적인 경제활동에 대한 타격도 감수해야 합니다.

전업주부가 집에서 편하게 먹고 논다구요?
맞벌이를 하지 않을 경우 아내의 보장준비는 필요없다고 생각하시는 분들이 있는데, 전업주부 가사노동의 경제적 가치를 가장 보수적인 통계청 기준으로 환산해도 월 115만원입니다.

기본적인 살림 비용만도, 월 200만원 이상 들어
남편의 정상적인 경제활동을 위해 도우미를 활용할 경우, 가사도우미 월 100~150만원, 육아도우미 월 100~250만원, 최소 월 200만원 이상이 필요합니다.

나이를 먹을수록 증가하는 여성 진료비
유방암 등 여성질환이나 갑상선암, 골다공증, 치매 등 여성의 발병률이 높은 질병에 대한 대비가 필요합니다. 종신보험의 특약을 통해 여성의 질병보장을 더욱 두텁게 할 수 있습니다.

남편 보다 더 큰 아내의 노후 리스크로
여성의 평균수명이 더 길기 때문에 전체 노인 1인 가구의 71.9%가 여성 노인 1인 가구입니다. 연금 형태의 현금유입은 많을수록 좋고 종신보험의 생활자금은 좋은 대안이 될 것입니다.

통계 키워드 _ 이것만은 반드시 기억하세요

2020년 맞벌이 가구 비율

우리나라 2가구 중 1가구는 맞벌이 부부이고, 여성배우자가 가정경제에 미치는 영향이 남성과 대등한 수준이며, 아내의 종신보험 가입은 선택이 아닌 필수

53.8%
데이트 비용은 수입이 많은 사람이 부담해야 한다
반반 나누어 부담 35.4%로 2030세대 10명 중 9명은 남녀 구분없이 대등한 지위로 인식하고 있으며, 남성이 주소득원으로 남성의 보장자산만 필요하다는 인식은 위험

38.7%
맞벌이 가구 소득 중 여성배우자 소득의 비중
2018년 10월 기준 맞벌이 가구 여성배우자의 소득은 월 208만원으로 가구소득의 38.7%를 차지하고 있어, 가정경제에 미치는 영향이 남성과 비슷한 수준

115만원
전업주부 가사노동의 경제적 가치
통계청 기준 2019년 전업주부 가사노동의 경제적 가치는 월 115만원이며, 이를 가사도우미와 육아도우미를 활용하여 기본적인 부분만 대체할 경우 최소 월 200만원 이상 필요

71.9%
노인 1인 가구 중 여성 노인 1인 가구의 비중
2020년 여성 노인 1인 가구는 119만 4천 가구로 전체 노인 1인 가구의 71.9%이며, 남편 보다 더 큰 아내의 노후리스크에 대비하기 위해서는 연금형태의 안정적인 현금유입의 준비가 필요

엄마가 좋아, 아빠가 좋아?

아이들에게 있어
이 세상에서 가장 어려운 질문입니다.
어린이집에 갈 나이쯤 되면
'엄빠'라는 우문현답으로
이 위기를 극복하는 방법을 깨닫기도 하죠.

이처럼 말도 안되는
어리석은 질문이 또 있습니다.
'남편과 아내 중 누구의 종신보험을
가입해야 하는가?' 라는 질문입니다.

최근 맞벌이 가구도 늘어나고 있고
일을 하지 않는 전업주부라 해도
가사노동의 경제적 가치를 고려한다면
여성의 가정경제 기여도는 매우 높습니다.

뿐만 아니라 연령이 증가할수록
여성의 질병 발병률이 남성 보다 높고,
더 큰 여성의 노후리스크를 감안한다면
아내의 종신보험은 선택이 아닌 필수입니다.

종신보험에 대한 오해와 선입견 **12**

교육동영상

변액종신보험은
손해가 날 수도 있고
위험한 상품이라서
가입하기가 좀
꺼려지는 것 같아요

롤러코스터에서 가장 중요한 것은 무엇일까요?

놀이공원의 꽃이라고 할 수 있는 롤러코스터.
스릴을 즐기는 사람들은
롤러코스터에서 가장 중요한 것으로
긴 코스와 빠른 스피드, 까마득한 급경사와
독특하게 설계된 코스 등을 꼽습니다.

그러나 롤러코스터에서 가장 중요한 것은
혹시라도 떨어지거나 튕겨져 나갈 걱정을 없애주는
견고하고 튼튼한 안전바입니다.

가격이 요동치며 등락하는 투자상품에
안전바가 있고, 신뢰할 수 있다면
단기 등락은 위험이 아니라 재미일 것입니다.

변액종신보험은 위험을 헤지할 수 있는
여러 개의 안전바가 탑재된 투자형 보험상품입니다.

왜 종신보험을 변액종신보험으로 가입해야 하는가?

20년 간 금리와 주가의 변동 추이
자료 : 한국은행 경제통계시스템, KOSPI 종가, 국고채 3년물 금리, 2000. 1월 ~ 2021. 6월 / 단위 : %, 포인트

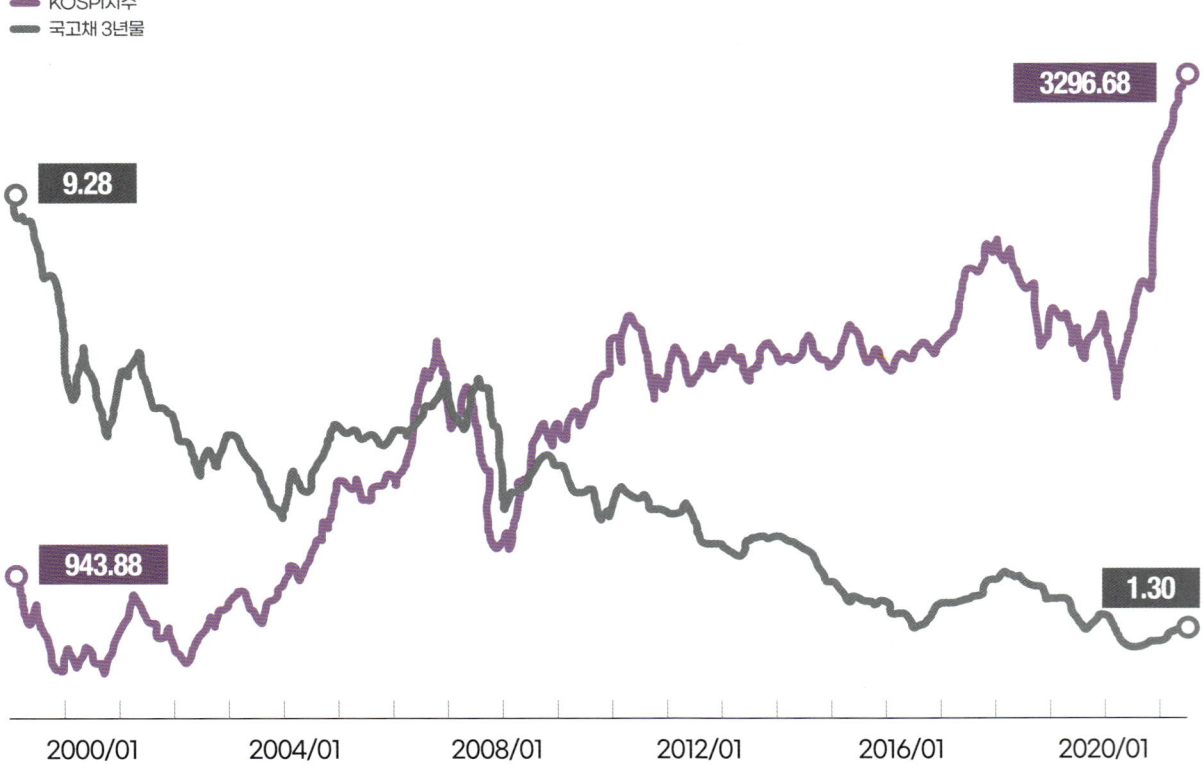

2000. 1월부터 2021. 6월까지 약 20년 간 국고채 3년물 금리는 9.28%에서 1.30%로 1/7 수준으로 하락했습니다. 반면 KOSPI 지수는 943.88P에서 3,296.68P로 약 3.5배 상승했습니다. 20년 간 자산가격의 변동 추이를 보면 전문적인 지식이 없더라도 계속 하락하는 금리가 아닌 계속 상승하는 주식에 투자해야 합니다.

부자들은 위험한 투자는 하지 않는다?

자산규모별·연령별 금융자산 포트폴리오
자료 : 2020 Korean Wealth Report, 하나금융그룹, 2020. 04. 06 / 단위 : %

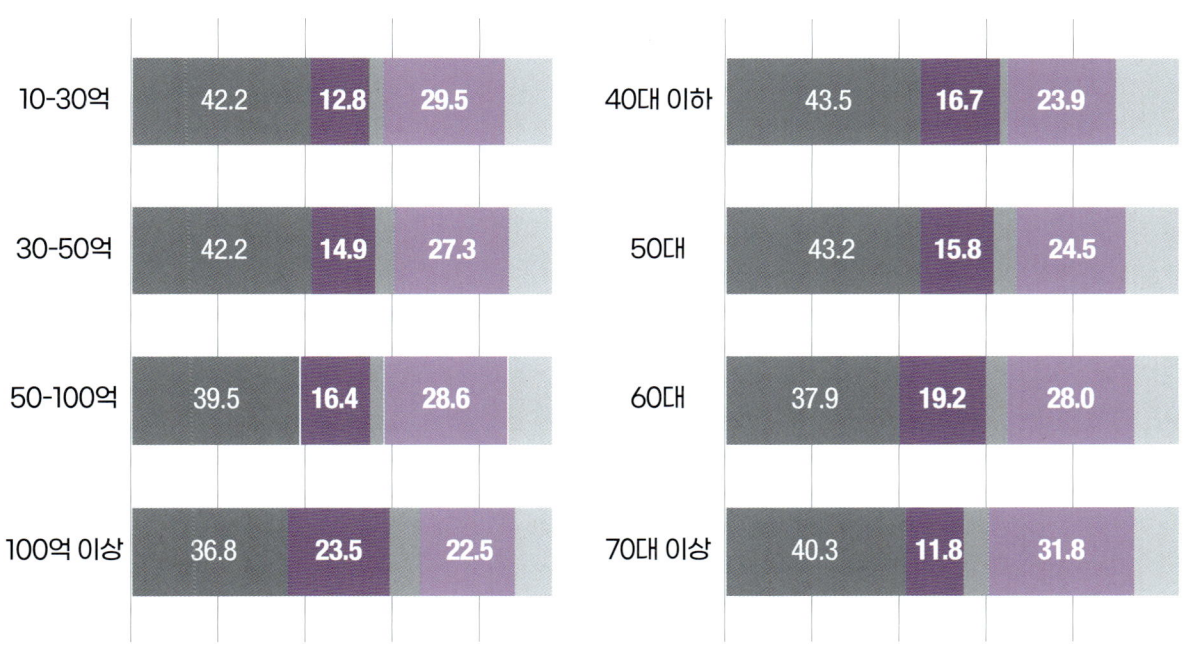

● 현금/예금 ● 주식 ● 채권 ● 펀드/신탁 ● 기타

금융자산 규모가 10~30억원인 경우 주식 등에 42.3%를 투자하는 반면 100억원 이상인 경우 46.0%로 훨씬 더 많습니다. 또 40대 이하인 경우 40.6%에 비해 60대는 47.2%로 역시 더 많습니다. 부자들도 자산규모나 연령에 상관없이 금융자산의 절반 정도를 위험을 감수하고 높은 수익을 기대할 수 있는 주식 등에 투자하고 있습니다.

만약 33년 뒤 투자원금의 20.2배를 보장한다면?

33년 간 자산별 투자 성과

자료 : 삼성자산운용, 통계청, 한국은행, KB부동산, Bloomberg, 1986. 1월 ~ 2019. 12월 월간 데이터
1986. 1월 각 자산에 1원을 투자하고, 주식투자는 배당을 포함하여 재투자하며, 부동산은 매매차익과 전세금(매매가격의 50%)을 정기예금으로 재투자한 것으로 가정

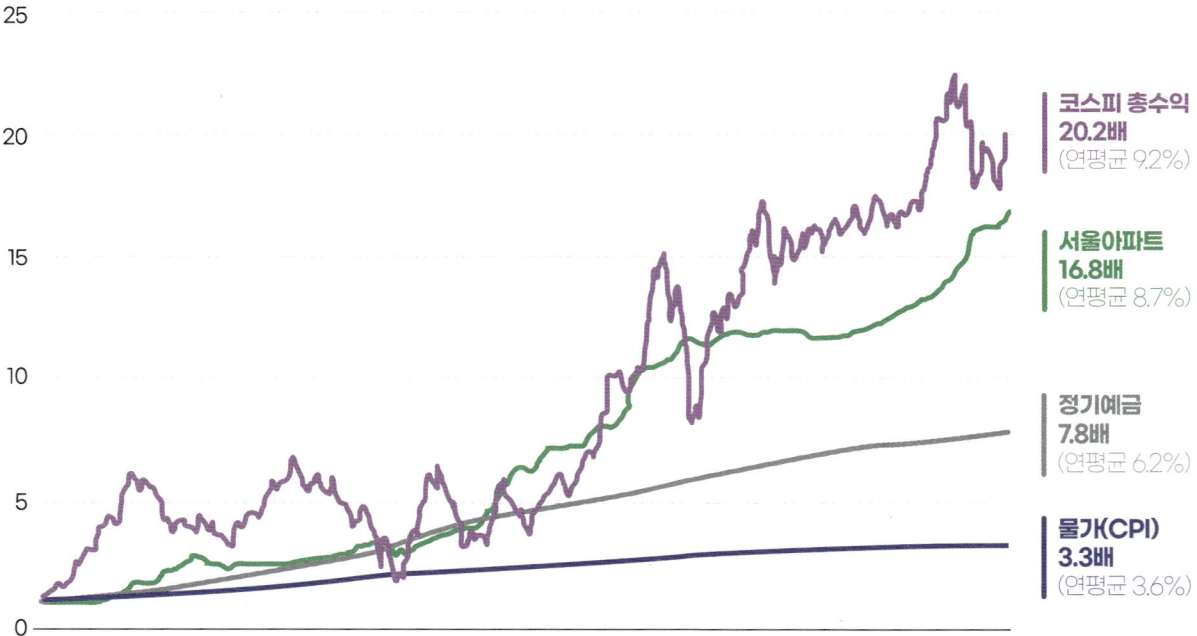

33년간 정기예금은 원금의 7.8배, 코스피는 20.2배로 약 3배 높은 투자성과를 나타냈습니다. 하지만 결과론적 분석이고 33년간 주식의 등락을 견디어 내기 쉽지 않습니다. 만약 누군가 33년 투자하면 무조건 20.2배를 보장한다면 단기적인 등락이 걱정되거나 두려울까요? 안전판을 신뢰할 수 있다면 단기 등락은 더 이상 위험요인이 아닙니다.

안전바 ❶ 최저사망보험금 보증

최저사망보험금보증 (GMDB : Guaranteed Minimum Death Benefit)
자료 : 보험업 감독규정, 생명보험협회, 각 생명보험회사 변액보험 공시실

법률근거 보험업감독규정

제7-60조 (생명보험의 보험상품설계 등)
7. 변액보험 및 금리연동형보험(연금보험을 제외한다)의 경우 최저사망보험금 등을 설정하여야 한다.
9. 피보험자의 사망을 보장하는 사망보험금이 이미 납입한 보험료의 합계액 이상이어야 한다

보증범위

특별계정의 운용실적에 상관없이 아래의 금액을 사망보험금으로 보증
① 기본사망보험금
② 계약자 적립금의 일정비율(105%, 110% 등)
③ 기납입보험료 중 미리 정한 금액
상기 ①, ②, ③ 해당 금액 중 가장 큰 금액

선택여부

최저사망보험금 보증 옵션의 선택 여부는 고객이 선택할 수 없는 의무가입 사항
고객은 최저사망보험금 보증에 따른 별도의 보증비용을 부담

종신보험을 가입하는 이유는 혹시라도 피보험자가 사망하는 경우 유가족에게 사망보험금을 남겨주기 위함입니다. 대부분의 변액종신보험은 특별계정의 운용 성과와 상관없이 최초에 약정한 사망보험금은 지급을 보증합니다. 어떠한 경우에도 종신보험의 가입목적은 지켜줄 수 있는 첫번째 안전바입니다.

주가가 오르면 사고, 내리면 팔고를 반복

종합주가지수와 매수 거래대금 변동 추이
자료 : 한국은행 경제통계시스템, KOSPI 월말 종가, 매수 거래대금 / 단위 : 포인트, 조원

많은 투자자는 쌀 때 사서 비쌀 때 팔고 싶어 하지만, 현실은 주가가 오르면 사고 내리면 팔고를 반복하고 있습니다. 투자자가 시장 상황에 따라 이성적이고 합리적인 투자의사 결정을 하기 어렵다는 것을 잘 보여주는 지표입니다. 이러한 한계를 극복할 수 있도록 해 주는 것이 장기투자입니다.

안전바 ❷ 단기 등락위험을 줄여주는 장기투자

KOSPI에 투자하여 손해볼 확률

자료 : 삼성자산운용, KOSPI TR지수 사용, 1980. 01. 01 ~ 2019. 06. 30

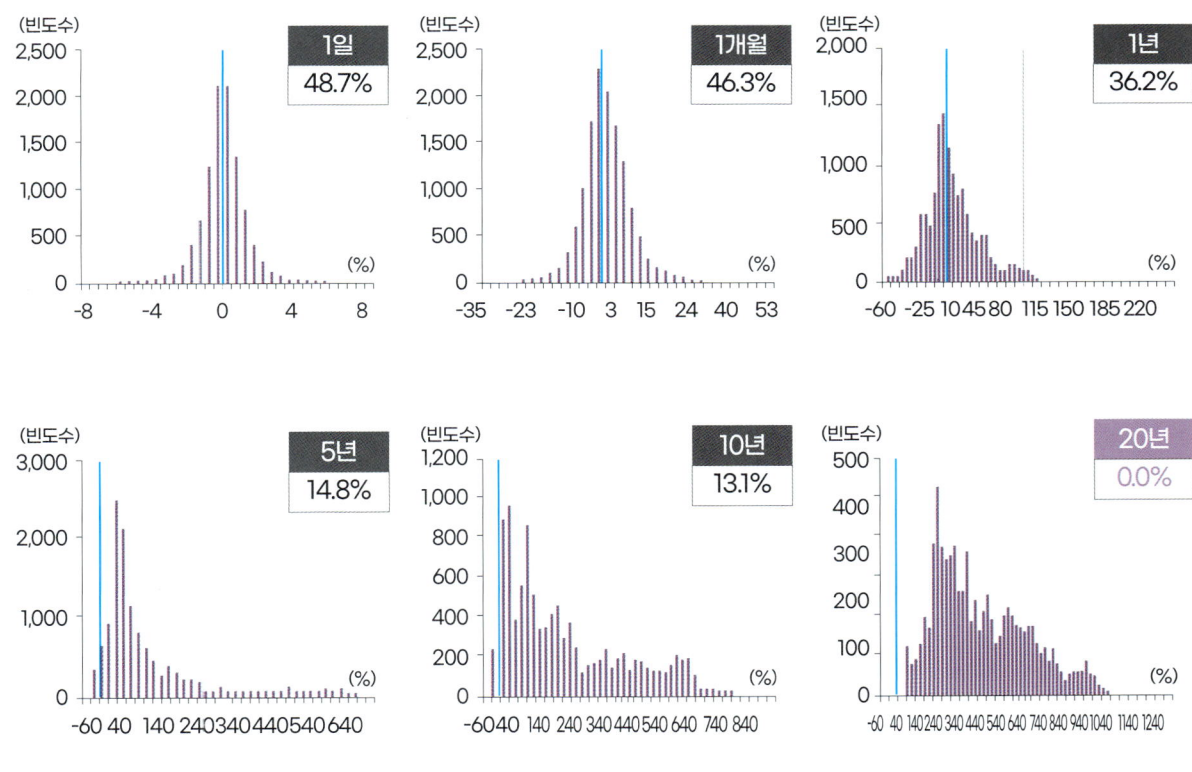

1980년 1월 ~ 2019년 6월까지 언제 투자했느냐와 상관없이 KOSPI지수에 하루 투자했다면 손해볼 확률은 48.7%, 1년 투자했다면 36.2%, 10년 투자했다면 13.1%입니다. 만약 20년 투자한 경우 손해볼 확률은 0%입니다. 투자기간이 길어질수록 위험과 변동성이 안정적으로 수렴되는 장기투자는 두번째 안전바입니다.

하락장에서도 수익을 만드는 마법

매입단가평준효과 (Cost Averaging Effect)

Mission 투자금액 75만원으로 5개월간 사과 장사를 해서 이익금을 남겨라.

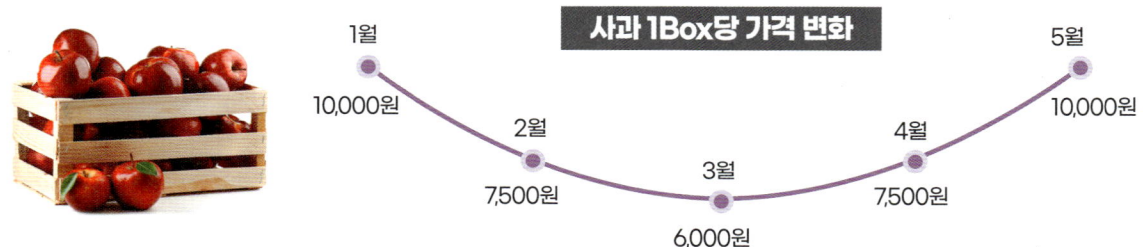

사과 1Box당 가격 변화
- 1월 10,000원
- 2월 7,500원
- 3월 6,000원
- 4월 7,500원
- 5월 10,000원

(단위 : 천원, Box)

구분		매입						평균 매입단가	판매 수량	판매 금액	이익금
		1월	2월	3월	4월	5월	계				
거치 투자	투자금액	750	0	0	0	0	750	10	75	750	0
	매입수량	75	0	0	0	0	75				
적립 투자	투자금액	150	150	150	150	150	750	7.9	95	950	200
	매입수량	15	20	25	20	15	95				

75만원을 15만원씩 매월 나누어 투자한 경우, 박스당 가격이 하락해 싸게 매입한 사과를 비싸게 판매하면서 이익금이 발생했습니다. 이처럼 적립투자는 투자대상 자산의 평균 매입단가를 낮추어 가격이 하락하는 장세에서도 수익을 기대할 수 있어서 장기투자와 함께 이루어질 경우 견고한 안전판의 역할을 하게 됩니다.

안전바 ❸ 위험과 수익을 평준화하는 적립투자

목돈 투자와 적립 투자의 성과 비교
자료 : 한국은행 경제통계시스템, KOSPI 월말 종가 기준 / 단위 : 포인트

누가 보아도 1,906포인트에 매수하고 2,100포인트에 매도한 것 보다, 1,297포인트에 매수하고 2,100포인트에 매도한 투자가 성공적으로 보입니다. 만약 목돈 투자라면 수익률이 약 6배 정도 높지만, 월 적립식 투자라면 수익률은 비슷하고 연환산 수익률은 오히려 낮습니다. 수익과 위험을 평준화하는 적립투자는 세번째 안전바입니다.

안전바 ❹ 수익을 결정짓는 요인 자산배분, 분산투자

약 100년 동안의 자산배분별 투자 성과

자료 : Best, worst, and average returns for various stock/bond allocation, 1926~2019, Vanguard

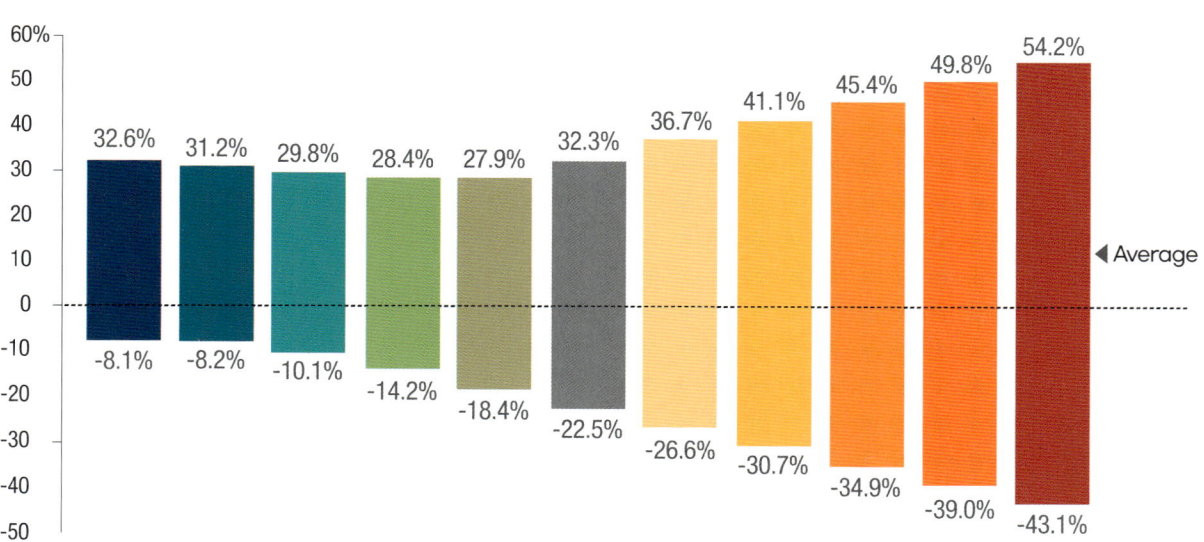

수익률의 91%는 자산배분, 즉 포트폴리오에서 결정되며, 마켓타이밍, 종목 선택, 매매 기술은 9% 밖에 영향을 주지 않는다고 합니다. 지난 100년간의 주식과 채권을 혼합한 포트폴리오의 성과를 보면 기대수익이 높은 만큼 감당해야 할 위험도 큽니다. 투자성향에 따라 분산투자 비중을 선택할 수 있는 것은 네번째 안전바입니다.

안전바 ❺ 시장 상황에 따라 자유로운 펀드 변경

2000년 이후 펀드 성과별 순위표

자료 : 삼성자산운용, Bloomberg / 분산 포트폴리오 : 주식 46%, 채권 46%, 대체투자 8%, USD 기준, KOSPI는 KRW 기준

■ 분산된 포트폴리오　■ KOSPI　■ 선진국 주식　■ 신흥국 주식　■ 선진국 국채　■ 신흥국 채권
■ 회사채/정부기관채　■ 미국 국채　■ MBS　■ 원자재　■ 리츠

	2000년	2001년	2002년	2003년	2004년	2005년	2006년	2007년	2008년	2009년	2010년	2011년	2012년	2013년	2014년	2015년	2016년	2017년
Best	31.8	40.5	25.9	55.8	25.6	56.8	32.1	39.4	13.7	78.5	30.2	9.8	20	26.7	32.3	4.1	11.8	37.3
	13.5	10.4	14	33.1	14.7	34	20.1	34.6	8.3	51.8	23.6	8.4	18.6	9	7.6	1.5	11.2	22.4
	13.5	8.4	11.8	32.3	13.7	21.7	12	16.2	5.9	30	18.9	8	18.2	2	7.5	0.8	10.2	21.8
	11.2	8.2	10.5	26	11.8	10.8	10.3	10.5	-3.1	28.8	16.8	6.2	15.8	-1.4	6.1	0.8	7.5	14.7
	9.4	6.8	8.6	23.9	10.3	9.5	6	9	-11.7	22.1	12.2	4.8	11.4	2	5.1	-0.4	5.8	10.8
	1.1	-2.6	-1.2	20.9	9.2	8.8	5.2	9	8.3	51.8	11.8	4.3	10.7	-2.6	4.9	-0.8	5.8	10.5
	-13.9	-4.9	-6.2	7.7	5.2	2.8	4.3	6.9	-35.7	18.9	10.6	-0.5	9.4	-2.8	4.1	-0.9	5.5	0.8
	-30.8	-16.8	-7	3.1	4.7	2.6	3.1	6	-39.7	16	8.5	-5.5	6.4	-2.8	-2	1.5	11.2	6.2
	-50.9	-19.5	-19.9	2.2	3.5	2	2.1	5.1	-40.7	7.2	5.9	-9.7	2.6	-3.2	-2.2	-6.4	1.7	2.5
									-53.3	5.9	5.4	-13.3	2	-6.5	-3.5	-14.9	1.6	2.3
Worst									-3.6	4.4	-18.4	-1.1	-9.5	-17	-24.7	1	1.7

펀드 성과별 순위표가 알록달록 현란한 것은 항상 잘하는 펀드도 항상 못하는 펀드도 없다는 것을 의미하는 것입니다. 직접 투자에 따른 리스크를 헤지하면서도 펀드 등 다른 투자상품이 어떠한 운용지시도 할 수 없는 한계를 가지고 있는 반면, 시장 상황에 따라 자유롭게 펀드를 변경할 수 있는 것은 다섯번째 안전바입니다.

Sales talk talk

롤러코스터에서 가장 중요한 것은 무엇일까요?
긴 코스와 빠른 스피드, 급경사와 독특한 코스도 중요하겠지만, 짜릿한 스릴을 즐기기 위해 가장 중요한 것은 어떠한 경우에도 떨어지지 않게 해 줄 견고한 안전바입니다.

왜 종신보험을 변액종신보험으로 가입해야 하는가?
2000년 부터 20년간 국고채 3년물 금리는 1/7 수준으로 하락했고, KOSPI 지수는 3.5배 상승했습니다. 전문지식이 없더라도 초저금리 시대에 변액보험에 투자하는 것이 현명합니다.

부자들은 위험한 투자는 하지 않는다?
상대적으로 돈을 많이 벌고 잘 굴리는 부자들의 경우에도 자산규모나 연령에 상관없이 금융자산의 절반 가량을 주식 직접투자나 펀드, 신탁 등 투자형 상품에 투자하고 있습니다.

만약 33년 뒤 투자원금의 20.2배를 보장한다면?
지난 33년 간 KOSPI의 총수익은 20.2배로 정기예금 7.8배에 비해 3배 정도 높습니다. 만약 33년 후 20.2배의 수익을 보장한다면 단기 등락은 더 이상 위험요소가 아니라 재미일 것입니다.

안전바 ❶ 최저사망보험금 보증
변액종신보험의 첫번째 안전바는 최저사망보험금 보증입니다. 특별계정의 운용 성과가 어떻게 되더라도 종신보험의 가입목적인 유가족에 대한 사망보험금은 지급됩니다.

Sales talk talk

주가가 오르면 사고, 내리면 팔고를 반복
투자자들은 쌀 때 사서 비쌀 때 팔고 싶어 하지만, 실제로는 이성적이고 합리적인 투자의사 결정을 하기 어렵기 때문에 오르면 사고, 내리면 파는 어리석은 투자를 반복하고 있는 것이 현실입니다.

안전바 ❷ 단기 등락위험을 줄여주는 장기투자
이러한 어리석은 투자의 한계를 극복할 수 있는 두번째 안전바가 장기투자이며, 과거 실적의 통계분석 결과 어느 시점에 투자하던 KOSPI에 투자하고 20년이 경과하면 손해볼 확률은 0%입니다.

안전바 ❸ 위험과 수익을 평준화하는 적립투자
목돈 투자는 매수시점과 매입시점에 따라 수익률이 크게 달라지는데 반해, 적립투자는 수익과 위험을 평준화하여 안정적인 운용이 가능하기 때문에 세번째 안전바라고 할 수 있습니다.

안전바 ❹ 수익을 결정짓는 요인 자산배분, 분산투자
자산배분은 수익률을 결정짓는 요소 중 91%를 차지하는 핵심요소라는 연구 결과처럼, 투자성향에 따라 자유롭게 자산배분 비중과 펀드 선택을 할 수 있는 분산투자는 네번째 안전바입니다.

안전바 ❺ 시장 상황에 따라 자유로운 펀드 변경
특별계정으로 운용되는 간접투자 상품이지만, 펀드와 달리 시장 상황에 따라 자유롭게 펀드를 변경할 수 있는 DIY형 투자상품이라는 것이 다섯번째 안전바입니다.

통계 키워드 _ 이것만은 반드시 기억하세요

33년 간 KOSPI 총수익

1986. 01 ~ 2019. 12월까지 33년 간 KOSPI에 투자했을 경우 총수익은 20.2배, 정기예금은 7.8배. 만약 33년 후 20.2배의 수익을 보장하는 안전판이 있다면 단기 등락은 위험이 아니라 재미

3.5배

20년 간 KOSPI 지수의 상승률

2000. 01 ~ 2021. 06월까지 약 20년 간 국고채 3년물 금리는 1/7 수준으로 하락하였고, 주가는 3.5배 상승하여, 지속적으로 상승하는 주식에 투자하는 변액보험을 선택해야 하는 이유

40~50%

2020년 부자들의 금융자산 중 주식 등 투자비중

2020 Korean Wealth Report에 따르면 부자들은 자산규모나 연령과 상관없이 금융자산 중 40~50%는 주식 직접투자, 주식 간접투자 등 위험을 감수하고 높은 수익을 기대할 수 있는 자산에 투자

20년

KOSPI에 투자하여 손해볼 확률이 사라지는 시점

1980. 1월 ~ 2019. 6월까지 언제 투자했느냐와 상관없이 KOSPI지수에 투자했다면 손해볼 확률이 얼마인가를 분석한 결과 20년 투자할 경우 손해볼 확률은 0%

91%

자산배분이 수익률 결정에 영향을 미치는 비율

Brinson, Hood & Beebower의 연구 'Determinants of Portfolio Performance'에 따르면 수익률의 91%는 자산배분에서 결정되며, 마켓타이밍, 종목 선택, 매매 기술은 9% 영향

Do it Yourself

목공이라는 취미는 매우 어렵습니다.
의자 하나 만들기 위해
적합한 나무에 대해 공부해야 하고
설계와 디자인, 기본적인 인체공학까지
상당한 시간과 노력이 필요합니다.

가구점에 가서 의자를 사면 편하긴 하지만
내 맘에 쏙 드는 의자를 찾기가 쉽지 않고
목공에 비해 많은 비용을 지불해야 합니다.

주식 직접투자는 목공과 같아서
상당한 지식과 경험, 시간과 노력이 필요합니다.
주식 간접투자는 가구점 의자와 같이
내 맘에 맞는 투자가 어렵고 비용이 많이 듭니다.

목공과 가구점의 틈새에
잘 손질된 재료로 스스로 원하는 가구를 만드는
DIY(Do it Yourself)형 가구가 있습니다.

변액종신보험은 어렵고 힘든 직접투자와
운영에 참여할 수 없고 비싼 펀드의 틈새에서
자신의 투자성향에 따라
자유롭게 펀드를 변경할 수 있는
DIY형 투자상품이라고 할 수 있습니다.